本书是国家社科基金项目《大型赛事的媒体运行与新闻服务研究》（项目批准号为11BTY017）的最终研究成果。课题组主要成员包括姜晓红、王佐臣、李峰、张钢花、付晓静、艾险峰、姜欣、刘晓丽、陈强、高杏、刘湲湲。

21世纪体育传播丛书第二辑

大型赛事媒体运行研究

张德胜 王佐臣 姜晓红 等著

Media Operations for Large Scale Sporting Events

中国传媒大学出版社
·北京·

目　录

第一章 绪 论

大型体育赛事媒体运行与新闻服务，作为一种服务理念和操作模式，在奥运会中诞生，也在奥运会的不断轮替中日臻完善。因为北京奥运会的缘故，这套理念与模式正式进入中国，为 2008 年北京奥运会的成功举办，提供了先进的设施和优质的服务，它在给注册的国际媒体全方位提供奥运报道信息的同时，也为北京乃至中国国家形象的塑造做出了贡献。从此，随着更多大型体育赛事在国内不同城市的相继举办，这套富有国际标准的服务理念和操作模式，在我国落地生根，并逐渐呈现出本土特色。

全面系统地研究大型体育赛事媒体运行与新闻服务的现状、问题与对策，进一步推广奥运理念，规范媒体服务行为，探索中国式的媒体运行规律，是本书研究的基本使命，也是国内体育学界与传媒业界的当务之急。本章是对本书提纲挈领性的介绍。

第一节 研究缘起

一、过去十几年国内举行的大型赛事媒体运行经验亟须总结

继 2008 年北京奥运会成功举办之后，过去十几年以来，在我国举办的大型体育赛事越来越多，广州 2010 年第 16 届亚洲运动会、深圳 2011 年第 26 届世界大学生夏季运动会、贵阳 2011 年第 9 届全国少数民族传统体育运动

会、南京2013年第2届亚洲青年运动会、南京2014年第2届夏季青年奥运会、南宁2014年世界体操锦标赛暨第45届世界体操锦标赛、苏州2015年第53届苏州世界乒乓球锦标赛、内蒙古鄂尔多斯2015年第10届全国少数民族传统体育运动会，等等，它们都按照奥运标准，推行了媒体运行的理念和操作模式，较好地完成了报道任务。媒体运行与新闻服务逐渐为广大媒体所接受，成为许多重大体育赛事筹办工作必不可少的组成部分。

过去十几年，我国还成功地举办了2011年上海游泳世锦赛、2015年北京田径世锦赛、一年一度的北京中国网球公开赛、每年数百场的国际马拉松赛等国际大赛，以及正在形成品牌价值的中超、CBA职业联赛等大赛，这些赛事虽然没有严格按照奥运标准实行媒体运行理念和操作模式，但都积极开展了不同标准、不同程度的媒体运行与新闻服务工作。

此前，我国还从未在国家级课题层面对媒体运行进行全面、科学、系统的研究。因此，本书是国内首次对大型赛事的媒体运行规律、成功经验与失败教训进行全面总结的一本书，这既很必要，又很及时。

二、未来一些品牌赛事的媒体运行程序亟待规范

当前以及未来相当长一段时间内，世界最重要的体育赛事仍旧非奥运会和世界杯莫属。针对奥运会目前存在的申办和主办成本过高等问题，国际奥委会于2015年出台了全面改革计划——《奥林匹克2020议程》，该议程一共包括40条改革方案，实际上是国际奥委会未来15年的“路线图”，为国际奥林匹克运动指明了发展方向。这份改革方案提出了“打磨与职业联赛的合作”“降低奥运会运营成本，增强运营的灵活性”“开通奥林匹克频道”等具体建议。

未来几年，我国必须全力办好的重要国际赛事，有2021年国际足联世俱杯赛、2022年北京冬奥会和杭州亚运会、2023年亚足联亚洲杯赛等；各地必须办好的常规性赛事有中超、CBA等职业赛事，以及全国遍地开花、万众参与的城市马拉松赛。这些赛事的举办，都要与国际奥委会的40条改革方案对接。正在筹备阶段的北京冬奥会已经提出“以运动员为中心、可持续发

展、节俭办赛”三大办赛理念，届时，媒体运行工作也要体现这些办赛理念。而国际奥委会同时决定从2018年韩国平昌冬奥会开始，实行新的媒体运行办法，即不再委托赛事主办国的国家级通讯社来承担媒体运行任务，而改由国际奥委会自己承担这一任务，而且只用英文和法文发布信息，不再用其他国家的官方语言发布信息。这对于北京冬奥会的中国国内注册媒体来说，无疑是一个全新的挑战。

此外，中超、CBA等职业赛事和城市马拉松赛，如何与奥运会接轨，推行符合我国国情的媒体运行制度，也值得我们去认真研究，以提出更好的改造方案来提升国内赛事的报道效率和赛事品牌。

三、新增赛事亟待确定媒体服务标准

继2002年《中共中央国务院关于进一步加强和改进新时期体育工作的意见》颁布之后，2014年国家又出台了最重要的体育发展文件，那就是《关于加快发展体育产业促进体育消费的若干意见》，这一文件是当年10月20日由国务院印发的。该文件吹响了加快建设体育强国的号角，促进群众体育与竞技体育全面发展已经成为国家发展战略。

根据国际惯例，体育产业发达国家对经济的贡献率一般为1%至3%，欧洲、美国、日本等国家基本都处于这一行列。贡献率在1%以下者，就属于体育产业不发达国家。截至2017年，我国体育产业对经济的贡献率大约为0.5%，属于体育产业不发达国家，这与我国作为世界第二大经济体的地位极不相称。所以，“我们提出2025年中国体育产业总规模要超过5万亿的目标，对经济的贡献率从0.5%要上升到1.3%，整个对GDP的贡献比重至少有0.8个点的增幅空间”①。

填补上述空间的最好办法，就是简政放权，推进体育行政审批改革。当务之急是要细化赛事审批的种类，明确重要赛事的审批主体，甚至可以把以

① 中国政府网．体育总局：2025年中国体育产业总规模要超5万亿目标[EB/OL]．(2014-10-27)[2017-08-01]．http://www.gov.cn/xinwen/2014-10/27/content_2771136.htm.

前由国家体育总局审批的一般国际赛事直接下放到省里审批，开放赛事举办权，形成全国办赛、全民参赛的新格局。这些新布点赛事的媒体运行该如何进行，是否有标准程序和规范格式，这都需要进行专题研究。体育组织部门对体育媒体有了新的认识，将体育媒体由管理对象变为服务对象，这标志着一个新型的、现代的、服务型政府的形成。

四、日渐频繁的大型活动需要借鉴媒体运行模式

随着国家“一带一路”倡议的全面推进，中外交往会越来越频繁，在国内举办的各种大型国际会议或高峰论坛、全国“两会”、大型会展（如广交会、车展）等活动会越来越多，会吸引全世界媒体前来报道。这既反映了中国经济的高增长，更体现了中国日益高涨的国际影响力，折射出中国对世界的贡献和世界对中国的关注，这些活动需要国内外媒体的大力传播。办好上述大型会议或大型活动，必须借鉴大型体育赛事媒体运行与新闻服务的经验。

五、“大型赛事媒体运行”学术热亟须冷思考

奥运会媒体运行与新闻服务的真正成熟，是从北京奥运会开始的。我国近几年出现的有关媒体运行与新闻服务研究，就规模而言，当居世界前列。截至 2017 年 7 月 29 日，在中国知网键入以“媒体运行”为主题的关键词，显示收录论文数为 9154 篇；键入以“大型赛事媒体运行”为主题的关键词，显示收录论文数为 81 篇；键入以“大型赛事媒体服务”为主题的关键词，显示收录论文数为 153 篇；键入以“大型赛事媒体管理”为主题的关键词，显示收录论文数为 120 篇；键入以“大型赛事新闻服务”为主题的关键词，显示收录论文数为 65 篇。在上述论文中，也许有些论文并非属于大型赛事媒体运行与新闻服务研究领域，有些论文还存在交叉统计的情况。但是，在我国学术界，“媒体运行”“媒体服务”“新闻服务”等词语已经成为学术热词，这已经是不争的事实。

我们应该看到，在这个庞大的研究领域中，存在鱼龙混杂的现象，亟须

学术界披沙沥金，去伪存真，对真正有学术价值的研究加以鼓励，对参与媒体运行的国际学术交流给予支持。本书研究能在一定程度上对大型赛事媒体运行研究起到平台与支点的作用。

第二节　研究意义

一、理论意义

一方面，本书研究成果从理论上廓清了大型赛事媒体运行与新闻服务的发展历程、组织架构和工作机制，阐明了媒体运行与新闻服务的内涵、外延及相互关系，梳理了媒体运行的实施依据与基本原则等，有助于人们全面正确地理解媒体运行和新闻服务。另一方面，本书研究成果进一步丰富了组织行为学、组织传播、公共关系学等理论。

二、实际意义

本书研究成果全面论述了媒体运行与新闻服务的重要性以及提供设施与服务的可操作性，系统回顾了过去十年我国开展大型赛事媒体运行与新闻服务的基本情况，总结了客观存在的主要问题，并提出了创新策略，能为今后开展大型赛事的媒体运行与新闻服务工作提供借鉴与指导，为大型赛事的成功运行和高校的媒体运行教学提供理论支撑。

第三节　研究现状

一、国内的研究情况

纵观国内研究，与本书相关的研究文献分为三类：一是大型赛事相关概念研究;二是大型赛事媒体运行及服务相关研究;三是大型赛事公共关系相关研究。

(一)大型赛事相关概念研究

叶庆晖(2003)在其博士论文《体育赛事运作研究》中认为,体育赛事是一种"特殊事件":它是一种具有项目管理性的特殊事件,其形式与规模受传统、规则等影响,具有组织色彩、市场背景、产品与服务供给、参与者需要等多种特点,对自然环境、社会文化、旅游、经济和文化等各方面都会带来一定冲击。体育赛事分为一般赛事、大型赛事和超大型赛事三类。

任广耀(2004)在《体育传播学》一书中认为,大型体育赛事的规模越来越大,比赛项目越来越多,参赛人数直线上升,加之观众的要求越来越高,不仅需要及时的赛事报道,还需要赛事花絮、深度报道、幕后新闻等多种体裁。简单的小米加步枪式的人海战,显然已适应不了高强度、高难度的体育报道需要。因此,与时俱进,不断全面提高大型体育赛事传播中的科技含量,设立高效、畅通的新闻中心成为当务之急。该书分析了建立新闻中心的必要性,并对第九届全运会和第五届城运会的新闻中心进行了分析,为后来的研究提供了可靠数据。

徐伟等(2006)在《体育赛事基本理论探究》一文中认为,体育赛事具有其特殊性,它以经济运行为核心,既能满足人民的精神生活需要,又能产生经济效益和社会效益;它本身是一种商业性的活动,是按照一定规则协调公众、企业和政府之间相互关系的一种特殊手段,能对周边环境、社会经济、文化、政治产生一定的改变。体育赛事可以分为小型赛事、一般赛事、国内大型赛事和国际大型赛事等多种类型。

毕雪梅、贾静(2007)在《体育新闻学概论》一书中,更为概括地介绍了奥运媒体服务系统实际操作层面的内容:记者村、国际广播电视中心、主新闻中心等,以及相关的交通和住宿等。

易剑东(2008)在《大型体育赛事报道与媒体运行》一书中认为,体育赛事(Sporting Event)是提供以体育竞赛为核心产品及相关服务的一种特殊活动,而大型体育赛事(Mega-Sporting Events)是一种"特殊的节事",牵涉到方方面面的利益主体。成功的赛事，能够给个体带来文化与精神享受，也能给承办赛事的城市与国家带来声望和影响。

（二）大型赛事媒体运行及服务相关研究

大型赛事媒体运行及相关服务，都是从奥运会媒体运行与新闻服务中衍伸出来的。奥运会的媒体运行与新闻服务，是由一系列指南性文件规定的：

——国际奥委会根据《第 29 届奥林匹克运动会主办城市合同》《第 29 届奥林匹克运动会总体计划（Master Plan）》与《第 29 届奥林匹克运动会媒体指南》（后改为《第 29 届奥林匹克运动会媒体技术手册》）等文件要求，对北京奥委会在媒体服务的具体要求、实施细则等方面做了明确规定；

——北京奥组委针对港澳台记者奥运期间在大陆（内地）的采访报道，专门出台了《北京奥运会及其筹备期间港澳台记者在华采访规定》。针对外国记者奥运期间在中国的采访报道，专门出台了《北京奥运会及其筹备期间外国记者在华采访规定》；

——为了方便境外记者采访，北京奥组委专门出台了《北京奥运会及其筹备期间港澳台记者采访指南》与《北京奥运会及其筹备期间外国记者采访服务指南》，同时推出了面向境外记者的“一站式”服务，境外记者不会因为人生地不熟而多费时间、多跑冤枉路。

北京奥运会媒体运行志愿者培训教材（2007）《奥运会媒体运行》全面而扼要地介绍了奥运会媒体运行历史和相关规定、奥运会媒体运行主要内容；重点介绍了奥林匹克新闻服务（Olympic News Services）、场馆媒体中心（VMCs）、主新闻中心（MPC）、媒体服务（Media Services）、摄影服务（Photo Services）和广播电视服务（Broadcasting Services）六大业务领域；还介绍了残奥会的媒体运行。不足之处在于，它只是一个知识读本，不具有研究性，也不聚焦问题。

后来，第 16 届亚洲运动会组委会也仿照北京奥运会出版了一本《亚运会媒体运行：广州亚运会媒体运行志愿者专业培训教材》（2009），教材的内容和框架与《奥运会媒体运行》几乎一模一样，只是增加了一些亚运会元素而已。

钟新(2008)在《服务世界媒体全方位保障奥运报道——奥运媒体服务的专业性分析》一文中认为,北京奥运会媒体服务有三大特点:第一,在住宿保障方面,口头上是三星级承诺,但实际做到了五星级服务;第二,在交通保障方面,参照雅典模式运行,但实际的服务水平远远超越了雅典;第三,在新闻信息服务方面,充分体现了开放,实现了自我超越。

王会寨(2004)在其硕士论文《北京奥运会媒介服务研究》中提出,奥运会的媒体服务系统重在对于"硬件"、"软件"以及"活件"三个方面的精心设计,媒体服务实际是一定组织针对大众传播媒介的需求而提供的无形活动和有形产品的组合。

李嵘(2007)在《从新闻管理到媒体服务——奥运会媒体运行观念的转变》中也提出,奥运会媒体运行就是为来自世界各地的注册媒体提供专业服务,究其本质,就是为媒体服务。

高长力(2007)在《媒体服务工作新思维新机遇——谈奥运会媒体运行的基本规律》一文中介绍了北京奥运会媒体运行的几大原则,这些原则是在《奥运会媒体运行》一书的基础上加以阐释的。文章指出,为注册媒体提供设施与服务,是奥运会媒体运行部的职责所在。

裙亚玲(2007)在《亚运报道e时代——以广州日报报业集团亚运会全媒体报道为例》一文中认为,广州日报在报道亚运、引导舆论等方面取得了很大成功,扩大了赛事影响力,促进了社会各界对亚运会的广泛关注,其自身也获得了广告收入、品牌塑造等多方面的良性收益,媒体与亚运达到共赢。

范帆(2006)在其硕士论文《SID的嵌入与中国体育媒体服务系统的建构》中,全面论述了媒体服务的基本理论,认为媒体服务就是体育组织为媒体所提供的有形产品和无形活动的组合。这一观点与王会寨相同。媒体服务的本质,是要让媒体成为客户,在为媒体服务的基础上,再来管理、说服、利用媒体。该论文还对媒体服务的需求、构成要素、特征、管理特点进行了分析,提出在建构中国体育媒体服务系统的过程中,要同时建构体育媒体服务产品和服务系统,并勾勒了媒体服务蓝图。此外,该论文还在建构媒体服务提供系统时,建构了媒体服务提供系统的运行架构。

范帆(2009)还在其博士论文《奥运会媒体服务的历史演变研究》中,全面勾勒了奥运会媒体服务的来龙去脉，提出奥运会媒体服务不仅要在技术层面，通过提供专门化、标准化、规范化的服务来提高运行质量，还要认真分析不同利益群体的各自诉求，在把握正确方向的前提下提供服务。

（三）大型赛事公共关系相关研究

在公共关系领域的相关研究中，大型活动项目公共关系管理是最近几年来在我国突显的一个研究新方向。在大型赛事媒体服务的公共关系研究中，研究者比较关注赛事组织者与媒体之间的关系，其中，赛事危机管理更是一个显性主题。

张映红（2002）在《公共关系管理》一书中认为，新闻活动方面的公共关系，主要包括新闻发现、公共关系新闻稿件的组织与写作、新闻联络三个方面。开展新闻活动方面的公共关系，就是要建立和发展企业、单位与媒体之间的良性互动关系，为企业和单位的发展创造良好的媒介环境。

骆秉全等（2003）在《大型体育赛事中的公共关系问题的探讨》一文中提出，赛事组织者、赞助商一定要处理好企业与媒体的互动关系，一方面，赛事报道能促进媒体的收视率和广告收入不断攀升；另一方面，媒体的宣传能够提高赛事的影响力。

付晓静（2009）在《关于构建国内大中型体育赛事媒体公关体系的初步探讨》中提出，体育赛事主办方需要转变观念，将媒体管理转变为媒体服务，以记者为本，满足记者所需，以此为基础，才能获得所需的公关效果。

刘德佩等（2011）在《体育公共关系》一书中总结了体育公共关系的五大功能：一是守望功能，二是协调功能，三是教育功能，四是效益功能，五是娱乐功能。同时，强调媒体对于体育组织的重要性，媒体是构成体育公共关系的三大要素之一。

二、国外的研究情况

通过对 media service（媒体服务）、news service（新闻服务）、media operation（媒体运行）加 sport（体育）等关键词，在知名国际期刊数据库及搜索引擎 JSTOR、SSCI、SAGE journals 上进行相关文献搜索发现，国外对于大型体育赛事中的媒体服务研究多侧重于实证研究与特定赛事中的媒体运行研究，而对体育赛事中媒体的运行服务研究没有形成系统化的理论体系。通过梳理西方发达国家媒体运行相关专家的著作、论文、国际大会报告，可归纳出以下三类相关研究情况。

（一）媒体服务研究

美国中央华盛顿大学教育技术中心主任威廉·D. 施密特（William D. Schmidt）教授与艾奥瓦州立大学教育技术中心主任唐纳德·A. 里克（Donald A. Rieck）教授（2000）合著的 *Managing Media Services：Theory and Practice*（2nd Edition）[《掌握媒体服务：理论与实践》（第 2 版）]是一本作为视听技术管理方向研究生的学习教材，该书阐述了媒体运行的基本方面，比如监管、预算、公共关系、效果评估等，讲述了媒体运行的实务知识，同时该书也为教育机构、公司、政府以及非营利组织的媒体运行工作人员提供了很好的参考。遗憾的是，该书并未涉及大型体育赛事中的媒体运行服务。

（二）媒体与体育赛事关系研究

曾任 2012 年伦敦奥运会新闻与奥运会研究组召集人和国际媒介与传播协会大众文化组召集人的英国贝德福德大学媒体与体育研究荣休教授加里·惠内尔（Garry Whannel，2009），在其论文 *Television and the Transformation of Sport*（《电视与体育的转变》）中强调了体育对电视媒体的发展起到了重大的作用。反过来也指出，电视连同商业赞助也改变了体育，为体育带来了新的经济增长，也给体育的竞赛规则、呈现方式、文化形式带来了变化，而为诸如奥运会、世界杯这样的大型赛事，吸引了大量的观众。在数字化媒体逐渐绞杀传统渠道的年代，体育是一个另类的存在，它为全世界的观众提供着一种不可预知的观赏体验。

曾任汉堡 2024 申奥办媒介服务部高级智囊的德国体育传播学者托马斯·霍尔基（Thomas Horky，2014），在其论文 *The Football World Cup 2010 in the German Media：Presenting and Constructing a Major Sporting*

Event(《德国媒体中的 2010 足球世界杯:呈现与构建一项大型体育赛事》)中,从以电视为代表的传统媒体和以脸书(Facebook)、推特(Twitter)等为代表的社交媒体两个方面论述了德国媒体对世界杯的报道,并通过研究德国电视节目对体育直播的品质分析,揭示出德国电视渠道对体育赛事的报道模式是如何标准化进行的。托马斯·霍尔基(2017)还在论文 *Usage of Drones in Sports Communication—New Aesthetics and Enlargement of Space*(《体育传播中的无人机应用——空间的新审美与扩大》)中,详细论述了无人机摄像机通过在线媒体能够在赛事传播中显现出特殊优势,从及时性、完整性、使用者预期与体验等方面与普通直播做了比较分析。

(三)媒体与奥运会关系研究

美国学者、作家、原职业足球运动员、现任太平洋大学政治与管理学院教授朱尔斯·博伊科夫(Jules Boykoff,2014),在其论文 *Activism and the Olympics: Dissent at the Games in Vancouver and London*(《激进主义与奥林匹克:温哥华奥运会与伦敦奥运会的异议》)中,详细论述了奥林匹克运动会的本质以及媒体与奥林匹克的关系,指出奥林匹克运动会虽然本质上应当与政治无关,但是实际上充满着政治。奥运会可以回避政治的说法,是当今时代的一种导向性谎言,也是一种被奥林匹克运动大玩家们支撑起来的说法。奥运会是全球媒体的盛宴,虽然媒体报道奥运会的注册费用逐年大幅攀升,但记者依旧云集。回首历史,1896 年只有 12 名记者报道了雅典首届奥运会,而到了 2012 年伦敦奥运会,大约有两万名记者到达了伦敦奥运会国际媒体中心。

英国萨尔福德大学科学传播与未来媒体中心主任安迪·米亚(Andy Miah,2017),在其著作 *Sport 2.0: Transforming Sports for a Digital World*(《体育 2.0:体育变革迈向数字化世界》)中,分章节详尽阐述了体育的本质、精英体育的数字生态、增强现实技术中的数字化观众、奥林匹克运动会与体育数字化革命、社交媒体对 2012 年伦敦奥运会的影响等内容。该研究指出,奥林匹克运动会与媒体的亲密关系表明,奥林匹克运动追求卓越竞技表现的价值观,超越了其作为世界上最受关注的体育赛事这一行政文化。21 世纪体育存在于数字化生态系统中，与复杂的数字化格局深度交织，体育 2.0 时代的精英体育带来了对空间、地点以及自然身体的重新想象。

国际奥委会媒体运行主管、国际奥委会新闻委员会主席、国际奥委会青年记者项目创办人安东尼·埃德加（Anthony Edgar，2017），在第四届（成都）国际体育传播高端论坛发表的主题报告《数字世界体育赛事新闻报道的未来》中讲到，正如 2012 年伦敦奥运会被称为“社交媒体的奥运会”，2014 年索契冬奥会被称为“数字化的奥运会”，随着平昌冬奥会和东京奥运会的到来，5G 时代也将到来，“传播媒介的改变是前所未见的”。安东尼先生认为，未来大型体育赛事的媒体报道，将会呈现出媒介融合、移动传播、全城覆盖、无缝互联的图景。

三、文献分析发现

（一）从研究主体来看，以高校师生为主

纵览现有文献，从事大型赛事媒体运行与新闻服务研究的作者，90%以上来自高校，以高校师生为主，特别是来自北京、广州、南京、武汉等地体育高校新闻传播学院的教师和研究生。究其原因，一是这些城市所举办的大型体育赛事较多，为师生参与赛事服务提供了平台；二是与高校师生的学术兴趣和职业素养有关。此外，无论是教师还是研究生，都有公开发表或写作论文的任务要求，因为教师要评职称或者要完成科研积分，学生要发表论文或者要完成毕业论文。在传统的体育新闻传播研究选题已经被研究透了，几乎再难觅新意的情况下，媒体运行与新闻服务渐渐成为研究热点，于是，大家蜂拥而至。

相反，从事过大型赛事媒体运行服务的一线记者或行政官员，却很少发表这方面的学术文章，这可能与他们本身的职业特点有关，毕竟撰写学术论文不是他们的专长。

（二）从研究对象来看，内容重复率较高

从研究内容来看，现有研究绝大部分是关于媒体运行与新闻服务的实务研究，而有关这一领域的历史研究占比较小，理论研究就更是凤毛麟角。在实务研究中，研究生论文中中观和宏观研究比较多，单篇论文主要集中在类似主新闻中心、场馆媒体中心、即时引语采写、成绩公报发送等微观问题方面，研究内容的重复率很高，而且以经验描述居多，不少文章缺乏理论支撑。

（三）从研究结果来看，多数缺乏创新性

由于一些研究者缺少对大型赛事媒体运行与新闻服务的亲身体验，没有感性基础，导致有些论文既缺乏问题意识，又没有直观认识，只能依靠文献资料法来人云亦云，所得出的结论与建议并无太大学术价值。

第四节 研究方法与理论支撑

一、研究方法

（一）专家访谈法

本书研究团队成员通过学术会议、走访、电话或电子邮件等方式，对国内外专家学者进行了一系列访谈，收集了他们多年来的从业感想和思考，以及对本书研究所涉内容的见解和建议，帮助本书研究团队完善总体的研究思路和框架。先后采访过的媒体运行专家、体育传播专家和一线新闻工作者分别是：澳大利亚体育信息专家韦恩（Wayne），美国亚拉巴马大学教授周树华，新华社徐济成、陈越、薛寿元、周宗欣、叶兴增、依涵、袁颖慧、张润光、周精传、何惠飞、廖婷婷，中央电视台宋世雄、洪钢、贺炜、童可欣，广东电视台王泰兴，广州日报陈伟胜，羊城晚报汪晖，南方都市报钟宇辉，湖北日报陈力峰，湖北广播电视台吴江，等等。

（二）文献资料法

本书研究团队根据研究需要，通过图书查阅、数据库检索、网络资源搜集等多种方式，对相关文献资料进行了收集整理、分析运用。仔细研读了国内外多项大型赛事的媒体运行志愿者培训教材，查询了国际奥委会官方网站（www.olympic.org）和各种大型体育赛会的官方网站，收集了近年来业界、学界人士的相关研究成果及会议报告，并从传播学、管理学、组织行为学、公共关系学等学科领域查询资料，为本书的研究提供理论依据。

（三）实地调查法

应新华社邀请，本书研究团队主要成员作为受薪人员（即享有报酬的专业人员），几乎全部参加了由新华社中标负责的所有大型赛事媒体运行与新闻服务工作。这些赛事包括2008年北京奥运会、2010年广州亚运会、2011年深圳大运会、2011年贵阳全国少数民族运动会、2013年南京亚青会、2014年南宁体操世锦赛、2014年南京青奥会、2015年苏州世乒赛、2015年鄂尔多斯全国少数民族运动会等。研究团队成员一边以赛事媒体运行工作人员身份为新华社工作，为注册媒体记者提供专业的服务；一边以研究者身份，体验媒体运行，聚焦现实问题，调查访问一线专家，搜集整理第一手资料。

此外，本书研究团队还派人前往美国洛杉矶、巴西桑托斯等地考察NBA和奥科会等大型赛事（会议）的媒体运行与新闻服务工作。通过实地调查法，本团队成功收集到不少珍贵的研究素材及相关研究资料，并通过整理、分析、总结，从中得出研究结论。

（四）归纳法

本书研究团队通过全方位整理过去十年我国的媒体运行经验，在进行大量案例分析的基础上，归纳概括出我国大型体育赛事媒体运行和新闻服务工作的组织架构和工作机制、现状以及存在的问题。

二、理论支撑

(一)组织行为学

组织行为学的研究起于20世纪初，它最初是为解决劳资关系矛盾而兴起的。它以行为学、管理学为基础，与多个学科相交叉，研究组织中人的行为与心理规律。美国的泰勒(F. W. Taylor)是组织行为学先驱者中最重要的一位。随着现代社会的进步，企业组织越来越重视对人的管理，组织行为学也得到更多的发展和应用，它探讨个体、群体以及结构对组织内部行为的影响，其研究价值在于改善组织绩效，使组织的运作更为有效。

媒体运行作为一个庞大而复杂的组织架构，其中的组织成员是最值得研究的对象，因为人是管理的主体，也是管理的对象。在大型赛事举办期间，媒体运行部与其他部门的分工与协作(比如场馆设计和运行演练)，媒体运行部内部管理和运作(比如团队分工)，都需要充分借助组织行为学的研究成果，来提高各级领导者对组织成员的行为预测和引导能力，完善组织内部分工，带动组织协同作业，以便更高效地实现媒体运行服务的各项目标。

(二)公共关系学

公共关系学最早出现在19世纪的美国，它把传播媒介作为公共关系运作的手段和工具，主要研究组织与公众之间传播与沟通的行为、规律和方法。国际公共关系协会认为："公共关系是一项经营管理的功能，它是一种连续性和计划性的工作，社会组织通过它来赢得并保持与其相关公众的理解、同情和支持，即分析、把握公众的意见，使本组织的政策和措施尽量与之配合，并依靠有计划的、广泛的信息传播，获得有效的合作，实现共同利益。"

媒体作为大型体育赛事公共关系中的一个重要群体，在大型体育赛事传播中扮演着极其重要的角色，处理好二者的关系也将直接影响到大型体育赛事与全球观众的关系。对于大型体育赛事来说，其媒体运行和新闻服务工作，本身就是为大型体育赛事的公共关系而服务的，因此公共关系学对于本书的研究有着支撑性的作用，本书研究中危机管理体制机制创新策略也是基于此理论而展开的。

(三)组织传播理论

组织传播是由各种相互依赖的关系结成的网络，为应付外部环境的不确定性而创造和交流信息的过程。组织传播包括组织内传播和组织外传播两个方面。在传播形式上，分为纵向传播(包含上行传播和下行传播)与横向传播、正式传播与非正式传播等多种形式。

在组织传播视角下，媒体运行就是一种组织传播的过程。在赛事组委会领导下，以媒体运行部为组织单位，通过组织内传播(如媒体运行部每天推出工作简报)和组织外传播(如INFO系统)两种形式，向媒体运行团队成员和组委会通报信息，向注册媒体提供设施与服务。其中，以组织外正式横向传播为主，以纸质公报和INFO、官网等网络为平台，全面、及时提供赛事信息。

(四)使用与满足理论

“使用与满足”研究起源于20世纪40年代。1974年美国传播学家E.卡茨在《个人对大众传播的使用》一文中，将媒介接触行为概括为一个“社会因素+心理因素——媒介期待——媒介接触——需求满足”的因果连锁过程，提出了“使用与满足”过程的基本模式。本书从“使用与满足”理论出发，把媒体运行与新闻服务的客户需求和实际工作情况相结合，从传播效果出发，提出大型体育赛事媒体运行与新闻服务工作的创新策略。

第五节　研究内容与思路

一、主要研究内容

本书共分为七章，章与章之间呈现出一种逻辑严密的递进关系。

第一章是绪论。本章主要介绍本项目的研究缘起、研究意义、研究现状、研究方法与理论支撑、研究内容与思路、突出特色与主要建树。

第二章研究大型赛事媒体运行与新闻服务的发展历程。共分为五个方面，分别是：大型体育赛事的界定与特点，大型赛事媒体运行的含义与作用，媒体运行的依据，媒体运行的原则，大型赛事新闻服务的含义和特点。

第三章研究大型赛事媒体运行与新闻服务的组织架构和工作机制。共分为三个方面，分别是：大型赛事媒体运行的行政管理架构，大型赛事媒体运行的主要内容，大型赛事新闻服务的主要内容。

第四章研究我国大型赛事媒体运行与新闻服务的现状。共分为四个方面，分别是：媒体运行理念的普及与推广，富有中国特色的媒体运行团队，不断整改的场馆设施与运行流线，各种各样的新闻服务模式。

第五章研究大型赛事媒体运行与新闻服务存在的突出问题。共分为六个方面，分别是：组委会对媒体运行认识不足与重视不足，组委会各部门之间协调不畅，媒体运行计划不周与官网建设滞后，媒体运行团队屡遭重建，媒体运行的灵活性不足，媒体运行危机管理遭遇瓶颈。

第六章研究大型赛事媒体运行与新闻服务的创新策略。共分为九个方面，分别是：重新认识媒体运行的意义，重新厘清媒体运行的理念，媒体功能区的规划与设施设备的筹划，做好场馆运行初步设计，做细场馆运行详细设计，构建一支称职的媒体运行队伍，注重媒体运行桌面模拟和实战演练，危机管理体制机制创新，媒体运行与新闻服务的与时俱进。

第七章为结论与建议。

二、研究思路与框架

本书以大型赛事媒体运行与新闻服务为研究对象，以组织行为学、公共关系学、组织传播理论、使用与满足理论等理论为支撑，采取专家访谈、文献资料、实地调查、归纳等研究方法，在对国际大型赛事媒体运行的发展历程和工作机制进行铺陈的基础上，着重研究了过去十几年来国内大型体育赛事媒体运行服务的现状、问题与对策，最后得出科学的结论与建议。基本框架如图 1-1：

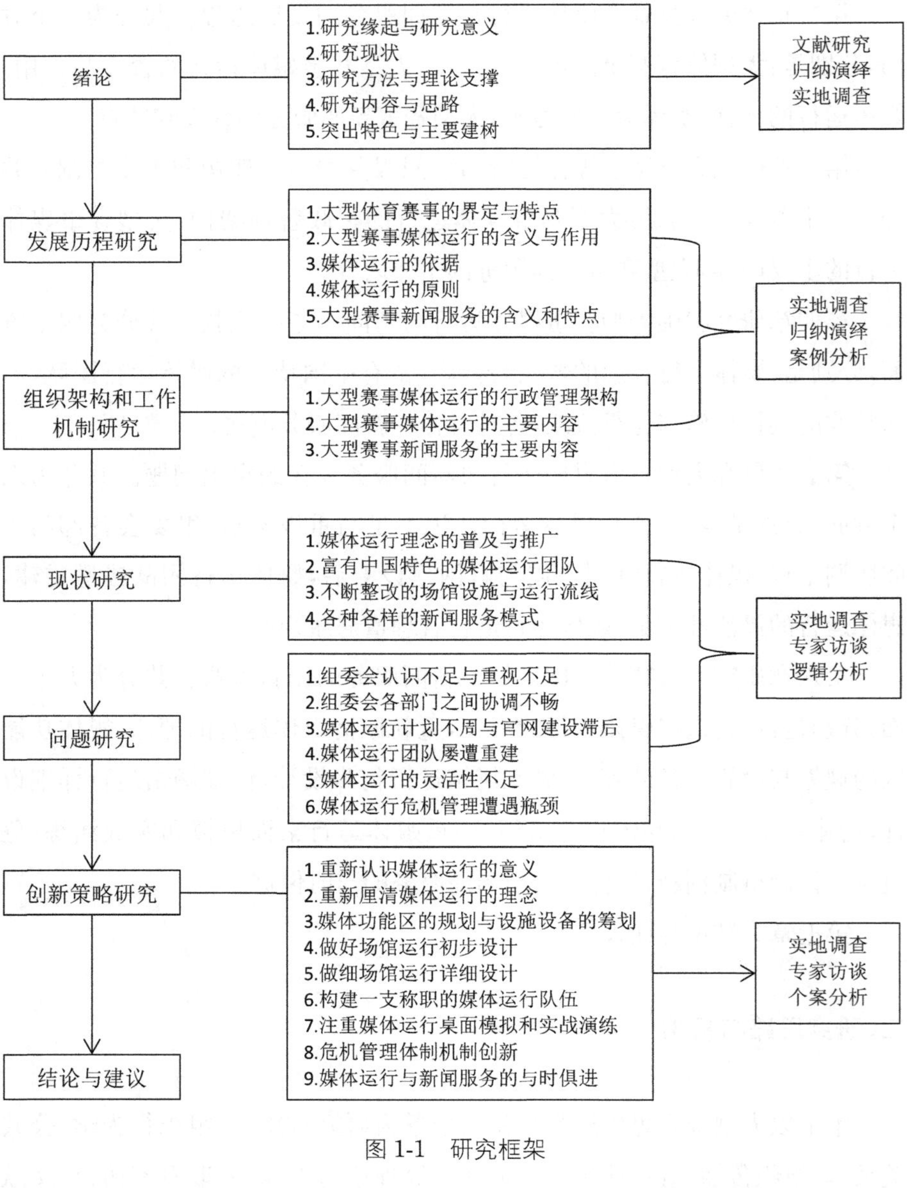

图 1-1　研究框架

第六节 突出特色和主要建树

一、突出特色

(一)深刻的学理性

从本课题最终研究报告和前期阶段性成果来看,本书在宏观上全面系统地厘清了大型体育赛事、赛事运行、媒体运行、新闻服务、危机管理等要素之间的逻辑关系。在中观上从不同维度考察了媒体运行主体与客体之间的关系,比如,从组织行为学视角研究提高媒体运行团队效率问题,从组织传播视角研究新闻服务体例问题,从公共关系学视角研究危机管理体制机制创新问题,从使用与满足视角检讨 INFO 系统使用不足问题等。在微观上分别阐述了体育赛事传播的主题、主新闻中心的运行、赛事前瞻与赛事回顾的报道方法等具体问题,比如在阶段性成果《大型赛事中媒体服务的三大原则》一文中,就提出了硬件是媒体运行的平台、软件是媒体运行的核心,活件是媒体运行的保障等理性看法。

(二)鲜明的实践性

本课题属于典型的实证研究,特别注重从实践中来,到实践中去。本课题研究团队主要成员,都先后应邀参加过由新华社中标承担的各项大型赛事的媒体运行工作,洞悉媒体运行一线情况,掌握大量的第一手资料,研究报告中所凝练的问题和所搜集的案例都来源于媒体运行实践,解决问题的策略也立足于实践应用,做到了在实践中促进思维能力的发展,在实践中检验思维成果的正确性(如图 1-2、图 1-3)。

图 1-2　本研究团队成员应新华社邀请，参加 2013 年南京亚青会的新闻服务工作

图 1-3　南京亚青会期间，本研究团队成员与国际专家一起工作

(三)广泛的应用性

本书为国家社科基金项目《大型赛事的媒体运行与新闻服务研究》的最终研究成果,该项目研究成果被广泛应用于学界与业界。其中,阶段性成果《大型赛事媒体运行原理与新闻服务体例》(暨南大学出版社,2014)一书,已被武汉体育学院、广州体育学院等多所高校用作"大型赛事媒体运行"课程教材;阶段性成果《媒体体育的传播模式研究》等系列论文,被多所高校体育新闻研究生作为"大型赛事媒体运行专题研究"必读文献;由于该项目的大多数研究者同时也是媒体运行参与者,不少成果在被文字固化的同时,已在媒体运行实践中得以灵活应用。

本书的研究成果将给更多的大型赛事组委会和大型活动组织者提供借鉴与支持。

二、主要建树

(一)理论建树

本书研究成果完整勾勒了大型赛事媒体运行的发展历程,从理论上建构了媒体运行的框架模式,一是完整论述了媒体运行的组织结构与工作机制,提出了团队是媒体运行的基石的理论;二是在论述媒体运行与新闻服务相互关系的基础上,提出了"媒体运行 2—9—6 区域"这样的概括性概念,上述这些在国内外大型赛事媒体运行研究领域是一个较大突破。

(二)实践建树

本书研究成果是在工作、调查、研究"三合一"基础上完成的,在全面论述我国大型赛事媒体运行与新闻服务现状与问题的基础上,科学提出了媒体运行与新闻服务的创新策略。所有策略都以团队建设为基石,分别从赛事筹备、场馆设计、模拟演练、实战演练、应急预案、危机传播等时间节点建立了实操模型。

第七节　学术价值与社会影响

一、学术价值

本项目研究取得了一系列原创性研究成果。从数量来看，除了最终研究报告外，本项目已取得一系列阶段性成果，包括发表了论文 22 篇，编著出版了《大型赛事媒体运行原理与新闻服务体例》1 部。这些成果论述了大型赛事属于媒体体育，其媒体运行本身是一种组织行为等理论命题。

二、应用价值

本项目研究是对各种大型赛事媒体运行经验的全面系统总结，为今后大型赛事的媒体运行提供了工作思路。本研究团队主要成员先后分别参加过各种大型赛事的媒体运行与新闻服务工作，已取得的主要阶段性成果都是“源于实践、用于实践”。而本项目研究成果的诸多案例非常具有典型性，可供今后的赛事组委会借鉴，少走弯路，避免浪费；有关媒体运行的实操模型，则可帮助今后的赛事组委会节约成本，提高效率。

三、社会影响

本项目研究促进了学界与业界的深度融合。本研究团队成员以高校教师为主，同时吸纳了部分大型赛事媒体运行的业界专家，实现了研究成员学界与业界的融合。所有的研究成果都是理论联系实践的结果，又返回实践中加以检验，实现了理论研究与现实服务的融合。因阶段性成果推动，多所高校相继开设了“大型赛事媒体运行”专业课程，实现了业界前沿运作与高校人才培养的融合。

四、社会效益

本书在进行研究的过程中，打造了一支可持续发展的“双师型”队伍。本书研究团队主要成员的主职是高校教师，兼职是媒体运行专家，他们除了熟悉媒体运行的基本流程以外，还能够把在新闻服务中所熟练掌握的即时引语、发布会摘要、赛事前瞻、赛事回顾等通讯社新闻写作方法，成功地运用到高校教学中，使更多的学生受益。

与此同时，新华社媒体运行专家徐济成、陈越、王佐臣、李果青等人应邀成为多所高校的兼职教授，除了给本科生开展讲座以外，还担任了新闻与传播专业硕士生的业界导师。这对于新闻工作者来说，既多了一个展示才华的平台，也体现了一种责任担当。

第二章　大型赛事媒体运行与新闻服务的发展历程

体育赛事有很多，世界上每天都在举办各种比赛，有些比赛默默无闻，而有些比赛则一票难求，媒体也蜂拥而至，需要赛事组委会提供媒体服务。那么，究竟什么样的比赛需要提供媒体运行服务呢？媒体运行与新闻服务的具体含义是什么？它们之间有何联系与区别？这是本章需要解答的问题，也是本书研究的基础。

第一节　大型体育赛事的界定与特点

一、大型体育赛事的含义

近年来，国内学术界对于体育赛事的内涵界定，由原来的创造优异成绩、夺取比赛优胜，逐渐转向丰富社会文化生活的视角。有人认为，大型赛事是“以比赛竞争为基本手段，以满足人们审美享受及刺激等需要的社会实践活动”①。这一内涵的变化，既反映了体育受众观念的转变，更体现了现代大型体育赛事的多元化发展。所以，现代体育赛事是以体育竞赛为核心产品及相关服务的一种特殊活动。体育赛事的举办，需要赛事权益拥有者、赞

① 肖林鹏.竞技体育本质及其发展逻辑[J].体育学刊，2004(6)：1-3.

助商、中间商、发展商、推广商、投资商、赛事传播报道者等各种利益主体合作，进行赛事资源开发与运营管理。

还有人认为，大型赛事是一种规模庞大、风格鲜明、富有国际吸引力的文化项目，“往往代表着承办国家或城市的形象，承办国或城市能够通过大型赛事的构建，来展示自身形象，并且提升国家的地位和声望”①。比如2008年北京奥运会就是中华民族复兴大业的伟大亮相，是衡量中国综合国力和水平的重要标志，对于北京和中国都具有里程碑式的意义。

在我们看来，大型赛事是大型体育赛事的简称，是以比赛为手段，以吸引人观赏为目的，以媒体为纽带，能将赛事资源、广告赞助资源、受众用户资源连接于一体，从而产生广泛社会效益和经济效益的大型社会活动。大型赛事与媒体之间是一种双向共生关系。

从表面上看，大型赛事都是一场场在体育场馆举行的实体性体育活动，我们姑且将其称为现场体育。现场体育千差万别，有的很好看，比如世界杯、奥运会等国际赛事以及一些高水平的职业联赛等，而绝大部分现场体育并不精彩，比如普通人自娱自乐的现场比赛，很多就没有观赏价值。即使是十分精彩的现场体育，如果没有媒体传播，它所产生的影响力也很有限，因为与庞大的媒体受众群相比，能够在现场观赏的人就屈指可数了。

这样一来，就牵涉到另外一个概念，即与“现场体育”相对应的“媒体体育”。“媒体体育是体育新闻传播发展到成熟阶段的产物，是体育在媒体文化和消费社会交互背景下的多元化传播方式。它由浅入深呈现出媒体建构体育、媒体介入体育、媒体控制体育三种传播模式。”②从这个意义上说，大型赛事就是那些具有较大政治价值、娱乐价值和商业价值，值得由现场体育转变为媒体体育的社会活动了。

① 易建东. 大型赛事报道与媒体运行[M]. 杭州：浙江大学出版社，2008：10.
② 张德胜，张钢花，李峰. 媒体体育的传播模式研究[J]. 体育科学，2016(5)：3-9.

二、大型体育赛事的分类

(一)体育赛事的分类

根据规模和层次分类,体育赛事可以分为基层单位比赛、地区性比赛、全国性比赛、国际比赛、洲际比赛(亚运会、非运会等)、世界大赛(奥运会、世锦赛、世界杯)等。

按赛事项目的多寡分,体育赛事可以分为综合性运动会和单项赛事。

按赛事性质分,体育赛事可以分为锦标赛、杯赛、对抗赛、选拔赛、等级赛、邀请赛、表演赛、达标赛、友谊赛等。

按参加者年龄分,体育赛事可以分为儿童、少年、成年人、老年人等不同年龄段的赛事等。

按参赛者行业分,体育赛事可以分为中学生、大学生、工人、农民、警察等不同职业或身份的运动会等。

按赛事所属的主体分,体育赛事有公益赛事和商业赛事之分。

(二)大型体育赛事的分类

全国性运动会以上的综合性赛事有:奥运会、亚运会、全运会等。

世界级别的单项锦标赛:如世界杯足球赛、世界游泳锦标赛、世界 F1 锦标赛等。

职业联赛总决赛:如欧洲足球冠军联赛、NBA、NFL 总决赛等。

三、大型体育赛事的特点

(一)举办的时间相对固定,有周期性

大型体育赛事都有相对固定的举办时间,有始有终,不断重复,周而复始。如奥运会和世界杯足球赛都是四年一届,奥运会通常在 7—9 月份举办,

赛期一般是 17 天；世界杯足球赛则在 6—7 月份举办，赛期往往超过 1 个月。也有一年一届的大赛，如网球项目的四大满贯，举办时间稳定且发展成熟，其中澳大利亚网球公开赛的举办时间是每年 1 月，法国网球公开赛的举办时间是每年 5—6 月，温布尔登网球公开赛的举办时间是每年 7 月，美国网球公开赛的举办时间是每年 8 月。四大满贯一年一届的举办，刚好将一年的时间串联起来，注重轻重缓急，保持一张一弛，为全球观众带来视觉盛宴的同时，也协调了人们生活工作的节奏，满足了人们的娱乐审美需求，如今网球四大满贯已经成为全球观众瞩目的焦点。

(二)有一套庄严而烦琐的仪式

大型体育赛事是一种社会性竞争活动，是现代人类社会的一项重大“节事”，具有相对完整、烦琐的仪式。尽管每个赛事项目的仪式不尽相同，但都是庄重而严谨的，仪式是确保赛事规范运作的基本保障。大型体育赛事大都有开幕式、闭幕式、颁奖仪式、运动员和裁判员宣誓仪式等，奥运会还有盛大空前的火炬接力仪式等。人们常说，体育就是仪式化的战争。赛前的抽签或约战，如同下“战书”，赛中必须遵守比赛规则和裁判法则，约定违禁与处罚等约束性条款。正是由于赛事全程充满了约定俗成的仪式，所以大型体育赛事实际上是在社会礼仪允许或提倡的框架内的一种搏斗。

仪式、政治和权力之间的关系非常紧密，仪式能为个体显示在场感和神圣性，能为集体增加凝聚感和合法性。虽然我们经常说，体育与政治无关，但是实际上，体育的政治性往往通过仪式显现出来。赛事组委会在仪式问题上稍有不周，就会引起“我们”与“他们”之间的区隔，甚至是斗争。在 2016 年巴西里约奥运会期间，多次发生的中国国旗制作和悬挂不规范事件，就引起了国人的愤怒，最后通过各种政治与外交途径总算加以解决。在国际大赛中，参赛无小事。“即使是以个人名义参加的大型比赛，运动员也总是代表自己的国家。”①

① 陈恳. 羽毛球运动[M]. 北京：高等教育出版社，2005：185.

（三）参与人员众多，管理复杂

当今社会，大型体育赛事不再是单一的竞技比赛，而是重要的体育资源，有巨大的发展潜力。为了开发、利用体育资源，投资商、赞助商、广告商等蜂拥而至，从而衍生出枝繁叶茂的体育产业。而大量人力、物力、财力的投入，林林总总部门的设立，使大型体育赛事的运作和管理越来越复杂。所以，每一项大型体育赛事必须有专门的组委会统筹管理，高效运作，像国际奥林匹克委员会（简称国际奥委会）、亚洲奥林匹克理事会（简称亚奥理事会）等都为大型体育赛事的举办做出了巨大的贡献。

（四）举办规模空前，影响深远

大型体育赛事的举办规模往往覆盖全国、洲际乃至全世界，运动员的精彩表现，赛事的激烈对决，举办地的人文景观等，均吸引着全世界的目光，效益巨大，影响深远。如广州市的发展，可以说是体育改变了城市。2001 年 11 月，广州成功举办了第九届全运会，当地媒体称这届全运会为广州的发展“插上了腾飞的翅膀”，这充分体现了舆论对大型赛事社会价值的认可。如今，举办过亚运会的广州，城市发展更是上了一个新的台阶。屹立于珠江边的广州塔（俗称小蛮腰）五彩缤纷、熠熠生辉，成功演绎出这个城市通过举办 2010 年亚运会的崭新风貌，诠释了中国人的体育梦和强国梦，引世人瞩目。

四、大型体育赛事的地位与作用

当今社会，大型体育赛事是全球性事件，能吸引全世界受众的目光，赛事举办关涉举办城市或国家的形象，需要投入巨大的人力、物力、财力，它在社会生活中具有非常重要的地位与作用。

知名体育学者鲍明晓曾在高校讲座中指出，体育在“四个力”的综合作用下产生综合社会价值，这“四个力”即政治的影响力、经济的生产力、社会的亲和力、文化的传播力。

其实，探讨大型体育赛事的社会作用，同样也可以用四个“shi”（视——事——示——市）来描述：

“视”者，视觉之谓也。大型体育赛事能给全球受众带来极具冲击力的视觉盛宴，帮助日常紧张工作的人们舒缓神经，为他们疲惫的心灵带去抚慰，在满足人的功利性需求的同时，也满足了人们娱乐审美的精神需求。

“事”者，故事之谓也。大型体育赛事通过媒体全方位展示体育精神，一幕幕挥汗如雨的画面，一个个顽强拼搏的身影，一次次挑战自我的飞跃，一遍遍世界纪录的刷新，体现了人类永不停歇、上下求索、超越自我的精神，诠释了人类“更高、更快、更强”的梦想。

“示”者，展示之谓也。大型体育赛事如同一扇窗口，既展示了精彩的赛事，更展示了举办城市或国家的风土人情、城市风貌、政治稳定，同时也搭建了合作的平台，促进了文化交流，提升了城市或国家形象。

“市”者，市场之谓也。大型体育赛事是人类社会生活不可或缺的资源，具有极大的可挖掘潜力，能促进就业和消费，能完善经济和产业结构，从而产生可观的经济价值。

第二节　大型赛事媒体运行的含义与作用

一、媒体在大型赛事中的作用

现代社会，体育赛事不仅仅是一种纯粹竞技性的活动，它已发展成为一种以体育竞技为核心，为媒体和公众提供产品和服务的活动。主办国家或者城市不但可以通过赛事本身提高国际地位，还可以从城市建设、体育普及、旅游推广中获得长远的效益。媒体除了作为信息传播者的角色外，其在大型体育赛事中的作用也不容忽视。

（一）赛事成败的评判者

国际奥委会（International Olympic Committee，简称 IOC）前主席萨马

兰奇曾说："文字媒体是一届奥运会成功与否的裁判者(It is the press that judges the success of the Games)。"如今,这句话广为流传。文字媒体又称平面媒体(Press)。一届运动会是否成功,国际组织和相关领导可以评判,但如果媒体不认可,就没有影响力。

媒体因其工作的特殊性,往往能达人之所不能,它们能直接调查、采访赛事的运行情况,它们会对赛事进行总结与评判。首先,对于大型体育赛事来说,媒体的覆盖面可以说是遍及全球。由于能够到现场观看比赛的观众毕竟是少数,对于不能亲临赛场的受众而言,他们对赛事的认识很大程度上是来自媒体的报道。其次,媒体具有渗透力,媒体报道什么,世界范围内的受众就接收什么信息,所以,国际奥委会提醒主办者重视文字媒体,因为他们的覆盖面、渗透力和评价性更强。

(二)体育理念的传播者

人们之所以热爱体育赛事,是因为体育运动体现了自强不息、顽强拼搏、自我超越等体育精神,这是人类普遍认同的正能量。举办城市或国家将这种精神融合在体育理念中,通过媒体大力传播,激励人们奋勇向前,促进社会积极健康发展。在赛前、赛时甚至赛后,媒体通过大量的平面报道、广播电视节目,将赛事组织和举办过程完整地向全球受众呈现出来。举办城市如何贯彻他们提出的理念,体育比赛又如何传达这一理念,通过媒体,都为世人所知晓。如北京奥运会成功将"绿色奥运、科技奥运、人文奥运"的理念贯穿于整个赛事中,让世人为精彩赛事惊叹的同时,也正确认识了新中国的伟大成就。

(三)国家或城市形象的塑造者

大型体育赛事的关注度高,涉及面广,因此,举办城市或国家把赛事看作是塑造城市形象和建立城市品牌的难得契机。对于举办城市来说,承办大型国际体育赛事不仅能获得经济效益,更能获得社会效益。举办城市把媒体当作宣传平台,借以向外界展示自己的形象。同时,由于媒体在报道中会将历届举办城市进行比较,因而能促使举办城市不断反思和改进,促进城市的发展。

（四）赛事组织的推广者

媒体的职能之一是影响舆论导向，媒体通过舆论监督赛事的组织和举办，能让赛事组织者自觉自动地完善各个环节，媒体和组委会的这种互动能不断提高组织水平和举办能力，使大型体育赛事组织越来越规范，使大型体育赛事开发越来越完善，从而大力推广赛事，普及赛事项目。[①]

二、大型赛事的媒体运行

（一）媒体运行的含义

既然媒体在大型体育赛事中的作用如此重要，那么，做好媒体服务是十分必要的，媒体运行也随之产生。

通常，参加大型体育赛事的人员按功能可以分为五类：一是竞技类人员，包括运动员、教练员、医疗人员、各代表队的相关人员和技术官员等；二是赛事组织者；三是媒体记者；四是观众；五是嘉宾。

其中，媒体记者是比较特殊的一类，因为他们的工作十分复杂，如新闻稿的采编、摄影摄像、直播解说，等等，不同时段的工作内容也有所不同，对工作区域所提供的设施和服务需求也有差异。

媒体运行正是为这一特殊群体——媒体记者提供服务的，满足他们基本生活和日常工作的需要，以及一些特殊的专业需求。媒体运行提倡的是“服务”，服务是一方的工作满足另一方的需要；而不是“管理”，管理是一方必须听另一方的。所以，媒体运行又可被称为媒体服务。这种服务，是通过组委会为注册媒体提供一系列的硬件设施、软件信息和活件服务，通过规范的流程和有效的运行来完成的。

国际奥委会和世界各单项体育组织联合会，一直以来都十分重视大型

① 第16届亚洲运动会组织委员会．亚运会媒体运行[M]．广州：暨南大学出版社，2009：2．

赛事的媒体服务工作。特别是从2000年悉尼奥运会以来，一直强调要把媒体当作“客户”对待。在国际奥委会的组织结构框架中，专设两个组织机构，负责赛事媒体运行工作。一个是专门负责赛事媒体报道的部门——新闻委员会，负责指导文字和摄影平面媒体报道；另一个是奥林匹克广播组织(OBO)，负责指导奥运会电视转播事宜，这两个组织分别由各自执行主席指导开展工作。

准确地说，媒体运行是一种发端于奥运会的传播业务，就是为注册媒体充分报道赛事提供设施和服务。“奥运会组委会媒体运行的任务是：负责为奥运会期间注册的文字和摄影媒体组织、提供、运行所有媒体设施和服务；同时组织运行主转播机构，为持权转播商提供相应的设施和服务。”①

所谓设施，主要是指在赛事主体育场附近设计、规划、建设主新闻中心(MPC)、国际广播中心(IBC)，在各竞赛馆、媒体村或媒体酒店规划、建立场馆媒体中心(VMCs)，为注册文字、摄影、新媒体、非持权转播商、持权转播商和主转播商记者，提供运行区域、工作空间、办公设施、家具白电、技术设备、通信保障、后勤支撑等设施与服务。

所谓服务，主要是指为有意采访报道赛事的媒体，提供记者报名公告发布，邀请函草拟寄出，注册信息回收梳理，注册卡制作发放，住宿、交通、餐饮安排，以及新闻运行、摄影、新闻信息和电视转播等涉及报道赛事的核心服务。

媒体运行的主体是组委会媒体运行部和场馆媒体运行团队，媒体运行服务的客户群是注册记者。而在其他大型赛事或国际会议中，借鉴奥运会媒体运行的经验，根据赛事规模和实际，在所有竞赛与非竞赛场馆，为注册媒体提供必要的设施和服务，以便注册记者可充分报道和传播赛事。

(二)媒体运行已成为各种大型赛事的标配

媒体运行作为规定动作，本来是从奥运会开始的。正因为奥运会媒体运行取得了成功，这一制度就被推广到各种大型赛事当中，上自世界各单项

① 第29届奥林匹克运动会组织委员会. 奥运会媒体运行[M]. 北京：中国传媒大学出版社，2007：24.

体育联合会的赛事，如国际足联、国际田联赛事；中间层次包括各大洲的体育组织的赛事，如亚运会、足球或篮球亚洲杯；下至一些国家的综合性体育赛事或体育职业联赛，如我国的全运会、中国足球超级联赛、中国篮球联赛等。

媒体运行已成为各种大型赛事的标准配置，即要用专业的方式，为媒体提供必要的设施和服务。以此为基础，各种大型体育赛事组委会对于什么是媒体运行，都可以有自己的理解，比如，2010 年广州亚运会组委会是这样定义的："媒体运行是指为满足媒体采访报道需求而提供一系列服务和设施的一种团队运作模式。它包括新闻运行和广播电视运行。"①

本书以在国内举行的大型赛事媒体运行为研究对象，研究各种大型赛事组委会为不同媒体提供设施与服务的现状、问题与对策。

（三）大型赛事媒体运行的特点

归纳媒体运行的特点，一定要与赛事相互结合，这些特点都是在对新闻记者的服务过程中体现出来的。

1. 协作性

媒体运行部并不是一个"闭门造车"的部门，作为赛事组委会的重要组成部分，它需要组委会其他部门的鼎力支持与配合，共同为媒体提供硬件和软件的服务，与注册、竞赛、技术、物流、人事、财务、交通、安保、住宿、餐饮、接待，乃至使馆、海关、边检等部门通力合作，解决媒体签证、报关通关、检验检疫、抵离接送、酒店住宿、媒体班车、自驾车证、赛事报道等诸多服务。媒体运行的方方面面都需要媒体运行部与其他有关部门积极主动沟通协作，反复协商讨论，解决矛盾问题，同时也需要其他相关业务口的理解支持。一旦其中一个环节或者一个部门出了差错，或者事先没有对接好，致使注册记者不能顺利完成报道任务，就很可能诱发媒体不满、抱怨甚至批评，结果就是大量的负面报道引发负面舆情，严重影响组委会和举办城市的形象。

---

① 第 16 届亚洲运动会组织委员会. 亚运会媒体运行[M]. 广州：暨南大学出版社，2009：1.

2. 灵活性

在坚持媒体运行基本准则的前提下，灵活性是媒体运行另一个重要特点。媒体运行要依托于具体赛事进行，而不同类型的赛事规模不同，注册媒体的数量也有很大差别，所面临的问题和服务的对象也大有不同。媒体运行团队应以《媒体技术手册》、主办方——国际体育组织的媒体规则为依据，针对具体赛事进行相应政策调整。比如，在媒体班车时刻表编制上，不仅要与赛事开始和结束的时间紧密相连，还要考虑到赛后新闻发布会或者其他活动可能延时，赛事进入高峰阶段后，还要在发车和收班时间上有所变化。这些灵活变化不仅体现在媒体交通服务中，还要在住宿、注册等方方面面都会体现出来。其灵活性表现在两个方面：一是不同规格的赛事，媒体运行筹备的设施和运行政策不同；二是赛时媒体运行也需根据场馆实际和注册记者的需求，及时调整运行方案和政策。

3. 复杂性

随着现代体育运动的不断发展，大型体育赛事的影响力越来越大，关注的人群也在不断壮大，媒体对其关注度也越来越高。以夏季奥运会为例，1980 年莫斯科奥运会，只有 81 个国家和地区 5 217 名运动员参赛，参与报道的记者只有 5 615 人；而到了 2012 年伦敦奥运会，共有 205 个国家和地区共 10 500 名运动员参赛，参与报道的记者人数约 26 800 人，是运动员总人数的两倍多。新闻媒体报道规模的不断增大，直接导致了媒体运行的复杂性。其复杂性表现在：一是注册记者是组委会人数最多的客户群，二是媒体对设施的需求越来越多，三是媒体对赛事组织的影响力越来越大。

4. 集中性

任何一项大型体育赛事都有一定的周期，赛事时间非常集中，而媒体运行的工作也会随着紧凑的赛程安排而展开。虽然媒体运行的工作方向各有不同，但为了确保赛事报道的正常运转，组委会在开赛前就集中各部门力量，调动各领域的精英与专业人才，通力完成前期的准备工作。媒体运行的集中性主要表现为：注册记者在一个时间点大量向场馆媒体功能区聚集，会出现新闻发布厅、混合采访区、媒体看台席等区域爆满的现象。大量聚集的记者，为媒体运行和服务带来巨大压力。

5. 专业性

媒体运行专业性是由记者报道体育赛事的专业性决定的。随着现代科学技术的发展，记者携带的设备也越来越专业，技术保障越来越复杂。比如文字记者都携带笔记本电脑，摄影记者都携带专业照相机，电视记者都会使用专业摄像机。为其设备提供的电力保障、通信保障，以及带桌记者席与摄影位置即拍即传系统、评论员席、演播室、主新闻中心、国际广播中心、电视转播综合区、场馆媒体中心的设计、规划和建设越来越具专业性，尤其是新闻服务的体育信息——赛事前瞻和赛后回顾的撰写，更具不可替代的专业性。每逢国际赛事，组委会不得不从国外聘请体育信息专家来华工作。

6. 国际性

大型综合体育赛事一般都具有国际性，表现在媒体运行所服务的客户群——注册记者上。他们一般都是来自世界各地的知名媒体，大多是国际体育赛事报道的老手，对国际惯例颇为了解。国际赛事的通用语言是英语，因此对媒体运行团队的英语水平要求比较高，工作人员和志愿者必须能用英语与记者沟通交流。只有由国际专业人才组成的团队才能提供最专业的服务，因此，国际性是媒体运行非常重要的特征，也是选拔工作人员的标准之一。

7. 时效性

正如新闻报道有时效性一样，媒体运行也具备鲜明的时效性。这集中体现在竞赛场馆的媒体运行上。体育比赛是按照每日赛程组织展开的，即各个国家代表团、运动队、运动员的比赛是按照预定的时间点开始和结束的。而媒体运行的当日计划，也是按照赛程的时间点编制的，尤其在混合采访区和新闻发布厅的运行上，最具时效性，如果记者与之失之交臂，就很难获得采访机会。在混合采访区，每位记者的采访时间，一般规定在 1 至 2 分钟之间，只有这样才能保障记者都有机会采访到运动员。而新闻发布会一般最长不会超过半个小时。媒体运行的时效性还表现在记者的新闻大战——争抢第一时间和独家新闻上，这就要求媒体运行的电力和通信保障系统即时有效。

8. 计划性

媒体运行是按照每日运行计划来组织进行的。一般来说，高规格体育赛事的场馆媒体团队，受薪人员和志愿者人数为百人左右，而一个场馆电视主转播团队也有七八十人。媒体运行人员，包括经理层、主管层和助理层（一般由志愿者担任），在什么时间，到什么岗位，履行什么样的岗位职责，都是按照每日运行计划安排的。只有按照计划运行，才能保障媒体运行顺利、有序、高效，才能为记者提供专业化的报道服务工作。赛前媒体运行筹备，也是严格按照计划展开的。所以说，计划性是媒体运行的显著特征。

（四）媒体运行在大型赛事中的作用

1. 媒体运行是赛事组委会的有机组成部分

在大型体育赛事整个组织管理体系中，媒体运行是其中的一个重要环节。在赛事筹备和运行中，组委会的最大客户群——注册媒体，就是由媒体运行提供接待和服务的。媒体运行水平如何，是否成功，都会影响到媒体对赛事的报道和评价。可以说，在现代媒介化社会中，媒体运行是大型赛事组织结构中不可或缺的有机组成部分，它是现代媒体和现代奥林匹克运动各自发展的有机结合。

2. 媒体运行符合大型体育赛事自身传播的需要

现代奥林匹克运动和历届奥运会之所以能家喻户晓，尽人皆知，完全依赖报纸、杂志、广播、电视、网络等媒体的报道和传播。没有媒体参与的体育盛会是不可想象的，也是不可能成功的。媒体运行就是为注册记者提供注册、交通、住宿、餐饮、观赛、采访、拍摄、录制等赛事系列化服务，确保记者快速、高效、准确、生动、充分、成功地报道大赛，宣扬竞技体育精神，传播更快、更高、更强的价值理念。

3.媒体运行符合现代媒体自身发展的需要

媒体运行就像一座桥，把记者和赛事有机地对接起来。媒体和顶级国际赛事就像一对孪生姐妹，没有媒体关注和报道，体育竞技的向上精神得不到传播，场外观众欣赏不到精彩的比赛。媒体运行通过完善的系统和严谨的流程，为媒体提供全方位的服务，营造一个正面的舆论环境，保障记者能把精彩的赛事奉献给受众。

4.媒体运行为提升举办城市的国际形象搭建了平台

媒体运行在赛前和赛时为来自世界各国的媒体安排系列采风活动，介绍举办城市的人文景观、自然山水、社会经济、旅游事业、文化风情等，对提升举办城市的知名度，加速其国际化进程和对外开放水平影响深远，意义重大。

第三节　大型赛事媒体运行的依据

一、实践依据

(一)媒体运行始于奥运会

纵观媒体运行的历史，它经历了从形成、发展再到制度化的历史进程。

众所周知，现代奥运会起始于1896年，当年在希腊雅典举行的第一届夏季奥运会只有12名记者报道了赛事，结果他们都以嘉宾身份获邀参加了闭幕式晚宴。紧接着的两届奥运会，又办得不声不响，其主要原因是媒体对于奥运会的热情不高，舆论的目光都被当时盛极一时的世博会所吸引。

1900年巴黎奥运会就是在巴黎世博会期间举办的，它本身就是世博会的一部分，故其赛程长达半年之久。

“现代奥运会之父”顾拜旦一直重视奥运会与媒体的关系，他一边劝说报纸记者报道奥运会，一边自己亲自编辑传播奥林匹克运动的时事通讯(1901－1914)。“在1912年斯德哥尔摩奥运会上成立了首个为新闻媒体提供服务的组织机构——新闻委员会(Press Committee),并从此成为国际奥委会的常设机构,旨在为奥运会媒体服务制定规范,用来指导各届奥运会组委会下设的媒体服务部门的工作。"①

国际奥委会深刻地认识到,只有与媒体合作,才能让公众关注奥运会。因为媒体可以报道赛事信息,媒体也能传播奥林匹克理想。在顺利解决了平面媒体报道奥运会的问题之后,在1928年瑞士圣莫里茨冬季奥运会上,广播媒体实现了对于奥运会开幕式的报道。国际奥委会本来可以在同年的阿姆斯特丹夏季奥运会上进行广播直播,但由于组委会把奥运会的独家报道权出售给了报纸媒体,所以直到1936年的德国加尔米施-帕滕基兴冬奥会才开始了全面完整的广播报道。

奥运会的发展与媒体技术的进步始终相连。1936年柏林奥运会被誉为电视体育时代的开启元年。虽然电视在当时的影响,还不如报纸和广播大,但总算有了一个好的开头,出现了多种媒体报道奥运会的格局,也使奥运会媒体服务的水平上了一个台阶(如图2-1)。

图2-1　1936年柏林奥运会主新闻中心记者工作室

① 段梦婕.我国大型赛事媒体运行的历史、现状与发展[D].武汉:武汉体育学院,2014.

也有一些西方学者认为，我们现在了解的媒体运行首次出现在20世纪40年代的美国职业棒球大联盟比赛上。比赛首先由无线广播播报，然后由电视播报。实际上，当时的记者们都十分热衷于棒球，因而在20世纪80年代初之前，他们也同时扮演比赛记分员的角色。在20世纪40年代，体育电视转播十分少见，直到1952和1956年的奥运会时，体育电视转播才慢慢具有覆盖全球的能力。

媒体真正开始对奥运会进行全球传播，是在1964年。当年的东京奥运会实现了卫星转播，奥运会的娱乐性和商业性得以同步拓展。1984年洛杉矶奥运会就彻底把奥运会从神圣奥运变成了商业奥运，奥运会圣火传递权都可以拍卖，奥运会的电视转播权费也得到大幅提升。1996年亚特兰大奥运会的电视转播费和广告费双创历史新高。1998年，美国著名电视公司NBC专门设立致力于奥运转播的分公司"NBC奥运会"，NBC也一跃成为国际奥委会最大的金主。从某种意义上说，媒体控制奥运会的时代来临了。为了满足美国观众在黄金时间收看热门赛事的要求，NBC多次迫使1988年汉城奥运会、2008年北京奥运会把游泳比赛放在了当地时间的上午、美国时间的晚上来举行。

(二)国际奥委会用制度的形式推行媒体运行

国际奥委会(简称IOC)从2000年悉尼奥运会开始，明确规定奥运会组委会必须实行媒体运行制度。国际奥委会根据《奥林匹克宪章》强化奥运会与媒体之间的互动关系，并通过与奥运会举办城市签订《举办城市合同》，来固化这一制度。在这份合同中，有一个名为《IOC媒体指南》的附件，具体规定了媒体运行的标准和实施路径。这份《IOC媒体指南》于2005年更名为《IOC媒体技术手册》，而且每届夏季奥运会结束之后，都要全面更新一次。

1.《奥林匹克宪章》对于奥运报道作出了明确规定

《奥林匹克宪章》第52条"媒体报道奥运会"规定：第一，各奥运会组委会必须采取所有必要措施，确保各种媒体进行最充分的奥运会报道，拥有最广泛的受众；第二，有关奥运会媒体报道的所有决定权都属国际奥委会。

在这一条附则中还同时规定，只有媒体注册人员才能以记者身份报道奥运会，其他注册人员，如官员、技术人员、教练员、裁判员等均不具有采访报道资格。无论是《IOC 媒体指南》，还是后来的《IOC 媒体技术手册》，都是具有约束性的法律性文件，必须遵照执行。媒体对于奥运会的作用，不仅仅在于报道赛事，还在于传播奥林匹克理想，即宣传奥运会的原则与价值。

2.《主办城市合同》对媒体运行提出了具体方案

国际奥委会在历届奥运会之后，都会在《奥林匹克宪章》的指导下，对赛事组织的经验和教训进行系统而详细的总结。1996 年亚特兰大奥运会结束后，国际奥委会在 1997 年专门制定了《举办城市合同》和各类"指南"文件，规定了奥运会主办城市必须履行的承诺和奥运会组织工作的最低标准。

从 2000 年悉尼奥运会开始，国际奥委会都与奥运会举办城市签订了《举办城市合同》，这就意味着现代奥运会的媒体运行制度正式实施了，这也是后来各种大型赛事媒体运行最直接的操作依据。它从技术层面上规定了媒体运行的任务是通过规范化、标准化、专门化的服务来提高赛事服务质量。

以 2008 年北京奥运会为例，其《举办城市合同》中特别提到媒体运行的有三个章节：在第 2 章"策划、组织和举办奥运会的原则"第 17 条"媒体交通运输"和第 3 章第 27 条"媒体人员住宿"等条款中，对注册记者的交通和住宿服务，提出了明确要求。在第 8 章"奥运会的媒体报道"规定中列出了如下条款：

——第 49 条：电视和广播协议

第一，一切有关奥运会的电视和广播协议由国际奥委会谈判缔结。各方都明确了解，一切有关上述协议的谈判、内容和签署，包括由奥运会组委会、举办国奥运会转播组织（即奥林匹克广播组织）提供的一切基本设施、服务和其他要求，都属 IOC 执行委员会的独家权限之内。

第二，IOC 将把有关奥运会电视与广播的协议净收入的 49％拨给或分配给奥运会组委会。

第三，分配给奥运会组委会广播电视的收入，除其他因素外，应投入到媒体基本技术设施和服务的支出当中。

——第 50 条：电视、广播的设施和服务

城市、IOC 和奥运会组委会承认并接受确保最高质量的转播奥运会和在全世界有最广泛的观众的重要性。按照本合同附件 E《IOC 媒体指南》的规定，为奥运会转播提供设施、服务及其他必要条件，应该根据下列规定设立奥林匹克广播组织。

在这一条中，IOC 执行委员会必须在 2002 年 3 月 31 日前，确定奥林匹克广播组织是一个由 IOC 自己控制的还是由奥运会组委会控制的实体。

这个奥林匹克广播组织应该在不迟于奥运会组委会成立后 6 个月内建立并投入运行。广播商使用的一切设施、服务和其他必要条件，应由奥运会组委会免费提供，《IOC 媒体指南》中另有明确规定的除外。

3. 从媒体指南到技术手册，媒体运行的可操作性逐步增强

自 2000 年悉尼奥运会之后，IOC 在 2001 年制定发布了一系列“指南”文件，都被列入《举办城市合同》附件，其中之一就是《IOC 媒体指南》。

2004 年雅典奥运会之后的 2005 年 11 月，IOC 又修订了各种“指南”，并更名为《技术手册》，进一步细化奥运会组织工作的各项要求。《IOC 媒体指南》也被更名为《IOC 媒体技术手册》，更新过后的媒体技术手册，实质就是奥运会媒体运行的原则和标准。从《IOC 媒体指南》到《IOC 媒体技术手册》，奥运会媒体运行的可操作性越来越强。

《IOC 媒体技术手册》分为文字或摄影媒体和广播电视媒体两个部分。其中“媒体”对应 Media，“文字或摄影”对应 Press，组委会对其提供的系统服务被称作“新闻运行”；而“广播电视”对应 Broadcaster，组委会对其提供的系统服务被称作“广播电视运行”。

（三）大型赛事越来越重视媒体运行工作

奥运会媒体运行，实际上是国际奥委会在总结了历届奥运会媒体报道的经验教训之后，不断进行制度化改革与完善的结果。改革的动因，一是缘于奥林匹克运动的发展，二是缘于科学技术和媒体的自身发展。其根本目的，一是向全世界传承奥林匹克精神，二是满足全球观众观赏奥运会的

需要。

由于奥运会媒体运行取得空前成功，各大国际赛事组织自然愿意参照奥运会媒体运行的标准，结合赛事实际，各自制订媒体运行的计划和服务标准。赛事组委会在考虑尽可能节约成本的情况下，都能提供必要的设施和服务，来满足记者采访报道赛事的需求。

北京奥运会的媒体运行取得了圆满成功，形成了媒体运行的“北京经验”，它不仅仅成为世界范围内各种大型国际大赛媒体运行可资借鉴的范本，还直接促使媒体运行成为后来国内各种体育大赛的基本配置。虽然基于财力、地域、体制等原因，这些大赛的媒体服务不一定都能按照奥运会媒体运行标准来施行，但起码重视媒体、服务媒体，这也算是一个很大的进步。

二、理论依据

(一)媒体运行工作实际是一种庞大的组织行为

从理论层面进行分析，媒体运行是一个系统的组织行为，组织行为学理论在媒体运行实践中有许多应用。

组织行为学是研究组织中人的行为与心理规律的一门科学。它是一门边缘学科，以行为学为基础，与管理学、社会学、人类学、心理学、计算机科学等学科相交叉。“组织行为学是一个研究领域，它探讨个体、群体以及结构对组织内部行为的影响，其目的是应用这些知识来改善组织绩效。”①组织行为学“研究决定组织中行为的三类因素：个人、群体和结构。另外，组织行为学把研究个体、群体和结构对行为的影响所获得的知识加以运用，使组织的运作更为有效”②。

“组织是一个人类群体中信息传播与相互关系的复杂模式。”③媒体运行绝对算得上是一个庞大而复杂的组织架构，而“组织结构界定了对工作任务

①② 罗宾斯，贾奇. 组织行为学[M]. 北京：中国人民大学出版社，2012：9.

③ 西蒙. 管理行为[M]. 北京：北京经济学院出版社，1988：9.

进行正式划分、组合和协调的方式”[①]，则充分说明了媒体运行于内分工明确，于外紧密相连的特点。

媒体运行的整个运转就是一次庞大的组织行为，组织成员通过高效的分工与合作来维系组织的正常工作，也就是在大型赛事中为所有记者提供他们所需的服务，让媒体能够高效地完成赛事报道。

以2008年北京奥运会为例，北京奥组委在国际奥委会的组织和指导下，代表举办国中国和举办城市北京履行《奥林匹克宪章》所赋予的职责和义务，以参与奥运会报道的记者为服务对象，组建媒体运行部，通过“于内分工明确、于外紧密相连”的方式，在竞赛与非竞赛场馆内，与竞赛部、技术部、展示部以及礼宾部等部门通力合作，为文字记者、摄影记者和广播电视记者提供包括注册、交通、住宿、餐饮和采编等全方位的服务。

（二）媒体运行工作的组织行为过程

我们可以从个人、群体、组织三个维度，来具体分析媒体运行的组织行为过程。

1.从个人维度来看，注重应聘者与在职者之间的匹配性

每一位媒体运行工作者的工作表现，取决于其个人的能力和个性特征。能力这一因素，会直接影响个人的工作成就。要招募高水平的工作者，媒体运行部需要有效的选拔程序，来提高员工和工作要求之间的匹配性，并对其工作进行微调，使其与在职者的能力更为匹配。以2013年南京亚青会新闻服务团队记者为例，在招募新闻服务记者时，要进行包括各方面条件的审查与考核，其中包含了对应聘者体育常识、新闻素养以及外语水平的要求，在通过考核后，还会对他们进行一段时间的集中培训。针对每个人所了解、擅长项目的不同，管理者会将匹配的项目划分给最熟悉它的员工，以提高员工的适应性，以便更好地发挥在职者的工作潜能。

2.从群体维度来看，做好沟通才能确保团队绩效

“群体是为实现特定目标而组合到一起，并形成互动和相互依赖关系的

---

① 罗宾斯.贾奇.组织行为学[M].北京：中国人民大学出版社，2012：418.

两个或更多个体。在工作群体中,成员进行互动主要是为了共享信息和制定决策,并帮助每个成员更好地完成自己的职责。与此相反,工作团队通过成员的共同努力能够产生积极的协同作用。团队成员的努力会导致团队绩效远远大于个体绩效之和。"①"团队可以制造产品、提供服务、进行谈判、协调项目、提出建议以及制定决策。"②根据以上定义,我们不难看出,媒体运行团队属于工作团队,组织层级相近。来自不同工作领域的员工,为了完成任务而共同工作,因此媒体运行团队是一个跨职能的团队。

媒体运行是一个庞大的团队,所提供的服务繁杂多样,与别的团队或部门联系紧密,每个工作者从个人独自工作到加入团队中工作,必须具备善于与他人合作和共享信息的能力,以便能在每一个场馆、每一场会议或比赛中发挥最大的功效,提供最好的服务。

与此同时,沟通也是一个极其重要的技能。"沟通必须包括两个方面:意义的传递与理解。"③每天身处以协同工作为主的工作环境中,沟通几乎是媒体运行团队最为基本也最为重要的技能之一。在沟通中信息失真的程度越低,工作完成的满意度就越高,这都是直接影响服务质量和赛事报道的关键因素。

3.从组织维度来看,三大因素决定了"服务至上"理念的贯彻与落实

"组织结构界定了对工作任务进行正式划分、组合和协调的方式。"④组织的人力资源政策和实践,产生了多种能够塑造员工行为和态度的重要力量。其中,甄选活动、培训与开发方案、绩效评估是一个共同体系,是影响工作成效的三大因素。甄选设计如果合理,就能够发现合格的媒体运行工作者,并使得他们与工作岗位和组织实现优化配置。而培训方案最明显的影响,是直接提高员工成功完成工作任务所必备的技能。"绩效评估的一个主

---

① 罗宾斯,贾奇.组织行为学[M].北京:中国人民大学出版社,2012:234.

② SUNSTROM E,DEMEUSE K,FUTRELL D. Work Teams: Applications and Effectiveness[J]. American psychologist,1990(2)120-133.

③ 罗宾斯,贾奇.组织行为学[M].北京:中国人民大学出版社,2012:289.

④ 罗宾斯,贾奇.组织行为学[M].北京:中国人民大学出版社,2012:419.

要目的，是准确评估员工个人的绩效，并将其作为薪酬和奖励分配决策的基础。”①

在一个组织中，组织文化影响着员工的工作绩效以及满意度。在媒体运行团队中，服务至上绝对是工作核心。每一次的媒体运行团队招募都伴随着严格且多样化的考核与选拔，经过重重考核所甄选出的工作者还要集中进行专业的培训。在前期培训中，每一位工作者都会被灌输“服务至上”这个概念，接受聘用的每一位工作者的价值观都必须与服务至上相一致。一旦出现矛盾，很可能导致工作缺乏组织纪律，进而影响到服务质量，严重的甚至会影响媒体对于赛事的报道，给赛会带来不可估量的负面舆论。而每一天的例会以及赛事结束后的总结会，都会总结每个团队甚至每个人的工作成效，而媒体运行团队工作成功与否，也可以直接从媒体报道上反映出来，从而影响每一个工作者的工作态度与效率。

第四节　大型赛事媒体运行的原则

从新闻管理到媒体服务，显示出赛事组织者对媒体关系理念的转变。北京奥组委主席刘淇曾说过：“要尊重媒体，重视媒体，为媒体创造良好的工作条件。媒体的报道和评价，也是衡量奥运会是否成功举办的重要因素之一。”

媒体运行是体育赛事组织实现其目标的基本途径，组委会善待媒体的目的也是希望借由媒体来对赛事进行大量正面的宣传。因此，媒体运行的一切原则都依媒体的需求而定，大致可归纳为如下几个方面。

一、媒体优先原则

举办体育赛事的目的，除了基本的奥林匹克目标外，都会附带举办国或

① 罗宾斯，贾奇．组织行为学[M]．北京：中国人民大学出版社，2012：493．

举办城市的目的，例如提高国际知名度和提升国家形象，带动当地经济的高速发展等。根据媒体的重要地位和记者的需求，为避免宣而不传的尴尬局面，组织者应优先考虑媒体的位置和需要。根据过去的安排，举办大型活动或赛事的时候，举办方往往将最佳席位留给贵宾，但从媒体运行的角度来说恰恰相反，最佳位置应预留给媒体。只有确保媒体优先，为媒体创造良好的工作环境，在遵守相关规章制度的前提下，尽最大努力满足媒体的需求，做好各项媒体服务工作，才能让媒体获得他们所需要的资料和信息，顺利展开采访和报道工作。只有这样，才能通过媒体向最大范围的受众，呈现出最完整、最全面、最优秀的赛事报道，这与赛事举办的目的也不谋而合。

值得注意的是，媒体优先原则不代表无限制地满足媒体的任何要求，一味无原则地迁就和妥协，不仅不能让赛事和报道有序进行，而且会给媒体运行带来不必要的压力和问题，让媒体的工作环境陷入一团糟的局面，报道质量也必将下滑，真到那时，各界对于赛事的负面评价也可想而知。因此，服务的前提是做好科学高效的管理工作。

二、资源共享原则

尽管媒体运行遵从媒体优先原则，但 MPC（主新闻中心）、VMCs（场馆新闻中心）、IBC（国际广播中心），甚至媒体村和运动员村的服务空间、设备资源都是有限的。不论是亚运会这种地区性比赛，还是奥运会这种全球性赛事，都不可能满足所有媒体的全部需求，特别是现场采访和专访的要求。因此，奥运会媒体运行沿袭的方式，是通过成立内部新闻机构提供赛事新闻服务，在 INFO 系统上发布每天比赛的预告与评论、赛事前瞻、赛事回顾、即时引语、新闻发布会摘要、媒体通告、成绩公报、运动员简历、关于本赛事的历史和组委会发布的消息，所有媒体都能通过该系统及时获取所有与比赛相关的信息，用于新闻撰写，以此来达到媒体资源共享的目的。

在摄影服务领域，组建了国际摄影队（IOPP）和国内摄影队（NOPP），指定美联社、法新社、路透社、盖蒂图片社、新华社等派出优秀的摄影记者，在最好的摄影位置上拍摄精彩图片，其他媒体机构可以订购这些照片，不会错过精彩的镜头。①

在电视转播方面，由 OBS（奥林匹克广播服务公司）成立主转播机构，承担所有比赛的国际电视信号制作任务，其他国家或地区的电视机构或者地方电视台只需利用这些公用电视信号，再通过电视转播付费新闻卡，制作单边信号和自配解说，就能完成赛事的电视报道。

正是因为文字、图片和视频等相关资源能够在所有媒体之间共享，赛事的报道才会井然有序，而且百花齐放。

三、提供采访机会原则

要想写出生动的报道，挖掘出运动员背后不为人知的故事和赛事细节，就必须同运动员、教练员或者官员进行面对面的交流。媒体运行能为大量的媒体记者提供繁多的采访机会和场合，比如混合区采访、新闻发布会、媒体见面会、私下专访等，其中最重要的采访场地是混合采访区及新闻发布厅。

混合采访区位于运动员比赛结束后退场的必经之路，所有的广播电视媒体、摄影记者、文字记者和 NS（新闻服务）记者都能等候在此，按照顺序对经过的任何运动员或者教练员提问、拍摄。混合区采访最能直接反映出运动员和教练员赛后的情绪和状态，很多精彩的即时引语都出自于此（如图 2-2）。

图 2-2　奥运会的混合区采访

① 李嵘. 从新闻管理到媒体服务：奥运会媒体运行观念的转变[J]. 新闻记者，2007(11)：43.

在重要赛事前后或特殊事件发生后，组委会会在MPC（主新闻中心）或者VMCs（场馆新闻中心）里的新闻发布厅召开新闻发布会，邀请某些相关的明星运动员和教练员参加，并回答记者的提问。新闻发布会的问答一般比较官方，大多数都和训练计划、比赛结果以及特殊事件相关。

除了MPC（主新闻中心）和VMCs（场馆新闻中心），运动员村也是采访的重点。即便管控严格，但在媒体运行部门的协调下，每天允许最多400名记者通过既定程序入村采访。不同于混合区以比赛为主的采访，运动员村的采访侧重描写运动员们的生活状态、社交和文娱活动。体育与文化的结合能在有关运动员村的报道中展现出来。

四、客观平衡原则

虽然目前很多国际赛事通过权益的赋予将媒体分为三六九等，在奥运会中媒体也分为注册和非注册两类，但组委会必须对所有媒体一视同仁。众所周知，奥运会媒体运行的初衷是为注册媒体提供设施与服务，但如果非注册媒体也来到了赛事举办地，那组委会也应尽量满足非注册媒体的需求，因为“来的都是客”。

其中，《IOC媒体技术手册》要求奥林匹克新闻服务稿件必须保持真实、客观、公正、平衡，ONS（奥林匹克新闻服务）记者编辑在被官方通讯社雇佣期间，必须保持独立性，不与任何媒体发生业务关系。

根据《BOB管理和运行协议》的规定，所有国际电视广播公用信号，不论是视频节目，还是音频信号，都必须保持独立性，同样遵从真实、客观、公正、平衡的原则，确保所有信号按照国际观众的不同需要，既不涉及敏感的政治内容，也不涉及任何国家或东道主的单边元素。各持权转播商可以根据自己的需求，添加解说评论等单边信息。

所以，即使是非注册媒体，除了部分权益外，仍应与注册媒体享受同等待遇。其中很重要的原因是，一旦采访报道工作受阻或受限，无法避免部分媒体以此大做文章。对于非注册记者来说，也不可能阻止他们以观众或者游客的身份对赛事进行报道，特别是现在正处于新媒体蓬勃发展的阶段，非注册媒体通过SNS社交网站或者其他自媒体公共平台发布负面报道，同样会对赛事和组委会造成负面影响。

因此，自2000年悉尼奥运会以来，组委会高度重视对非注册媒体的服务。“悉尼奥组委专门在达令海港为非注册媒体建设了副新闻中心，除去部分权益外，条件不亚于注册记者的主新闻中心。2004年雅典奥运会也采取了类似做法，其副新闻中心的部分条件（比如传输图片的速度）甚至优于主新闻中心。”[①]北京奥运会也是这样做的，后来甚至被有些媒体批评为“提供了过度服务”。

五、方便快捷原则

由于国际性体育赛事涉及面广，运动员和媒体数量庞大，给组委会带来了巨大压力。要想让媒体对赛事进行相对客观正面的报道，就必须在住宿、交通、技术设备、人员入境、器材入关、采访事宜等方面提供方便快捷的服务，让媒体能在舒适的环境下，顺利地完成任务。

在2008年北京奥运会期间，我国政府有关部门考虑到赛事报道的特殊需求，对已有的相关政策和程序进行了部分调整：“外国记者赴中国地方省份采访无需向地方外事部门申请，只需征得被采访单位和个人同意；外国记者来华采访不再必须由中国国内单位接待并陪同；有关部门将提供给外国记者周到快捷的采访设备出入境手续……”

另外，北京还创造性地提出了“一站式”的媒体服务措施，充分利用我们国家的体制优势，把各个部门集中在一起办公，集中为境外媒体解决各种行政审批和商业活动的手续。[②] 总而言之，让媒体花最少的时间、最少的精力，在符合规章制度的前提下，走最少的程序圆满地完成任务，是高服务质量的重要保障和指标。

---

① 晏剑东．大型赛事报道与媒体运行[M]．杭州：浙江大学出版社，2008．

② 李嵘．从新闻管理到媒体服务：奥运会媒体运行观念的转变[J]．新闻记者，2007(11)：45．

六、周到细致原则

“细节决定成败”，这句话用在媒体运行上再合适不过了。组委会善待媒体的首要任务，就是了解记者的需求是什么，然后按需提供服务。评判服务质量的关键指标在于周到和细致，服务速度再快，不够细致和全面也是不能满足记者的工作需要的。

媒体运行功能几乎涵盖了媒体所需的方方面面，理论上简单明了，但实际操作上复杂烦琐。仅拿媒体班车来说，就得考虑比赛高峰日当天及前后的发车间隔、行车路线、载客量，根据比赛时间调整收发班时间，以及突发事件的应急预案等。不把每一个可能出现纰漏的地方考虑进来，就很有可能会引起连锁反应，造成更大的问题，甚至影响媒体的有序报道或比赛的正常举行。

在 2012 年伦敦奥运会期间，因为细节问题处理不到位，就引起了记者的诸多不满，例如住宿地没有空调，互联网不稳定且速度慢，志愿者对业务不熟悉。同样，在索契冬奥会期间，也发生了很多细节问题，很多记者通过推特表示不满，如天花板剥落，马桶盖安装反了，窗帘一拉就垮，门把手一转就脱落，自来水不卫生等问题。这都引起了全球范围内的关注，也给赛事带来了消极的影响和评价。由此可见，媒体运行不仅在大的方向上要做好决断，在小事上也绝不能怠慢，媒体运行一定要注重细节，追求完美。

第五节　大型赛事新闻服务的含义和特点

大型体育赛事媒体运行的核心内容是新闻服务。新闻服务是大赛组委会为来自世界各地的注册媒体提供赛事新闻信息服务，充当大赛期间的“官方通讯社”角色，具有核心的作用、海量的资讯、专业的团队等特点。大型赛事新闻服务的原则是准确、及时、清楚、简洁、平衡、全面。优质的新闻服务能催生优质的新闻价值，实现大型体育赛事的国际传播。

一、大型赛事新闻服务的历史脉络

新闻服务是伴随着媒体运行的发展而发展起来的，在奥运会媒体运行服务中，它的历史并不长。

（一）新闻服务始于洛杉矶奥运会

回顾历史，在1984年的洛杉矶奥运会上，第一次官方的奥运会新闻服务就出现了。当时它采取了一种十分基本的模式，以新闻报道为主。一般认为，新闻服务的雏形是在1988年汉城奥运会上出现的。当时的组委会向记者提供信息的方式，不像今天可以通过计算机信息平台来发布信息，当时是用电报网打出纸质公报，第一时间发送给注册记者。

（二）亚特兰大奥运会的新闻服务是一个败笔

随着现代科技特别是互联网技术的迅猛发展，赛时信息传播方式发生了革命性变革。在1996年亚特兰大奥运会期间，奥组委就开始尝试用电子方式来传输信息，应该说，它与现在的奥运会媒体运行模式非常相像，这距离真正意义上的奥林匹克新闻服务就更近一步了，但国际奥委会对亚特兰大奥组委并不买账。

从某种意义上说，这一届奥运会是美国从希腊手中“抢”来的，因为雅典当时也申办了这一届奥运会，如果申办成功，那正好是现代奥运会一百年之际再次回到奥运会的发祥地希腊，等于“奥运回家”。但是，美国人并没有成全希腊人的“单相思”，雅典只能延后至2004年再次举办奥运会。

现在回头看，也许是受到1984年洛杉矶奥运会的启发，1996年的亚特兰大奥运会具有十分明显的商业化趋势，到处充斥着可口可乐的元素，当然，亚特兰大是可口可乐总部所在地。直到今天，仍有西方学者认为，亚特兰大奥运会有两大败笔，一个是公共服务与公共安全很差，体现在奥运会的公共交通、运动员和媒体的交通服务非常不可靠，甚至可以用“糟糕”来形容，加之在百年奥林匹克公园发生了恐怖袭击，这些都是亚特兰大奥运会的重大败笔。二是媒体服务很不完整。亚特兰大奥运会的新闻服务是由独立运行的新闻团队提供的，但这些新闻团队以各自的方式，参考不同的内容，在场外进行报道。他们在不同的项目之间流动，所报道的信息缺乏连续性。对于奥运报道的记者来说，组委会新闻服务所提供的信息有限，新闻内容缺乏管理，尤其是对于一些报刊、电视台或电台派来的记者，在报道那些他们并不熟知的赛事时，他们无法从新闻服务团队那里获得帮助。

(三)悉尼奥运会的新闻服务是一个里程碑

1998 年的长野冬奥会，在新闻服务方面做了一些改进。然而，真正具有规范性的奥运会新闻服务，是从 2000 年悉尼奥运会开始的，现在我们看到的新闻服务形式基本都是由那一届奥运会媒体运行奠定的基础。在悉尼奥运会上，如今使用的奥林匹克运动会新闻服务模板，是由一支新闻服务团队创造出来的，这个团队的大部分成员是来自澳大利亚联合通讯社的记者，因此，21 世纪奥运会新闻服务体例均带有浓郁的通讯社体例色彩。在国际奥委会的支持下，它转变了新闻运行的整体方式。该新闻服务模式很成功，许多当年的新闻服务工作人员继续服务于一些重要国际赛事。

2004 年的雅典奥运会，尽管雅典奥组委因场馆建设迟滞，赛事组织混乱，引起国际奥委会的不满，在奥运会开幕前，一度受到世界各大媒体的指责，但是，雅典奥运会在赛时新闻服务方面做得不错，为注册媒体提供设施与服务就非常规范，得到了各国媒体的高度认可。

2006 年都灵冬奥会时，组委会又成功引入“雅典经验”，其新闻服务的水平达到了史上最高水平，是大型赛事媒体运行服务真正成熟的标志。

(四)北京奥运会的新闻服务达到了一个新的高度

历史总是在不断地发展和前进，北京 2008 年夏季奥运会被时任国际奥委会主席雅克·罗格评价为“真正无与伦比的奥运会”。十分成功的是，北京奥运会诞生了 38 项世界纪录和 120 项奥运会纪录。同时，北京奥运会以其细致的组织而闻名于世。这届奥运会加深了世界与中国之间的相互认识。

北京外国语大学王立弟和张婕(Wang Lidi and Zhang Jie)在一篇名为《为北京奥运会做口译》的英文文章中认为,北京奥运会是一届“语言复杂”的奥运会,但北京奥组委的语言服务工作也做得很好,而语言服务也是奥运会媒体运行服务的重要内容之一。此前,中国的口译市场历史不长,而且从未应对过像奥运会这样的大场面,要迎接来自世界各地说着多种不同语言的人。

2000年悉尼奥运会,因为澳大利亚社会的多元化,人才来源广泛,因而成功地提供了各种语言的口译服务。而2004年雅典奥运会,希腊作为一个欧洲国家,英语的普及程度高,并且法语、德语也一并使用。这两个城市相对于北京来说,它们在语言方面优势明显。然而,中国英语专业学生良好的语言技能减缓了许多赛前的“语言恐惧”。四年后的2012年,在伦敦居住的国际人口数量庞大,精通不同语种的人才很多,使得那里几乎没有语言障碍。

北京奥运会的成功,媒体运行功不可没,因为奥运会成败与否,是由媒体特别是外媒作评判的,而这一届奥运会在服务国际媒体方面,比历史上任何一届奥运会付出的努力都要多,赢得的赞誉也非常多。

与北京奥运会相比,伦敦2012年夏季奥运会是另一种风格,它一方面继承了北京奥运会在媒体运行与新闻服务上的成功经验,另一方面它更加节省,用低成本取得了高效益。索契2014年冬季奥运会在新闻服务方面,又推出了新举措,将新媒体技术引入媒体运行体系中,使得奥运信息传播更加快捷。

(五)新闻服务已在国际国内遍地开花

奥运会媒体运行与新闻服务的成功,极大地促进了各大国际单项体育组织联合会在媒体运行服务方面的改革。今天,我们可以看见,各大国际赛事都在采用奥运模式推行媒体运行服务,只是服务的规格和标准不一定都像奥运会那样严格,但服务的意识和态度却跟奥运会一模一样。

在国内,北京奥运会媒体运行与新闻服务开了一个好头。自此以后,国内举办的绝大多数大型赛事,基本上都开展了媒体运行服务工作。它们大致可以分为两种情形。

一是严格按照奥运模式，或者适当降低标准，委托新华社组建“赛时官方通讯社”，提供媒体运行与新闻服务，这些赛事如前所述，包括广州 2010 年第 16 届亚洲运动会、深圳 2011 年第 26 届世界大学生夏季运动会、贵阳 2011 年第 9 届全国少数民族传统体育运动会、南京 2013 年第 2 届亚洲青年运动会、南京 2014 年第 2 届夏季青年奥运会、南宁 2014 年第 45 届世界体操锦标赛、苏州 2015 年第 53 届苏州世界乒乓球锦标赛、内蒙古鄂尔多斯 2015 年第 10 届全国少数民族传统体育运动会，等等。

二是其他大型赛事，不一定能像奥运会新闻服务那样，提供专门的“半成品”新闻，但起码设置了比较周到的媒体服务设施，组建了媒体服务团队，这在每年举办的国内足球、篮球等职业联赛中，已经随处可见了。应该说，这是北京奥运会的文化遗产在继续发扬光大。

二、大型赛事新闻服务的含义

(一)新闻服务的含义

“大型赛事新闻服务”的英文表述为 Games News Service，简称 GNS。“新闻服务”的英文全称 News Service，简称 NS。以此类推，“世界大学生运动会新闻服务”的英文缩写就是 UNS，“亚运会新闻服务”的英文缩写就是 AGNS，“奥运会新闻服务”的英文缩写就是 ONS。

奥运会新闻服务，又叫奥林匹克新闻服务(ONS)，是指在奥运会期间担当组委会官方通讯社角色，为奥林匹克大家庭成员提供客观准确、迅速翔实的新闻信息服务。这些新闻信息服务通过 INFO 系统发布。

奥林匹克新闻服务是最高规格的新闻服务，如果拓展到各种大型赛事，我们可以对大型赛事新闻服务做如下理解：新闻服务就是赛事组委会为来自世界各地的记者提供的赛事信息服务，服务内容包括赛前信息、赛时新闻服务、成绩公报柜管理与纸质公报发送等。从本质上看，新闻服务相当于一个专门为大型赛事临时组建的“官方通讯社”，为所有注册媒体、国际体育组织官员和各个单项体育联合会成员提供客观、准确、迅速、翔实的新闻信息服务。[①]

（二）新闻服务的对象

大型赛事新闻服务的对象主要是注册媒体记者，这是毋庸置疑的。如果是奥运会，其新闻服务对象应包括所有奥林匹克大家庭的成员，具体包括国际奥委会（IOC）、各国际单项体育联合会（IFs）、各国奥委会（NOCs）、各体育代表团和注册媒体等，其中注册媒体是最主要的服务对象。为了做好上述服务，奥运会媒体运行部会在上述组织赛时所在的地方，由专门的媒体运行团队提供设施与服务。

三、大型赛事新闻服务的特点

（一）新闻服务是媒体运行的核心

媒体运行专家、北京奥运会赛时官方通讯社总编辑陈越 2013 年在武汉体育学院举办讲座时说，如果把奥运会的媒体运行系统比作一部电脑的话，所有的硬件设施就好比是电脑的硬件，只有新闻服务是电脑的软件，硬件都要为软件服务。因为媒体运行就是给注册媒体和记者提供设施与服务，这里的设施就是指硬件，而服务就是指软件，主要就是指新闻信息服务。

与一般媒体相比，通讯社是“媒体中的媒体”，它在新闻信息的采集与传播方面，具有得天独厚的优势，而且面对的更多是国际媒体。“国际传播所造成的影响不仅跨越了国界，而且也跨越了文化领域和经济领域。”[②]赛时官方通讯社发布的信息，一旦被国际媒体所采用，传播的不单是比赛信息，同时也或隐或显地构建了城市或国家的形象。

---

① 第 16 届亚洲运动会组织委员会. 亚运会媒体运行[M]. 广州：暨南大学出版社，2009：76.

② 福特纳. 国际传播：全球都市的历史、冲突及控制[M]. 北京：华夏出版社，2000：30.

（二）新闻服务的首要任务是提供海量的信息资讯

大型赛事特别是综合性运动会，每天的比赛很多，任何一家媒体都无法独自完成同一时间内所有的赛事报道，只有官方通讯社的新闻服务团队才能完成这样复杂而艰巨的任务。他们可以在竞赛场馆和非竞赛场馆采写一切重要而有趣的赛会信息，经过编辑部审核后，发布到 INFO 信息系统，这样，INFO 系统就变成了一个名副其实的“信息超市”，可供注册媒体及时“享用”。2004 年雅典奥运会通过 INFO 系统发布新闻类稿件达7 659篇，而 2008 年北京奥运会发布同类稿件11 815篇，明显多于雅典奥运会。

在大型赛事期间，很多媒体因为资金困难，只能派出很少的记者到一线，而有些媒体因为权限受限，获得注册记者的名额寥寥，在这种情况下，前方记者就必须依赖官方通讯社的新闻服务系统了。比如，2010 年广州亚运会期间，印度的德意志电波电台只有 2 名记者采访亚运会，其中一个名叫诺里斯·普里塔姆的记者就对亚运会媒体运行给予了高度评价，因为他和同事根本顾不过来，所以每天都得靠 INFO 信息系统工作。①

有了 INFO 系统做平台依托，一线记者就不用像无头苍蝇那样到处乱跑了，“可以立足一个场馆采写生动鲜活的比赛现场，同时也可环顾其他多个场馆的比赛情况，全面撰写有关赛事的新闻稿件”②。这就有点像哲学常识所告诉我们的那样，既掌握了重点，又照顾到一般。

（三）新闻服务的主体是专业的服务团队

如果说设施是硬件，INFO 信息系统是软件，那么新闻服务团队就是活件了，它最能体现媒体运行的水平。以奥运标准来论，它有如下几个特点。

一是语言上的国际性。奥运会媒体运行和新闻服务的官方语言是英语，INFO 系统发布的新闻都是使用英语和法语，国际记者的通用语言也是英语，所以，媒体运行团队或新闻服务团队的工作语言都是英语，连专业志

① 褚亚玲. 从广州亚运看媒体运行服务[J]. 中国记者，2011：83-84.

② 海敦. 怎样当好新闻记者[M]. 伍任，译. 北京：新华出版社，1980：183.

愿者亦不例外。如果你不会英语，你就没法为国际记者提供专业的服务。

二是业务上的通用性。所有通讯社的稿件都强调客观公正、全面平衡、准确快速，因为同一篇稿件要面向不同的媒体用户，不能有偏颇。所以，哪怕是即时引语这样的新闻半成品，也得符合通讯社的特点。在我们国家，新华社的新闻之所以可信度高，就在于其保持了上述特色，由新华社承担的新闻服务自然秉持“新华体”风格。这也是国际奥委会委托东道主通讯社担任赛时官方通讯社的原因所在。

三是结构上的临时性。这几年在国内举行的大型国际赛事，只要是由新华社承担新闻服务的，除了领导团队、专家组成员和译审来自新华社系统以外，国际体育信息专家一般来自国外，译员、NS 记者、即时引语记者、成绩公报主管、专业志愿者等，一般来自赛会所在地高校或跨省市高校的师生，他们共同组成了一个临时性组织，如何管理好这个新闻服务团队，需要很大的学问。

第三章 大型赛事媒体运行与新闻服务的组织架构和工作机制

大型赛事的媒体运行与新闻服务工作，是一种严密科学的组织行为。在弄清了媒体运行与新闻服务的基本原理之后，我们需要进一步探索大型赛事媒体运行与新闻服务的组织架构、管理方式、工作机制与服务内容。

第一节 大型赛事媒体运行的行政管理架构

一、大型赛事的媒体运行团队

一项大型体育赛事从申办成功到赛事结束，都是在一定的组织框架下，各部门既分工又协作的情况下完成的。媒体运行部是组织管理活动中最重要的一个环节，其运行与管理水平直接影响到媒体报道的整体效果和媒体对赛事的评价，也是成功举办大型赛事的重要因素。所以，做好媒体运行工作，充分发挥媒体运行的功能，是办好大型体育赛事的关键。

(一)媒体运行部是赛事组委会的有机组成部分

纵览大型体育赛事的运作管理，都会设立专门的媒体运行部，它是赛事组委会众多部门之中的一个核心部门，它不能独立存在，必须跟其他相关部门团结协作，共同完成赛事举办任务。其中，媒体运行部为了落实媒体运行设施设备和服务的需求，必须经常与人事部、财务部、工程部、技术部、物流部、体育部、安保部、交通部、场馆管理部等部门，密切沟通协作，保证各项需求保质保量按时到位。

在组委会层面上，媒体运行部工作需要相关部门的密切配合和鼎力支持，离开有关部门的合作和支持，媒体运行部就无法完成自身团队的构建，无法具体实施媒体运行任务。因此，媒体运行部必须了解赛事组委会层面的架构，并与相关部门建立良好的合作关系。

以北京奥运会为例，看看媒体运行部与北京奥组委各部门之间的关系：

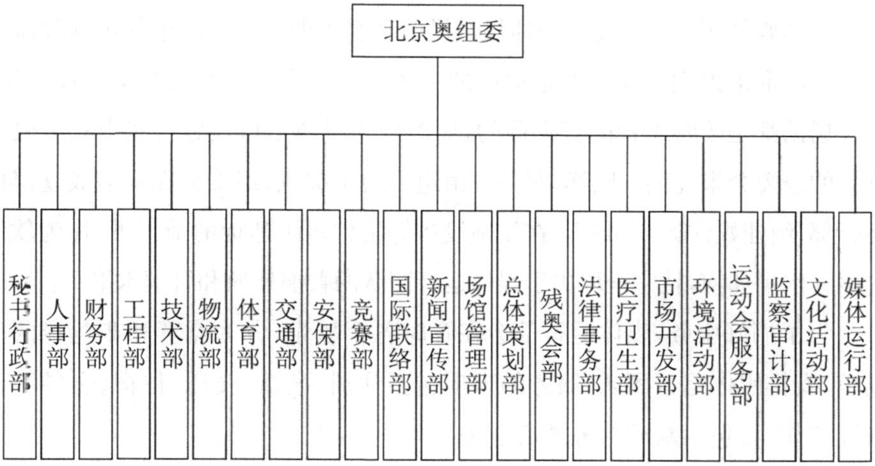

图 3-1　北京奥运会组委会部门机构

如图 3-1 所示，北京奥运会组委会下设 23 个职能部门，其中与媒体运行部功能最相近的，还有一个新闻宣传部，这两个部门表面上看起来差不多，至少存在业务交叉。"新闻宣传部（Media & Communication Department）负责新闻发布、记者接待和社会宣传工作，负责组委会网站内容建设和奥林匹克教育"，"媒体运行部（Media Operation Department）负责 MPC、IBC 和 VMCs 的规划和运行工作，为注册媒体人员提供工作设施和各项服务"①。前者更像是一个开放的公共关系部，为所有的媒体记者服务，而后者只为注

① 第 29 届奥林匹克运动会组织委员会. 奥运会媒体运行[M]. 北京：中国传媒大学出版社，2007：209-291.

册媒体工作人员服务，服务范围要固定一些。

其实，早在1984年洛杉矶奥运会时，组委会就设立了新闻关系部和新闻运行部。新闻关系部需要天天应对媒体的需求，包括：采访要求、新闻发布会、新闻发布、图片及支持材料、陈述政策及反馈信息、场馆参观、媒体事件进展，等等；新闻运行部的工作重点是在奥运会期间为全部媒体提供后勤准备，主要职责包括：媒体制证、媒体住宿、信息服务、主新闻中心服务、图片服务、场馆新闻运行、电视媒体服务，等等。这两个部门的紧密合作是赛事运营的成功之道。

（二）媒体运行团队是媒体运行部的基石

既然媒体运行是为注册媒体提供设施和服务的，那么，这里的设施和服务又分别由谁来提供？或者谁是提供的主体呢？答案自然是组委会。在中国，体育场馆都是政府或者国有企业的，场馆里的媒体运行设施自然由具有政府背景的组委会来提供。同样，服务也由组委会来提供，组委会在赛前成立媒体运行部，组建媒体运行团队。在设施设备等硬件水平达标的前提下，作为软件的服务水平如何，就完全取决于媒体运行团队的普遍素质和管理水平了。

为了搞好服务，媒体运行部会在赛时各个场馆（分为竞赛和非竞赛两类场馆）安排媒体运行团队，服务的事项包括注册、餐饮、交通、住宿、引导等事务性工作，更包括新闻服务核心业务。

北京奥运会和广州亚运会之后，我国体育媒体已经普遍习惯了国际化的媒体运行和新闻服务模式，如果没有他们习惯的设施设备、新闻素材和运行方式，他们会把报道变成旅游，或者相反，把报道变成批评和讽刺。

不同的赛事因规模大小、影响范围、受众不同等因素，媒介规模和需求也不尽相同，在做媒体运行规划时要全盘考虑，做出需求分析和预算。综合性赛事的媒体运行团队比较庞大，而职业联赛的媒体运行团队实行属地化管理，规模一般比较小，前提条件是保证提供基本的媒体服务。

（三）媒体运行团队实行科层制管理模式

科层制是一种理性官僚制度，由德国社会学家马克斯·韦伯提出，“指的是一种权力依职能和职位进行分工和分层，以规则为管理主体的组织体系和管理方式”①，其最大的优点，是通过把总体的工作任务划分为不同的子目标，并根据标准的程序，训练专业人员来执行这些任务，提高工作效率。大型赛事媒体运行团队就是按照科层制来运行的，从高到低，依次分为部长、处长、专家、受薪人员、志愿者等不同级别人员。在工作中，高层级人员向低层级人员发出指令；反过来，低层级人员向高层级人员履职尽责。

大型国际赛事组委会层面的媒体运行部门的组建，是大型国际赛事媒体运行筹备的先头部队，也是媒体运行筹备的指挥中枢。《IOC 媒体技术手册》对赛事组委会媒体运行部的构建和场馆媒体人员的招募时间，都做出了明确的界定。像媒体运行部部长的岗位要求赛前 60 个月到岗，MPC 场馆主任（经理）赛前 54 个月到岗，媒体运行部内设机构 VMC 处、ONS 处、摄影服务处、新闻服务处，各处负责人须在赛前 42 个月到岗，各个竞赛场馆的新闻运行经理也要在赛前 12 个月到岗。到岗时间看似提前过长，但这是历届奥运会筹备的经验总结，也许组委会会为此支付更多人力成本，但这和场馆的建设与改造因遗忘媒体需求而再进行工程改造相比，则明显地降低了成本而提高了效率。

北京 2001 年 7 月 13 日获得第 29 届奥运会举办权，当年 12 月 13 日北京奥组委正式宣布成立，2004 年 6 月，北京奥组委开始正式对外公布成立媒体运行部。当时北京奥组委设媒体运行部部长 1 名、副部长 2 名（2007 年又增设 1 名副部长），根据《IOC 媒体技术手册》的要求，部长应在赛前 5 年到岗。媒体运行部下设主新闻中心处、场馆媒体中心处、摄影服务处、广播电视处、媒体服务处、新闻服务处和综合处。各处处长、副处长按《IOC 媒体技术手册》规定，到岗开展赛前媒体运行的规划和筹备工作，并按计划从社会乃至海外招募各处受薪工作人员。

如图 3-2 所示，北京奥运会媒体运行部设置了 7 个处级岗位：每个处一般设处长、副处长各 1 人，配置员工 5 人左右；综合处负责媒体运行部的综合协调工作，包含起草文件、会务安排、人事管理、人员招聘、志愿者招募、业务培训等综合事务；主新闻中心处、场馆媒体中心处、广播电视处分别负责和

① 赵躲，陈佳明. 浅议科层制与我国高校科层式管理[J]. 现代经济信息，2016(7)：53-54.

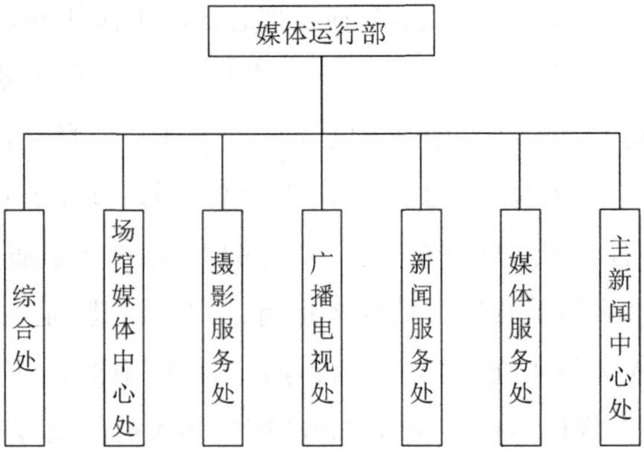

图 3-2　北京奥运会媒体运行部结构

协调主新闻中心、场馆媒体中心和国际广播中心的规划和筹备；摄影服务处主要负责各个场馆摄影服务工作的规划和筹备；新闻服务处主要负责新闻服务工作和 INFO 系统的规划和筹备；媒体服务处主要负责全世界申请报道赛事的媒体人员的证件注册、住宿、交通和餐饮等后勤保障工作；同时，各处也要负责各个场馆媒体运行团队主要人员（经理层）的组织构建、岗位设置和受薪人员招募培训工作。

二、场馆媒体运行团队的组织结构

媒体运行团队的主力军是场馆媒体运行团队，场馆媒体运行团队一般分为两大类，一类是竞赛场馆媒体运行团队，另一类是非竞赛场馆媒体运行团队。而非竞赛场馆媒体运行团队又可分为主新闻中心、国际广播中心、运动员村（如奥运村、亚运村、大运村）、开闭幕式、媒体村等具体领域的媒体运行团队，以下将重点介绍竞赛场馆媒体运行团队的组织结构。不过，我们要先从竞赛场馆运行团队的组织结构说起。

（一）竞赛场馆运行团队组织结构

之所以说竞赛场馆地位重要，是因为所有体育竞赛必须依赖特定场馆才能完成。竞赛场馆运行团队其实就是赛事组委会的缩影，麻雀虽小，五脏俱全。

竞赛场馆运行团队组织结构：一般设场馆主任和场馆常务副主任、竞赛副主任、场馆服务副主任、场馆后勤副主任、场馆媒体副主任、场馆安保副主任以及场馆秘书长，共同组成“1＋6＋1的场馆主任层”。场馆主任负责全面赛事筹备和赛时运行工作，秘书长负责统筹协调，各位副主任分别负责辖下各个业务口，各业务口负责人均以“经理”相称，如图3-3所示。

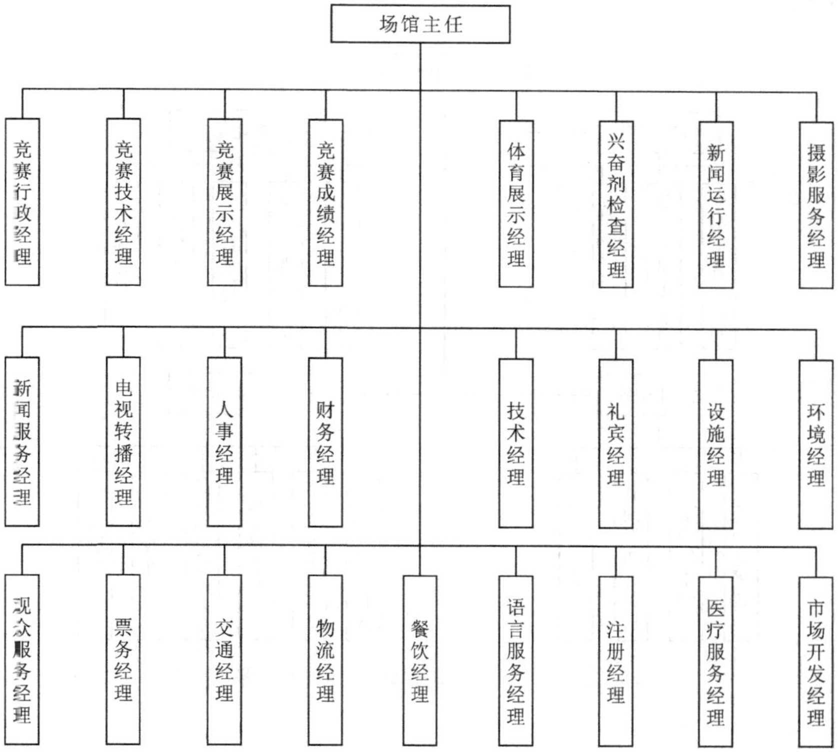

图3-3　场馆运行团队岗位设置

（二）竞赛场馆媒体运行团队的四大业务

竞赛场馆媒体运行团队是竞赛场馆运行团队的一个有机组成部分，主要完成四个方面的业务工作：一是新闻运行，二是摄影服务，三是新闻服务，四是电视转播。每一个方面的业务，又可以细分为具体的领域，比如，新闻运行包括文字记者工作间、文字记者看台席、混合采访区、新闻发布厅、媒体休息区等领域运行；摄影服务包括摄影记者工作间、看台席摄影位置、场地摄影位置等领域服务；新闻服务包括看台席采访、混合区采访、新闻发布会摘要、成绩公报发送等领域服务；电视转播包括电视转播综合区、评论员席、观察员看台席、CCR(解说控制室)和BIO(电视转播信息办公室)、摄影平台、混合区等领域的运行与服务。它们共同构成了场馆媒体中心，如图 3-4 所示。

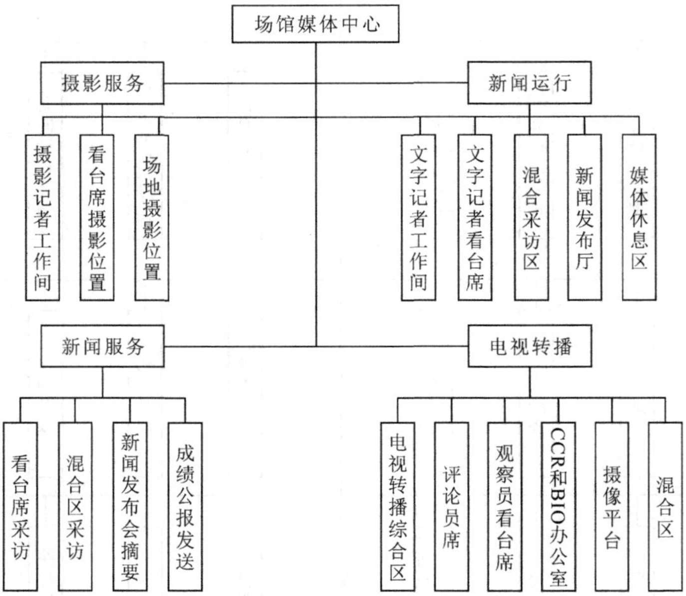

图 3-4　竞赛场馆媒体运行业务关系

（三）竞赛场馆媒体运行团队接受双重领导

竞赛场馆媒体运行团队作为组委会媒体运行部的派出团队，首先要接受组委会媒体运行部的领导和指导，负责各竞赛场馆媒体中心的运营。

与此同时，场馆媒体运行团队作为场馆运行团队的一部分，从构建之初，就在赛事组委会媒体运行部的指导下，按照场馆运行团队组织结构，由场馆人事经理统筹协调，依据人事计划逐步构建完成。媒体运行团队的构成和赛前媒体运行功能区的划分、流线的设定、部分设施的改造、硬件设施与技术设备的筹备、运行计划的编制、赛时媒体运行，等等，都必须和密切相关业务口沟通合作。媒体运行的筹备是在媒体运行技术手册的规范下，由场馆媒体运行团队提出明确的需求，然后由竞赛、技术、物流、人事、注册、安保、交通、设施等密切相关业务口，按照计划进行筹备、改造和移入。实践证明，没有相关业务口的支持和合作，场馆媒体团队是无法完成媒体运行筹备和赛时运行的。

三、竞赛场馆媒体运行团队的岗位设置与职责分工

竞赛场馆媒体运行团队简称为竞赛场馆媒体团队，实行媒体副主任负责制。媒体副主任其实就是场馆团队中分管媒体工作的副主任，在工作中简称为“媒副”，其职位仅次于场馆主任。媒副下管新闻运行、摄影服务、新闻服务、电视转播 4 个经理，每个经理分管若干主管或助理，主管再分管若干志愿者，这就构成了一个完整的场馆媒体运行团队，如图 3-5 所示。

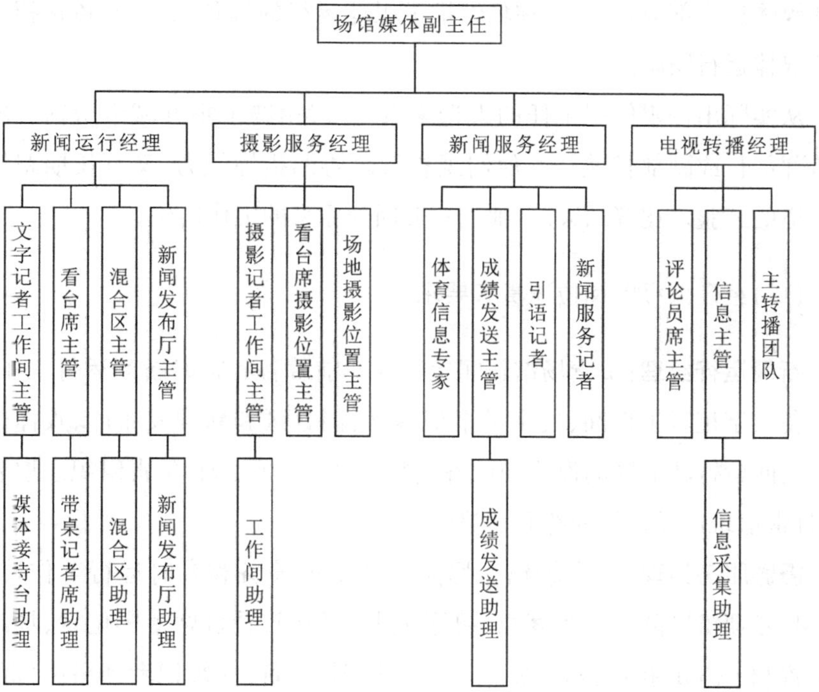

图 3-5 竞赛场馆媒体运行团队岗位设置

从图 3-5 可见，竞赛场馆媒体运行团队呈现出明显的科层制管理特色，从主任到经理、主管、助理，一级管一级，除助理由志愿者担任外，其余均为受薪人员。在了解组委会层面和场馆层面组织结构，以及媒体运行自身的组织结构和岗位设置之后，有必要进一步了解场馆媒体运行岗位的职责和基本要求。

(一)媒体副主任的岗位职责与要求

媒体副主任是一个具有中国特色的领导岗位，《IOC 媒体技术手册》并未设置这个岗位，但是 2008 年北京奥运会和 2010 年广州亚运会均设有这一岗位。它是场馆媒体运行团队的负责人，也是在场馆主任授权下的场馆赛事筹备和赛时新闻发言人，负责领导和协调新闻运行经理、摄影服务经理、广播电视经理和新闻服务经理，开展赛事筹备和赛时媒体运行工作。

大型国际赛事的媒体副主任应该富有赛事媒体运行经验，并具备熟练的英语口语和书面语言表达能力。作为场馆主任层领导，媒体副主任应是第一批由赛事组委会媒体运行部选拔招募的人员，被派驻到竞赛场馆，受场馆和媒体运行部双重领导，在场馆推进媒体运行的筹备工作，并负责招募与构建媒体运行团队。

从实际出任媒体副主任的人选来看，一般由赛事举办城市所辖区域的宣传部部长或副部长兼任。他们既有行政协调指挥能力，又有长期跟媒体打交道的经验。比赛结束后，他们一般回到原来的工作岗位。

(二)经理层级的岗位职责和要求

新闻运行经理：负责场馆新闻运行的赛前筹备和赛时新闻运行工作，负责筹备文字记者工作间、文字带桌记者席、混合区和新闻发布厅、媒体休息区等新闻运行功能区的设施和设备，制订新闻运行计划，负责组织志愿者培训、日常值班以及模拟演练和实战演练。

摄影服务经理：负责场馆摄影服务的赛前筹备和赛时运行工作，包括 POOL 专项摄影队专车落客点、摄影记者工作间、看台席摄影位置、场地摄影位置和 POOL 摄影位置、屋顶马道的规划、筹备，摄影记者到摄影位的流线设定，编制赛时摄影服务和颁奖仪式摄影服务计划，负责志愿者的培训、排班和模拟演练、实战演练工作。

新闻服务经理：负责新闻服务办公室和成绩公报发送的规划，以及硬件设施和技术设备的筹备，调试检测INFO系统，搜集整理竞赛项目教练员和运动员的基本信息，制订赛时新闻服务计划，负责志愿者的培训、排班和新闻服务的模拟演练和实战演练工作。

电视转播经理：负责电视转播综合区、评论员控制室（CCR）、电视转播信息办公室（BIO）、评论员席、摄像机位和线缆桥架的规划与筹备，以及主转播团队的赛时公共信号的摄制和上传工作。

根据《IOC媒体技术手册》要求，场馆媒体运行中心的各业务口经理应在赛前12个月到岗履职，全部为组委会受薪人员，应具备大型赛事媒体服务经验，善于沟通和交流，并具备计划、组织、协调及英语书面和口语工作的能力。

（三）各类主管和助理的岗位职责和要求

作为主管和助理，只有明确牢记自己的职责，才能在赛前筹备和赛时运行中坚守岗位，履行自己的岗位职责，完成媒体运行计划和任务。主管一般为受薪人员担任，助理一般为志愿者担任。

文字记者工作间主管：负责文字记者工作间的规划、筹备和赛时运行工作，制订志愿者岗位需求计划，为工作间志愿者分工排班，培训指导志愿者熟悉工作间设施设备和工作任务，检查记者工作间的设施设备，分发场馆媒体指南，及时更新白板和媒体公告，及时发布天气预报、媒体班车等信息、新闻发布会召开或取消通知，安排好媒体接待台的接待工作，打印复印好各种登记表格，指导志愿者分发成绩公报，熟练掌握打印机、复印机、传真机、INFO终端、有线网和无线网络的使用办法，随时帮助解决记者提出的需求。

文字记者工作间助理：协助主管，负责在媒体服务台值班，接听电话，为媒体提供信息咨询、失物招领等服务；管理复印机、传真机、电话，为媒体提供收费服务；管理电视机、INFO系统和打印机，确保设备正常工作；管理成绩公报柜，及时把信息补充到相应的格架；管理储物柜，为媒体提供租用服务，收还押金和钥匙；联络技术人员，及时解决媒体收费卡设施出现的故障；

管理信息公告板，及时通知日程变更等重要信息；维护工作间秩序，协调保洁人员，确保工作环境整洁干净；巡查安全防火隐患，出现紧急情况协助疏散媒体人员；严把媒体入口、负责入门验证，禁止无关人员进入。

文字记者看台席主管：负责文字记者看台记者席的规划，尤其是文字带桌记者席的赛前规划、改造，以及带桌记者席的设施设备移入和看管；赛时运行志愿者的岗前培训、分工排班；媒体收费服务卡设施的安装或测试；媒体入场引导，成绩公报分发；协调饮用水供应等事宜。

文字记者看台席助理：协助主管，按照看台席主管的分工要求，分别负责保障看台席区域设施设备正常运行，为记者提供专业化的看台服务，遇到问题及时报告主管和通知相应业务口人员。具体职责如下：查验媒体证件，引导记者有序快捷到达看台席；按设定路线，及时分发出场名单、比赛成绩、技术统计以及新闻运行通知、问卷调查、临时通告等信息；及时发现看台席电视、电话、电源插座、数据端口和媒体收费卡设施出现的故障，并报告看台席主管；维护看台席秩序，防止出现干扰比赛，影响其他媒体等违规现象；查看、维护看台席强电插座、数据端口、电视等设施、设备；协助搞好看台席的保洁工作，确保看台席整洁有序；为看台席提供足量饮用水；引导记者在赛后有序撤离看台席；检查和清理看台席，回收记者遗失的物品；在赛后用苫布盖好露天文字带桌记者席。

混合区主管：负责混合区赛前规划、改造、搭建、设施设备移入安装和赛时运行；志愿者的岗前培训、分工排班及混合区运行的演练；分别与竞赛、语言服务、电视转播等相关业务口协调联动，确保混合区在赛后高效有序运行。

混合区助理：协助主管，负责在场地搭建临时混合区（大部分体育项目，混合区是赛前搭建好的，但也有一些项目需要临时搭建，比如垒球和棒球项目）；在混合区入口，查验媒体证件，引导媒体记者有序进入混合区；引导各类媒体进入相应的混合区分段，保障记者采访顺利进行；管理混合区的电视机、隔离铁马、隔离墩、警戒线等混合区设施；及时提醒记者控制采访时间，提示教练员和运动员等候采访；联系带领教练员和运动员参加新闻发布会；管理、回收混合区设备、设施等。

新闻发布厅主管：负责赛前新闻发布厅的规划、硬件设施、技术设备的筹备和移入，以及赛时新闻发布厅的运行；制定新闻发布会的运行方案，为志愿者分工排班；协调相关业务口组织召开新闻发布会，确保新闻发布会高效有序运行。

新闻发布厅助理：协助主管，负责检查新闻发布厅的灯光、音响、话筒、主席台、背景板、摄影摄像平台等设施是否正常；引导参加新闻发布会的运动员和教练员入场；查验媒体证件，引导媒体记者入场；联络口译人员，检查证件并引导入场；在同声传译的场馆，为媒体记者发放耳机设备；维护好摄影摄像平台秩序；为提问记者及时传递无线话筒；新闻发布会结束后，引导运动员、教练员和记者有序撤离；回收同声传译耳机；检查座位，回收登记记者遗失物品。

摄影记者工作间主管和助理：其职责与文字记者工作间主管和助理的职责类似，但摄影记者工作间要发放和回收 POOL 摄影背心。需要指出的是，在赛前筹划时，摄影记者工作间的工位和储物柜都比文字记者工作间的尺寸要大一些。

看台席和场地摄影位置助理：负责管理看台和场地摄影位置，确保持证人员准入；检查证件和辅助通行物，引导摄影记者有序进入看台席和场地摄影位置；办理摄影记者进入马道摄影位置的合法手续；维护摄影位置有序运行；提供饮用水；负责磁盘或胶卷递送；引导记者赛后撤离摄影位置；检查清理摄影位置，回收记者遗失物品。

新闻服务工作人员：一共包括四类受薪人员，其中，体育信息专家负责审核、修改新闻服务记者和引语记者采写的混合区引语和新闻发布会摘要，撰写赛后回顾和赛事前瞻等深度报道；新闻服务记者负责撰写新闻发布会摘要、媒体通告，协助体育信息专家工作；引语记者负责赛后在混合区记录教练员和运动员回答记者的引语，采访教练员和运动员；成绩发送主管负责规划、布置成绩发送协调员办公室的设施和设备，管理工作间成绩公报柜，规划成绩发送员（志愿者担任）到文字记者工作间、摄影记者工作间、看台席和场地摄影位置的发送流线，分工排班，培训志愿者，签收纸质公报，委派成绩发送员发送公报（如图 3-6）。

图 3-6　2013 年南京亚青会期间，本书研究团队成员(左三)与国际专家、志愿者完成新闻服务任务后合影

成绩发送员：一般由志愿者兼任，负责管理工作间成绩公报柜，发送教练员和运动员出场名单、比赛信息、成绩公报到文字记者工作间、摄影记者工作间、文字记者看台席、看台席摄影位置和场地摄影位置，回收整理纸质成绩公报。

第二节　大型赛事媒体运行的主要内容

一、媒体运行的业务范围

以北京奥运会为例，国际奥委会《IOC 媒体指南》对北京奥运会媒体运行的规定如下：媒体运行的任务是为 21 600 名奥运会注册媒体人员提供所需的设备和服务，确保他们充分报道奥运会。

北京奥运会媒体运行的业务领域包括新闻运行(Press Operations)和广

播电视运行(Broadcasting Operations)。具体业务运行包括：

一是新闻运行(Press Operations),包括主新闻中心(Main Press Center/MPC)、场馆媒体中心(Venue Media Centers/VMCs)、摄影服务(Photo Services)、媒体服务(Media Services)和奥林匹克新闻服务(Olympic News Service/ONS)等5个方面的运行。

二是广播电视运行(Broadcasting Operations),包括持权转播商(Rights-holding Broadcaster/RHB)、主转播机构(Host Broadcaster)、国际广播中心(IBC)和转播协调(Broadcasting Coordination)等4个方面的转播运行。

这9个方面的运行,如果合成一个框架结构图,可表示如图3-7。

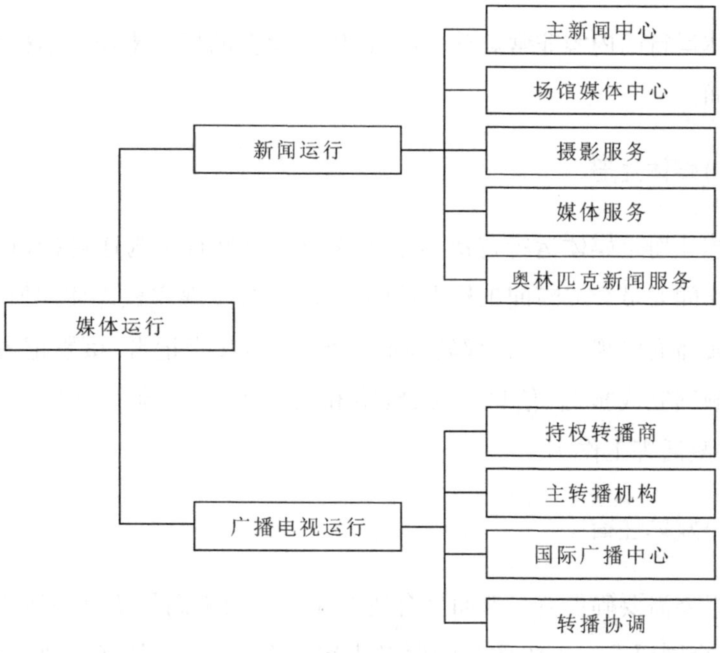

图3-7　北京奥运会媒体运行业务框架

从图3-7可以看出,媒体运行包括新闻运行与广播电视运行(也可称之为广播电视服务)2个大的业务领域,可以进一步细分为9个功能领域,其中,新闻运行包括主新闻中心、场馆媒体中心、摄影服务、媒体服务、奥林匹克新闻服务(可简称为新闻服务,主要为注册的平面媒体服务)5个功能领域，广播电视运行包括持权转播商、主转播机构、国际广播中心、转播协调4个功能领域。实际上，1次大赛的媒体运行，分为2个大的业务领域，包括9个功能领域。这就形成了“媒体运行1—2—9结构”。

在本书研究中，重点研究新闻运行的5个功能领域，而把广播电视运行所在区域的4个功能领域合称为1个功能领域，这样，又可以把上述9个功能领域简称为媒体运行6个功能区域，或媒体运行六大功能区域。事实上，这就形成了“媒体运行2—9—6区域”这样的新概念，把各种划分方式统合起来，方便大家理解与记忆。

二、媒体运行的主要内容

媒体运行的内容非常烦琐和细致，以奥运会的标准来说，包含但不限于如下方面。

（一）媒体注册

媒体注册是媒体运行首次与记者这个客户群直接沟通对接，在国际体育组织新闻委员会或新闻工作人员的指导下，分步骤完成媒体注册的程序，确保主转播商电视人员、持权转播商电视记者，文字记者、摄影记者和新媒体记者顺利完成报名、信息提交、资格和安全审核、注册证件制作、证件发放、证件激活等工作。

（二）媒体住宿

奥组委需要确保有足够而且合适的住宿空间来满足所有注册媒体的需求，履行合同要求。媒体住宿的服务内容包含如下：一是规划建设媒体村，或者选择距离主场馆比较近的酒店为注册媒体酒店；二是为注册媒体提供酒店入住信息，协助记者选择和预订酒店；三是要在媒体村或媒体酒店设定媒体服务台，派驻专门的媒体运行团队，为注册媒体提供住宿服务。

（三）媒体交通

与组委会相关部门合作，负责媒体交通事宜，建立起高效的交通网络，将媒体村、所有的竞赛场馆以及运动员村，与IBC和MPC紧密相连，同时还要设置媒体人员抵离服务。媒体交通服务内容如下：一是规划所有非竞赛场馆、训练馆和竞赛场馆的媒体交通图；二是制定媒体班车时刻表，并提供班车服务；三是制定媒体自驾车服务政策和制作车证；四是提供机场、车站抵离接送服务。

（四）通信服务

通信保障服务是媒体运行的关键，它关系到媒体运行的成败和记者的满意度。随着国际互联网的发展，有线网、无线网和卫星通信手段变得越来越突出，而电话和传真的通信保障退居次席。通信保障一般由媒体运行部门提出需求，由技术和通信保障部门具体实施。

通信服务一般包含如下内容：一是在赛事组委会官网上建立媒体服务频道或栏目；二是规划媒体酒店、主新闻中心、国际广播中心、场馆媒体中心的有线网络数据端口、Wi-Fi覆盖和电话传真安装；三是赛时为注册媒体发放有线和无线上网卡，帮助记者持卡登录联网。

（五）技术支持

由于现代奥运会和媒体越来越倚重高科技，因此媒体运行必须通过技术支持，来更好地服务注册媒体。技术服务主要包括：官网、新闻服务INFO系统的建设，新闻发布会音响和灯光系统、图片即拍即传系统、电视转播视频信号、笔记本电脑的维护以及专业照相机镜头清洗和租借等服务。

（六）新闻运行

新闻运行是媒体运行的重要内容之一，其分别在主新闻中心和场馆媒体中心展开。在竞赛场馆，新闻运行通过文字记者工作间、文字记者看台席、混合区、新闻发布厅、媒体休息区有计划分步骤地开展运行。新闻运行具有显著的计划性、连续性、时效性，它主要服务的客户群是文字记者，但同时为摄影和电视记者在混合区和新闻发布厅采访、报道赛事提供专业化的服务。

（七）摄影服务

摄影服务是媒体运行的重要内容之一，在主新闻中心、场馆媒体中心展开，为摄影记者在一线拍摄运动员比赛的精彩画面和编辑上传图片提供专业化服务，包括摄影指南的编写发放，摄影背心和 POOL 背心的发放，运动员出场名单、比赛成绩的发放，磁盘递送，图片编辑和上传。摄影服务是专门对摄影记者提供的专业化服务，它主要体现在竞赛场馆第一线。然而，随着新媒体的介入，摄影和文字记者的界线变得越来越模糊，有时文字记者也担负摄影记者职能，虽然在注册证件上有明确的代码区分，但在报道赛事的行为上，并不好硬性区分彼此。

（八）新闻服务

新闻服务，又叫新闻信息服务（News Information Services），它是媒体运行的重要内容之一，服务对象是所有注册记者，为其提供参赛代表团背景信息、运动员和教练员简历、赛事组织情况、颁奖嘉宾出场名单、比赛成绩、混合区即时引语、新闻发布会摘要、赛事前瞻和赛后回顾等重要信息。这是媒体运行提供的与记者撰稿、拍摄、报道赛事密切相关的核心信息服务。目前，新闻服务信息通过纸质信息公报分发和组委会官方网站专设栏目或频道发布，记者可快捷获取有价值的新闻信息，及时、准确、生动、全面地报道赛事。

从本质上看，新闻服务相当于一个专门为大型赛事临时组建的“官方通讯社”，为所有注册媒体、国际体育组织官员和各个单项体育联合会成员提供客观、准确、迅速、翔实的新闻信息服务。[①]

---

① 第 16 届亚洲运动会组织委员会. 亚运会媒体运行[M]. 广州：暨南大学出版社，2009：76.

（九）电视转播服务

电视转播服务的客户群应分为两类：一类是为赛事录制公共、客观、平衡的公用电视信号的主转播商，他们在场馆摄像平台录制赛事信号，在电视转播综合区和国际广播中心处理、上传电视信号；另一类是为购买了赛事电视转播权的电视机构——持权转播商的记者提供评论员席、混合区采访和演播室的电视转播服务。

电视转播服务媒体运行的职能：协助主转播商在赛前规划建设摄像平台，布置数据线和电源线，搭建评论员席、评论员控制室、信息办公室，架设线缆桥架，规划和建设电视转播综合区；赛时由主转播商为持权转播商的电视记者提供拍摄、评论、演播、混合区采访、新闻发布会提问拍摄等系列服务。

（十）进入运动员村的服务

国际奥委会意识到运动员对于媒体采访的价值，认为在尊重双方利益的前提下，应促进媒体与运动员之间的交流采访。注册媒体可在IOC的指导下，严格按照既定程序进入奥运村媒体中心和奥运村广场（英文缩写为OVP，以前称作国际区）进行采访。

（十一）高需求赛事管控服务

媒体注册卡本身不能保证所有注册记者进入MPC、IBC、运动员村、开闭幕式、竞赛馆4/5区等所有区域。为了确保各个区域有序运行，组委会不得不提高准入权限，进行适度管控。对于电视转播区、摄影位置或者比赛区这样的特殊区域，媒体运行团队会采取额外的附加政策给予管控，如查验门票、通行证、臂章或者背心等。

（十二）语言服务

在赛前和赛时，OCOG（奥运会组委会）都会在MPC、IBC、所有的竞赛场馆和奥运村提供综合性语言服务，通过口译和笔译，为运动员、官员和媒体搭建良好的沟通桥梁。语言服务的语种为国际赛事的通用语言——英语和小语种，采用即时服务或提前预约的方式进行。

(十三)通用媒体服务

除了前面提到的服务，奥组委还必须提供对于媒体的各种支持性服务，包括但不限于：协助招募当地人员作为技术人员和助理；在 IBC、MPC、竞赛场馆和媒体村提供医疗、邮政、电信、金融服务；特色产品售卖；机票旅游预订；推销健康和意外保险；汽车租赁；协助海关完成过关程序，保证媒体携带的相关设备顺利地免税出入境；为媒体提供餐饮、安保、频率协调、后勤支持和其他相关设施的服务。

(十四)劳工法、许可证和税收服务

确保相关国家和地区当局充分理解奥运会的独特性和短暂性，是举办城市与奥组委的责任。在奥运会期间，在尊重举办国劳工法的前提下，所有注册媒体与奥运会相关的业务不应受其任何限制或约束。①

第三节　大型赛事新闻服务的内容

一、大型赛事新闻服务的内容框架

大型赛事新闻服务的内容包括赛前信息录入、赛时新闻服务体例写作、成绩公报柜管理与纸质成绩公报发送等三项主要内容。综合运用新闻学、传播学、体育学、管理学等知识，才能真正圆满完成赛事新闻服务工作。如图 3-8 所示：

① 北京奥运会媒体运行手册英文版。

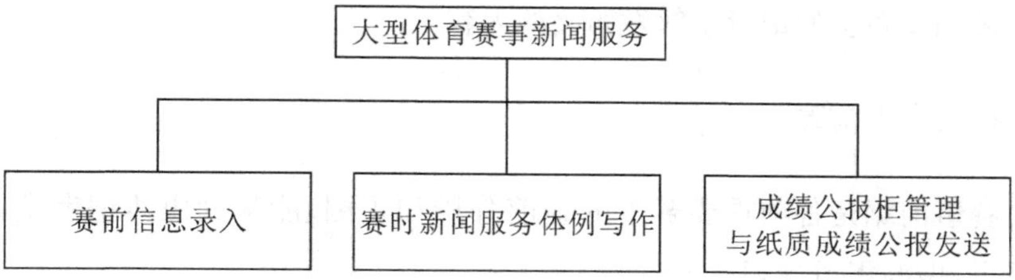

图 3-8　大型赛事新闻服务的内容架构

二、赛前信息录入

赛前信息是新闻服务在赛前收集整理的信息，主要是一些背景资料，一般在大型赛事开幕式前完成，包括：

第一，简历，包括参赛运动员、教练员、技术官员、运动队、官员和马匹的简历。

第二，历史成绩与背景信息，包括参赛代表团信息、运动员的历史成绩，以及各项大型赛事的比赛成绩、竞赛项目和单项体育联合会等背景信息。

第三，纪录，包括所有体育比赛项目在当前和历史上的世界纪录等。

第四，其他信息，如场馆、交通、注册、住宿、气象信息等。

三、赛时新闻服务体例

新闻服务的赛时服务体例主要是比赛期间的相关信息报道，包括即时引语、新闻发布会摘要、赛事前瞻、赛事回顾、媒体通告、扩展型出场名单、颁奖嘉宾名单、综合新闻等。

（一）即时引语

赛后运动员及教练员在混合区回答广播电视和文字记者提问时，即时发表的简短、中肯的感言和评论。及时、生动的即时引语对媒体报道有很大的实用价值，是整个 INFO 系统中点击率最高的三大模块之一。

（二）新闻发布会摘要

新闻发布会摘要是新闻发布会主要内容（发问和回答）的概括，能帮助未能参加发布会的记者了解发布会的内容。

(三)赛事前瞻

赛事前瞻是各项重要赛事的赛前分析和预测,能帮助媒体记者掌握比赛看点,做好报道计划。

(四)赛事回顾

赛事回顾是各项重要赛事的赛后回顾,能帮助媒体,特别是无法到现场观看比赛的记者了解比赛细节。

(五)媒体通告

媒体通告是与媒体报道工作有关的重要信息,如新闻发布会日程、班车时刻表、VMCs 开放和关闭时间的变更,以及其他重要通知等。

(六)颁奖嘉宾名单

颁奖嘉宾名单由外联部提供,决赛开始前半小时录入。包括颁发奖牌的嘉宾名单、职务等背景信息。

(七)扩展型出场名单

扩展型出场名单是指重要赛事(如决赛等)的参赛选手含简历信息在内的基本信息,主要是供持权转播商做现场解说时使用。

(八)综合新闻

综合新闻是指上述体例以外的新闻稿件,包括 IOC、NOC、IF、组委会等官方新闻,赞助商新闻、赛事深度报道等。①

综上所述,赛前与赛时新闻服务内容类型,如表 3-1 所示:

---

① 第 16 届亚洲运动会组织委员会. 亚运会媒体运行[M]. 广州:暨南大学出版社,2009:83.

表 3-1　INFO 系统发布内容类型表

序号	INFO 内容(中文表述)	INFO 内容(英文表述)
1	即时引语	Flash quotes
2	项目预测/回顾信息	Sport-specific preview/review information bullet points(factboxes)
3	新闻发布会内容摘要	Press conference highlights
4	新闻发布会日程	Press conference schedules
5	受到关注的新闻	Human interest stories
6	与奥运会有关的一般新闻	Games-related general news stories
7	成绩和其他数据,包括竞赛日程和出场名单	Results and other data including competition schedules and start lists
8	颁奖仪式上颁发奖牌和鲜花的人员	Medal and flower presenters at medal ceremonies
9	其他运行信息,比如天气和交通的最新信息	Other operational information such as weather and transport updates
10	组委会、IOC、NOC、IF 和赞助商的新闻信息	OCOG,IOC,NOC,IF and sponsor news and information
11	运动员简历	Athlete biographies
12	历史成绩	Historical results
13	奥运会的信息和数字	Olympic facts and figures

四、新闻服务的流程

各种大型赛事新闻服务团队在赛前搜集的运动员、教练员等有关人员的简历、历史成绩与背景信息、各种纪录等资讯,赛时采写的赛事前瞻、赛事回顾、即时引语、新闻发布会摘要、扩展型出场名单、媒体通告、综合新闻等资讯,经过赛时官方通讯社总编辑部审核后,再通过赛时 INFO 信息系统或者专门的网站予以发布,供注册媒体记者了解和选用,进行再加工处理。

因为像奥运会这样的大型国际赛事,即使是国际知名媒体,能够获得组委会注册的记者人数总是相对有限的,如果有多个项目、多场比赛同时举行,现场记者只能在一个赛场观赛,所以在这种情况下,如果要完成多场比赛的报道任务，记者就只能就近选择媒体工作间，通过 INFO 信息终端或指定的网络终端查询信息（2011 年深圳大运会期间，记者可用手机查询），也可以在指定的区域获取由专业志愿者提供的纸质信息。这些信息，大部分只是一种“半成品”，现场记者可以根据自己的需要予以选用。如图 3-9 所示：

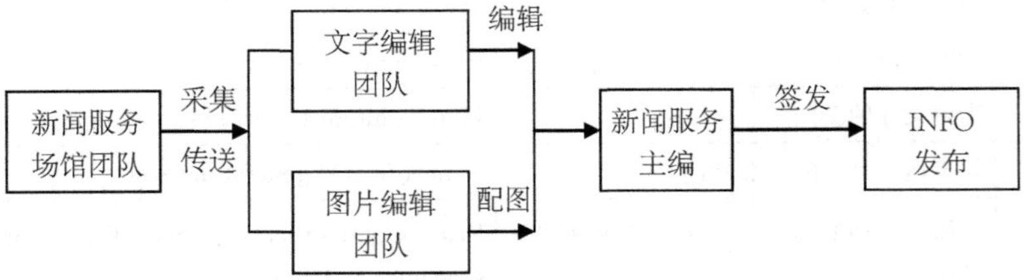

图 3-9　新闻服务工作流程

五、成绩公报柜管理与纸质公报发送

大型赛事比赛期间，新闻服务还将负责管理 MPC、VMCs 文字和摄影记者工作间内的成绩公报柜。按照 ORIS（奥运会成绩系统）文件的有关要求，及时发送纸质公报，确保注册媒体能够在第一时间获得其所需要的相关信息，特别是出场名单、当日赛程和比赛成绩等信息。“成绩公报团队的任务是负责管理主新闻中心和场馆媒体中心记者工作间内的成绩公报柜，及时发送成绩公报，确保媒体人员在第一时间获取所需要的相关材料，尤其是比赛成绩。”①

每个场馆的成绩公报团队由成绩公报发送主管领导，根据比赛项目的实际需要配备相应数量的成绩公报发送员。

成绩公报团队应密切关注比赛的进程，严格按照 IOC 的要求，保证纸质成绩公报及时送达。

成绩公报柜的标签应保持一致性，并随时进行更换。

根据注册媒体人数，确定成绩公报的数量，避免过多或过少。

纸质成绩公报的打印和复印由技术部门完成，分清竞赛类（C 类）和新闻

① 易建东．大型赛事报道与媒体运行[M]．杭州：浙江大学出版社，2008：208.

类(N类),避免混乱。

成绩公报发送主管应保留每项成绩公报的副本一份,以备额外的需求。

成绩公报发送主管应与VMCs的记者工作间主管、记者看台席主管保持密切联系,及时关注注册媒体能否及时获得成绩公报(如图3-10、图3-11)。

图3-10　2004年雅典奥运会成绩公报柜

图3-11　2013年南京亚青会成绩公报柜

第四章 我国大型赛事媒体运行与新闻服务的现状

过去十几年,我国举行了无数大型体育赛事。最值得一提的是,2008 年第 29 届奥林匹克运动会在北京召开。北京奥运会的举办,对中国的体育、政治、经济、文化、外交、国际形象等,都产生了极其深远的历史影响。从这一届奥运会开始,媒体运行理念不仅在中国体育界落地生根,还在很多其他领域也产生了现实功效。

第一节 媒体运行理念的普及与推广

一、媒体运行理念是北京奥运会的宝贵遗产

(一)媒体运行理念因北京奥运会而落地生根

正如前文所述,国际奥委会规范的媒体运行始于 2000 年悉尼奥运会。北京奥运会借鉴了此前悉尼和雅典两届奥运会的媒体运行经验,严格按照奥运会举办城市合同要求,推行媒体运行制度,严格执行媒体运行国际标准。这是大型赛事媒体运行制度第一次正式进入中国。

北京奥运会组委会高度重视奥运会媒体运行服务,不仅仅为注册记者提供了这项服务,还为非注册记者提供了同等服务,只不过非注册记者不能

进入奥运会新闻中心而已。2008年北京奥运会组委会针对外国记者、港澳台记者在奥运会及其筹备期间的采访问题，分别出台了3个服务指南，这些“指南”的内容涉及10个方面的程序和政策，包括了出入境、交通、保险、通信、住宿，等等，这些基础服务信息为各国、各地区的记者朋友和媒体机构采访报道北京奥运会提供了极大便利。它不但为采访报道北京奥运会的媒体人员提供了工作与生活方便，也为全世界人民了解北京奥运会、了解北京和中国打开了一扇新的窗口。

北京奥组委主席刘淇在为《北京奥运会及其筹备期间外国记者采访服务指南》所作的序言中指出，“媒体的目的是为了满足人们了解最新信息的需求。它为加强人类团结和促进不同文化的交融提供了共同平台，进而使世界更美好。”该《指南》表明北京奥组委真正把媒体服务落到实处。该《指南》实际从2007年1月1日起生效。

（二）奥运会媒体运行促进了中国的对外开放

1991年北京第一次申办2000年奥运会时的口号就是“开放的中国盼奥运”。现在回头看，奥运会帮助中国实现了进一步对外开放，而奥运会媒体运行则是实现这种开放的最佳平台。

2007年之前，外国记者来华采访，必须根据《外国记者在华采访的有关条例》提前申请和报备，经过中国政府同意，方可进行有限定的采访。这样的规定，从中华人民共和国成立以来就一直存在，没有变过，时间长达半个多世纪。其严格的程度，就像当今的朝鲜一样。

北京奥运会是世界了解中国的窗口，也是中国展示自身形象的舞台。为此，北京奥运会组委会专门出台了《北京奥运会及其筹备期间外国记者在华采访规定》，而不再沿用原先的《外国记者在华采访的有关条例》，并在《北京奥运会及其筹备期间外国记者采访服务指南》中，作出了“关于《北京奥运会及其筹备期间外国记者在华采访规定》实施说明”。

《北京奥运会及其筹备期间外国记者在华采访规定》是一部专门针对外国记者来华采访北京奥运会的相关事项的法规，旨在帮助外国记者依法采访、报道奥运会，弘扬奥林匹克精神。按照该法规，外国记者只要持有合法有效证件,就可以在中国境内面向外国人开放的区域自由旅行,报道奥运会和外国媒体感兴趣的方方面面,他们的采访“只需征得被采访单位和个人的同意即可”,而不像此前需要政府有关部门批准。通过加大新闻开放的力度,展示出中国更加成熟自信的胸怀和气度。北京奥运会结束后,外国记者跟奥运期间一样,能很方便地在中国进行正常的采访报道活动。

(三)北京奥组委首创“一站式”服务机制

为了提高服务质量,北京奥组委媒体运行部代表中国政府,为采访报道北京奥运会的外国记者,专门推出了奥运历史上前所未有的“一站式”服务机制,真正体现了奥运会媒体运行的精髓——全心全意为媒体服务。这一媒体服务措施,在奥运会历史上尚属首次,是北京奥运会媒体运行工作的重要创新之一。

在《北京奥运会及其筹备期间外国记者采访服务指南》中,公布了北京奥组委面向外国媒体的“一站式”服务机制,这是一种 24 小时全方位服务机制,由北京奥运会组委会新闻中心代表中国政府,为外国记者提供专门的综合性服务,并由该中心协调政府各相关部门受理各类媒体在行政审批方面的需求,协助其解决问题。

“一站式”服务的初衷,完全是一种设身处地、因地制宜地善待媒体的做法。北京奥运会组委会充分考虑到世界各地的记者来到北京之后,可能面临情况不熟、语言不通、对北京的风俗习惯和中国的法律法规等不太了解的问题,这些问题可能会给他们的工作和生活带来诸多不便,所以,就想出了这样一个让境外记者少费时间、少走弯路的人性化与集约化做法,让境外记者和媒体在一个地方就能解决一系列行政审批和工作协调等问题。

准确地说,所谓“一站式”服务,是在北京奥运会及其筹备期间,由北京奥组委牵头,协同负责行政审批和提供具体服务的各政府主管部门和相关机构,建立统一协作的工作机制和机构,抽调专人,联署办公,受理北京奥运会及其筹备期间外国记者的各项行政审批申请和服务需求,并通过联合办公的后台处理系统,实现申请受理、审核、批准、答复、协调落实和服务提供等环节“一站式”完成,为外国媒体提供高效便捷的服务。

（四）“三善”媒体的理念是对北京奥运会媒体运行的巩固与提高

北京奥运会的媒体服务理念，说白了，就是善待媒体和服务媒体。“欲影响社会，必先影响媒体”。北京奥运会之后，2008 年 11 月 17 日，胡锦涛指出：“各级领导干部要充分认识新闻舆论的重要作用，善于通过新闻宣传推动实际工作，热情支持新闻媒体采访报道，正确对待舆论监督，提高同媒体打交道的能力；要把提高舆论引导能力放在突出位置，进行深入研究，拿出切实措施，取得新的成果。”

2009 年 3 月 1 日，习近平指出，各级领导干部“要提高同媒体打交道的能力，尊重新闻舆论的传播规律，正确引导社会舆论，要与媒体保持密切联系，自觉接受舆论监督”。2009 年 9 月 1 日，中共党史出版社出版了《媒体领导力：领导干部与媒体打交道》一书。如何提高同媒体打交道的能力，已成为提高党的执政能力、建设高素质干部队伍的一个重要课题。

2010 年 1 月 4 日，全国宣传部长会议在北京举行，时任中共中央政治局常委李长春同志出席会议并讲话，要求各级党委、政府和新闻宣传管理部门要“适应时代发展要求，努力提高与媒体打交道的能力”，要以“善待媒体、善用媒体、善管媒体”作为与媒体打交道的具体要求。这一要求一直沿用至今。应该说，这种“三善”媒体的理念就是发端于北京奥运会的媒体运行。

（五）媒体运行已成为北京奥运会的宝贵文化遗产

2011 年 5 月 26 日，新华社资深记者、北京奥运会媒体运行专家徐济成在广州体育学院学术报告厅的讲座《大型体育赛事的媒体运行》中谈到，北京奥运会媒体运行具有四大收获：第一，第一次在中国建立了奥运会媒体运行理念；第二，第一次在中国搭建了符合国际奥委会规定规模的空间媒体运行设施；第三，第一次在中国开展了奥运规模的媒体运行实践；第四，第一次培养和造就了一支具有一流水准的媒体运行团队。可以说，媒体运行理念，是北京奥运会留给中国体育赛事的一个宝贵文化遗产。

图 4-1 多次大赛媒体运行负责人徐济成(右一)在南京青奥会媒体运行现场

二、媒体服务已成大型赛事的有机组成部分

凡是参加过大型赛事组织与服务的人,都知道这句流行的话:安保第一,竞赛第二,媒体第三。没有安全,一切归零;没有竞赛,赛事不能成立;没有媒体,赛事无人知晓。过去十几年,在国内举行的体育赛事不计其数,但从全国层面来说,判断一个赛事是否具有全国乃至国际影响力的标准,只有两种:政治性和商业性。研究认为,至少具备上述两种当中的一种,才需要有媒体运行,如果两种都具备,那就两全其美了。从这个角度看,过去十几年在国内举行的大型赛事及其媒体运行,大体分为四类。

(一)大型综合性赛事媒体运行水平最高

继 2008 年北京奥运会之后,我国又相继举办了 2009 年山东全运会、2010 年广州亚运会、2011 年深圳世界大学生运动会、2011 年贵阳全国少数民族运动会、2013 年南京亚洲青年运动会、2013 年沈阳全运会、2013 年天津东亚运动会、2014 年南京青年奥林匹克运动会、2015 年内蒙古鄂尔多斯全国少数民族运动会等大型综合性运动会。

这些赛事的共同特点是赛事规模大，参赛人数多，社会影响力大，赛事举办和承办单位高度重视，其媒体运行水平都比较高。从媒体运行模式看，它们基本分为下面两种模式。

一种模式是由赛事组委会邀请新华社组建赛事官方通讯社和摄影团队，严格按照奥运会媒体运行模式，提供媒体运行和新闻服务，各个城市组委会主动借鉴北京奥运会媒体运行成功经验，积极聘请有北京奥运会媒体运行经验的人员，参与各个赛事主新闻中心、国际广播中心和各竞赛场馆媒体运行功能区的规划（含场馆媒体中心和电视转播综合区）、设计、场馆改建、设施改造、设备安装、流线设定、人员培训、团队构建、计划编制、赛事运行和赛后总结。比如，广州亚运会、深圳大运会、南京亚青会和青奥会、贵阳和鄂尔多斯少数民族运动会等赛事，都是按照这一模式运作的，其优点是标准、规范、优质、高效，但前提条件是要投入大笔专项资金。

另一种模式是由赛事组委会通过地方宣传部门，邀请地方主流媒体，仿照北京奥运会媒体运行模式，开展媒体运行与新闻服务。其优点在于，可以省去一大笔花销，减轻赛事组委会即举办地政府的财政压力，缺点在于提供的媒体运行服务可能会走样，达不到严格意义上的国际标准。

（二）周期性国际单项赛事媒体运行水平较高

近几年，国内举办的周期性国际赛事，即由国际体育单项组织联合会举办的周期性赛事也不少，比如 2011 年武汉男篮亚锦赛、2011 年上海游泳锦标赛、2011 年青岛苏迪曼杯世界羽毛球混合团体锦标赛、2014 年南宁体操世锦赛、2015 年苏州世界乒乓球锦标赛（单项赛）、2015 年北京国际田联世界田径锦标赛、2019 年国际篮联篮球世界杯赛等，以及一年一度的 F1 上海站比赛、北京中国网球公开赛、上海网球大师杯赛、武汉网球公开赛、中国斯诺克公开赛，等等，都是高级别、高水平的国际正规赛事。

这些赛事的级别和竞技水平都比较高，观赏性强，对媒体运行的要求也高。与综合性赛事一样，它们也是通过两种模式来开展媒体运行：一种是委托新华社建立官方通讯社和官方摄影团队，提供奥运标准的媒体运行服务，比如南宁体操世锦赛；另一种是委托赛事举办地的主流媒体，仿照奥运会媒体运行模式，来开展媒体运行服务。有些赛事由地方政府出面，征调当地宣传部门和主流媒体骨干构建媒体运行系统，提供媒体服务，如北京田径世锦赛。有些赛事则由赛事组委会自己来组建媒体运行团队，提供基本的媒体服务，如武汉网球公开赛。实施什么样的媒体运行，在很大程度上与这一赛事的经费预算是否充裕有关。

(三)足球与篮球职业联赛具有较为规范的媒体服务

过去几年，中国的体育职业联赛不少，有足球联赛、篮球联赛、排球联赛、羽毛球联赛、乒乓球联赛、围棋联赛等，但真正有影响力的要数赛事知名度高、媒体争相购买转播版权、能够吸引赞助商和广告商、受众需求度高的中超联赛和CBA(中国男子篮球职业联赛)。

职业联赛具有很强的周期性、很强的比赛观赏性和众多“粉丝”，但其每一场比赛的规模都比综合性运动会和国际单项赛事小，不用完全采用奥运会媒体运行模式，从赛前、赛中信息，到官方网站与INFO系统，都面面俱到、样样俱全。中超和CBA的媒体服务，最重要的是服务身在现场的媒体记者，为他们的采访与报道提供最基本、最贴心的服务即可。近几年，中国足协、中国篮协在媒体服务方面，已经制定了一套比较成熟的媒体服务规范，并定期进行培训，在协会新闻委员会的指导下，由各赛区所在地协会的新闻发言人担任负责人，按章程招募志愿者，联合场馆业主方，一起承担赛事媒体服务工作。

(四)其他赛事的媒体服务质量不一

这类赛事比较杂，有门槛较低、万民狂欢的城市马拉松赛，也有门槛甚高、知晓者寡的中国杯帆船赛，还有一些电视直播的单项邀请赛，等等。

中国现在正在掀起全民马拉松热，全国每年举办上千场城市马拉松赛。地方政府渴望体育搭台、经济唱戏，都以央视直播本地马拉松赛为荣耀，但真正形成品牌价值、有影响力的马拉松赛事，只有北京、上海、厦门等几个城市的马拉松赛事，它们的媒体运行工作也做得相对较好。武汉国际马拉松赛始于2016年,迄今只有短短几年的历史,但其开局良好,业界口碑不错,不过,其媒体运行服务工作才刚刚起步,还有很长的路要走。其他类似赛事的媒体运行工作就可见一斑了。

三、媒体运行模式的跨界推广与跨国应用

过去十几年,媒体运行模式不仅仅在大型赛事中得到广泛应用,也在非体育竞赛类的大型会议、大型活动中得到推广应用,中国的媒体运行团队还走出国门,服务于在国外举行的大型赛事。此外,还有一些高校开设了“大型赛事媒体运行”课程。

(一)从大型赛事走向国际会议

媒体运行在大型国际赛事的筹备和实践中取得了显著成功,它不仅为记者提供了符合国际惯例的专业化服务,而且受到了记者的欢迎和肯定。因此,赛事媒体运行的模式和经验,受到了我国大型国际会议和国内会展组织机构的高度关注。

2009年上海举办世博会期间,仿照北京奥运会媒体运行的模式,又借鉴了北京奥运会的筹备和运行经验,聘请了北京奥运会媒体运行专业人士,建立了一些类似于北京奥运会的媒体设施,为来采访世博会的中外记者提供了周到服务。

2014年5月上海亚信峰会,同年7月贵阳国际生态文明论坛,同年11月在北京举办的APEC会议,以及2016年杭州G20峰会等,都先后借鉴奥运会媒体运行的理念,聘请媒体运行专家规划、建设新闻中心,培训、构建媒体运行专业团队,为注册记者提供设施齐全、运行顺畅、周到细致的服务工作,为其充分报道国际会议盛况,传播会议新理念、新信息、新知识和新精神做出了贡献。

大型国际会议引入奥运会媒体运行理念和服务模式后,记者可以充分了解会议议程和与会嘉宾,可提交采访预约,可参加论坛,在指定的设施齐全的带桌记者席区,一边听会、记录,一边写稿、发稿;可到预设的专访室采

访嘉宾，并参与同行对预约嘉宾的专访；可选择参加各种新闻发布会，获取更多的有价值的新闻信息；可回到会议主新闻中心写稿、发稿、编辑图片。

（二）从国内当学生到国外当老师

2008年北京奥运会之前，我国媒体运行就像是一个小学生，要照搬《媒体技术手册》进行筹备，要在外籍媒体运行专家的指导下解决棘手的问题。北京奥运会结束后，我国自行培养了一批媒体运行的专业人士。

2010年先后有十几名参加过北京奥运会媒体运行的人才，受新加坡邀请，参加了在新加坡举行的第1届夏季青年奥运会媒体运行工作。他们具备丰富的媒体运行经验，具有良好英语沟通能力，充分发挥了北京奥运会时的敬业精神和职业能力，出色地完成了第1届青奥会媒体运行工作，受到青奥会组委会的好评。

我国媒体运行事业的奠基人——北京奥运会媒体运行部部长孙维佳和副部长徐济成，先后应邀参与了伦敦奥运会主新闻中心、索契冬奥会主新闻中心的规划和设计。徐济成现已全力投入到2022年北京冬奥会的媒体运行筹备工作之中。

北京奥运会丰台垒球场新闻运行副经理陈杰琼，在北京奥运会结束后又参与了广州亚运会、深圳大运会和南京青奥会等大赛的媒体运行工作，连续7年参与各类国际赛事的筹备和运行，使他积累了丰富的媒体运行经验，与亚奥理事会、国际大学生体育联合会、国际奥委会新闻委员会建立了良好的合作关系。2014年10月，他应邀到韩国釜山，作为亚奥理事会新闻运行专家，参与指导了釜山亚运会的媒体运行工作，成为又一名走出国门的媒体运行专家。

（三）从开设讲座到开设课程

媒体运行工作需要大量的人力资源，这就离不开高校的大力支持。参与北京奥运会媒体运行工作的高校师生，以中国传媒大学、北京体育大学等北京高校为主，因为他们拥有天时、地利、人和等先天优势。北京奥运会组委会媒体运行部领导和专家，也多次到北京高校开展宣讲、招募和培训工作。

2009 年，北京奥运会组委会媒体运行部副部长徐济成、赛时通讯社总编辑陈越等人南下广州，代表新华社与广州亚运会组委会签约，承担了 2010 年广州亚运会组委会媒体运行的全部业务。为此，徐济成、陈越这两位新华社的知名记者多次深入广州体育学院等高校宣讲大型赛事媒体运行工作，并招募、培训了一大批媒体运行工作受薪人员。广州体育学院体育传媒学院师生先后参加了自广州亚运会以来深圳大运会、贵阳全国少数民族运动会等多项大型赛事的媒体运行工作。

2012 年，徐济成、陈越等人又深入武汉体育学院新闻传播学院、国际教育学院讲学，同时为此后的南京亚青会与青奥会、南宁体操世锦赛、鄂尔多斯全国少数民族运动会等大型赛事招募、培训媒体运行工作受薪人员。

图 4-2　2013 年南京亚青会赛时通讯社总编辑陈越（前排左五）来武汉体育学院培训媒体运行人员

学界与业界结合，既能共同培养人才，又能促进理论研究。新华社媒体运行专家徐济成、陈越、王佐臣以及澳大利亚体育信息专家韦恩等人，多次走进武汉体育学院、广州体育学院课堂，讲解大型国际赛事媒体运行工作，剖析媒体运行的案例，探讨媒体运行的规律，总结和梳理媒体运行经验。徐济成等还被同时聘为武汉体育学院和广州体育学院客座教授，王佐臣被聘为武汉体育学院客座教授，与校内导师一起，共同指导研究生。

因为有一大批高校新闻传播院系教师、研究生和本科生参与到大型赛事的媒体运行工作中来，不少人开始根据自己的媒体服务经历，聚焦问题，结合所学理论，撰写并发表有关媒体运行与新闻服务的单篇学术论文和专门的学位论文。

专著与教材也在这一时期开始出现。2007 年，由中国传媒大学出版社出版的北京奥运会媒体运行志愿者培训教材《奥运会媒体运行》，是国内有关媒体运行的最权威、最全面的知识读本。2009 年，由暨南大学出版社出版的《亚运会媒体运行》是对《奥运会媒体运行》一书的借鉴与改写。2008 年，由知名体育社会学学者易剑东撰写，浙江大学出版社出版的《大型赛事报道与媒体运行》一书，是对《奥运会媒体运行》一书的有益补充，该书被引次数较高。

广州体育学院、武汉体育学院分别于 2012 年和 2013 年在新闻学等专业中开设了“大型赛事媒体运行”课程，课程性质为专业选修课，以此推广媒体运行理念，强化媒体服务意识，为提升我国媒体运行综合水平培养专门人才。

本书为国内第一个有关大型赛事媒体运行服务的国家级社科基金项目的最终研究成果，该项目负责人应新华社邀请，亲历了自广州亚运会以来新华社所承担的媒体运行工作的多项赛事。该项目组成员编著出版的《大型赛事媒体运行原理与新闻服务体例》一书，是该项目研究的阶段性成果之一，是国内第一部专门讲解新闻服务体例的著作。该项目组还组织召开了全国第一次大型赛事媒体运行服务暨体育解说评论论坛（如图 4-3）。

图 4-3　2012 年全国大型赛事媒体运行服务暨体育解说评论论坛在武汉体育学院召开

第二节　富有中国特色的媒体运行团队

一、与国际接轨的新华社团队

自 2008 年北京奥运会以来，凡在国内举行的大型赛事，均少不了新华社专业团队的身影。新华社的任务主要包括以下三类。

（一）应邀组建官方通讯社和国家奥运会摄影队

官方通讯社，又叫赛时通讯社。顾名思义，赛时通讯社是一个临时通讯社，比赛结束了，该通讯社的使命就结束了，就不复存在了。而东道主通讯社是一个跟奥运会有关的概念，奥运会东道主通讯社是由国际奥委会指定的通讯社，它有权向世界各国媒体发布有关奥运会的文字和图片等新闻信息。一般以信函方式向所在国或地区的国际知名通讯社发出邀请，但会以国际奥委会、赛事组委会、受邀通讯社三方协议的方式，签订工作协议，同时，由赛事组委会向受邀通讯社按协议付费。据悉，北京奥组委按计划付给新华社 2800 万元。

2007 年 10 月 26 日，国际奥委会正式授权新华通讯社为 2008 年奥运会东道主通讯社，同时邀请新华社为 2008 年北京奥运会组建一个国家奥运会摄影队。根据国际奥委会规定，东道主通讯社可直接与国际奥委会协商派遣采访报道奥运会记者的名额，在采访报道中享有与国际奥委会认可的美联社、路透社、法新社这世界三大通讯社同等的待遇。在接受授权之后，新华社在北京奥运会期间承担对中国运动员进行全方位文字和图片报道的任务，向中国媒体提供翔实的奥运会信息。同时，为北京奥组委和国际奥委会提供每日精选赛事及相关活动的图片。

北京奥运会之后，新华社又应邀承担了组建 2010 年广州亚运会、2011 年深圳大运会、2011 年贵阳全国少数民族运动会、2013 年南京亚青会、2014 年南宁体操世锦赛、2014 年南京青奥会、2015 年鄂尔多斯全国少数民族运动会等官方通讯社和官方摄影团队、服务赛事的任务。

以 2011 年深圳第 26 届世界大学生夏季运动会为例，其官方赛时通讯社(UNS)的工作架构，通过图 4-4 就能一目了然。

(二)为注册媒体服务的媒体运行团队

如前所述，奥运会以及其他大型综合性运动会的媒体运行包括新闻运行和广播电视运行。新闻运行包含了主新闻中心、场馆新闻中心、摄影服务、媒体支撑服务和奥林匹克新闻服务(即新闻信息服务)等 5 大业务领域，加上广播电视运行，就一共包括 6 大业务领域。

上述领域的国际体育信息专家(北京奥运会共邀请国际专家 86 名)、各种经理、各类主管等均为受薪人员，均由新华社招聘，加上直接为各类主管服务的大量志愿者，整个新华社媒体运行团队的总人数达数百人之多，他们共同为注册记者和媒体机构服务。

(三)为国家通讯社用户服务的报道团队

如果新华社应邀作为大型赛事的官方通讯社，那么新华社的角色就是

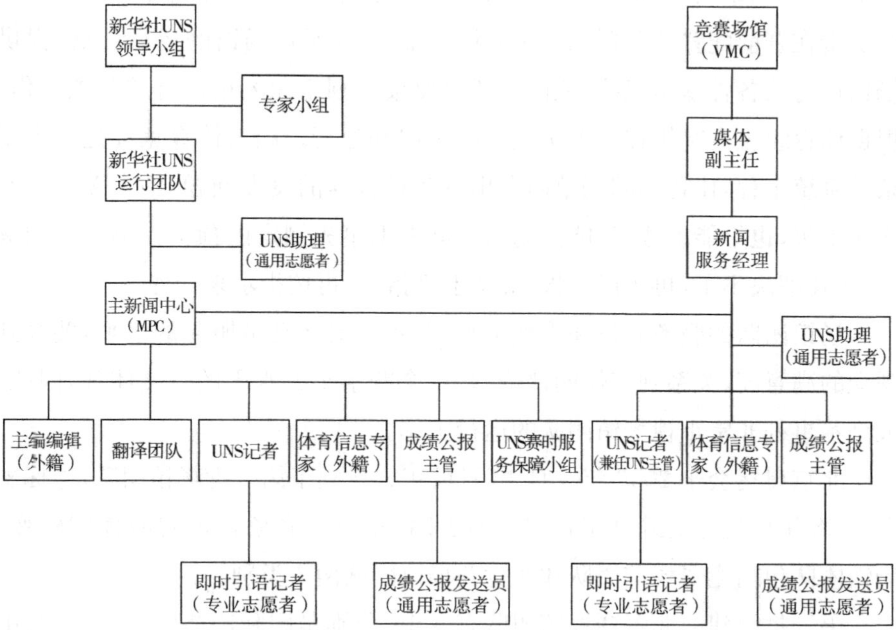

图 4-4　深圳大运会官方通讯社(UNS)工作框架图

双重的：一方面是作为中国的国家通讯社(国家媒体)，另一方面是作为赛会东道国的官方通讯社(赛时通讯社)。如果新华社不作为大型赛事的官方通讯社，那么，其使命就显得单一一些。

像北京奥运会和南京青奥会这样的盛会，新华社都是双重角色。一方面，他们要应邀组建官方通讯社和国家奥运会摄影队，其新闻作品(多为半成品)通过官方通讯社或官方网络平台发布；另一方面，他们要组建大赛报道团队，其新闻作品要通过新华社自身的发稿平台向国内外发布。像2014年南京青奥会，新华社除了负责组建赛时通讯社和国家摄影团队外，还另外派出了123人的报道团队进行现场报道。

二、三位一体的竞赛场馆媒体运行团队

(一)场馆团队是赛时指挥运行的管理服务主体

体育比赛的载体是场馆，场馆运行的主体是场馆运行团队。场馆运行

团队，简称场馆团队，他们是负责场馆运行服务的主体。他们的任务很重，要负责在赛前配置、管理好各种赛事资源，编制所在场馆的运行计划，提供场馆运行的各种基本保障；他们在赛时要按计划组织场馆运行的各项工作，根据体育组织竞赛规程负责实施竞赛组织和运行。因为体育竞赛是一个复杂的系统工程，比赛期间场馆内会出现各种各样的突发问题，绝大多数问题无法上报，也不能推诿，只能由场馆团队根据事先制定的预案在第一时间解决，实在解决不了，再予以上报，等待上级指示，再按指示来处理。

场馆团队的服务质量和管理水平，关系到对运动员服务的水平，关系到观众的满意度，关系到媒体的评价，是整个赛事举办水平的直接体现，因此，大型赛事都非常重视场馆团队的运行工作。

北京奥运会于 2006 年 8 月 18 日就正式成立了第一批场馆团队，这标志着 2008 年奥运会的筹办工作，提前两年由前期准备阶段向赛时体制转变。场馆团队包括竞赛场馆团队和非竞赛场馆团队两个类别。

第一批组建的非竞赛场馆团队有 5 个，分别是国际广播中心、主新闻中心、奥运村、首都机场等处的场馆团队，主要成员包括场馆主任、场馆运行秘书长和相关业务口经理，还有媒体、安保、业务、服务、属地关系副主任等。

第一批组建的竞赛场馆团队有 13 个，分别是工人体育场、国家体育场、北京工业大学体育馆等处的场馆团队，主要成员包括场馆主任、奥组委相关业务口的兼管代表、场馆运行秘书长，以及竞赛、媒体、安保、服务、后勤、属地关系副主任。

场馆媒体运行团队是场馆团队的有机组成部分，场馆媒体运行团队要服从整个场馆团队的统一协调与指挥，同时接受组委会媒体运行部的直接领导。

（二）场馆媒体运行团队是一种“三位一体”式的组织

奥运规格的场馆媒体运行团队，一般由三方面力量构成：一是官方通讯社派驻场馆的媒体运行团队，他们是场馆媒体运行的专项团队；二是属地派驻的宣传干部，他们往往是地方党委宣传部的主要干部，派来场馆任场馆副主任，负责场馆媒体运行部门与场馆其他部门的协调工作；三是场馆业主方的代表，他们对于场馆的结构、功能、特征比较熟悉。这种“三位一体”，“结合专项团队的专业性、属地的坚强后盾保障以及业主的场馆运行经验优势，凝结三方力量，资源互补”。[①]

以 2014 年苏州第 53 届世界乒乓球锦标赛为例，其媒体运行团队由 22 名苏州市委宣传部干部和 100 余名志愿者构成，由宣传部副部长任总指挥，各处长主责各个区域运行，新华社媒体专家负责编制媒体运行政策和方案，并在赛时指导媒体服务，同时担任各个业务口的把关人。

不同的赛会具有不同的媒体运行团队组建方式。以南京青奥会为例，赛事官方通讯社专门设立了场馆媒体分中心。该分中心承担着指导各竞赛场馆、非竞赛场馆以及文化教育活动的媒体运行的职责。

一方面，指导各场馆制订和细化媒体运行计划。在赛前，把指导各场馆制订和细化媒体运行计划作为重点，逐一检视。加强对各场馆媒体运行人员的培训，通过集训、实战演练等多种方式，努力找出各种问题。安排两个项目组直接进驻青奥村和开闭幕式中心，进行工作落实。在南京青奥会中，16 个竞赛场馆团队（含高淳武术馆）、开闭幕式场馆团队、青奥村团队、体育实验室团队的媒体运行部门，以良好的服务成功完成了各项媒体服务工作，获得了国际奥委会和国内外媒体的高度评价。

另一方面，指导各场馆团队结合自身特点提供多样化的特色服务。奥体中心媒体运行团队，在志愿者培训中联系兄弟场馆，组织两馆志愿者实地上岗相互考核，以发现媒体服务中可能出现的问题，帮助志愿者迅速提高服务水平。在运行中，灵活运用媒体通用政策，提前与各职能部门协同合作，全力保障记者需求，妥善处理平面媒体与电视广播媒体之间的利益等，取得了很好的效果。青奥村媒体运行团队预先协调相关工作部门，根据每场活动特点制定运行方案，提前布置区域点位，制定人员工作安排，协同开展合成演练。方山场馆媒体运行团队创新服务方式，采取以冠军服务冠军的方法，使媒体运行在混合区、摄影位置的服务不断优化。国际博览中心媒体运行团队将媒体运行与新闻宣传团队合二为一，推出了“2＋4”的工作机制，促进职责信息共融共通，避免了工作中出现断层、脱节等现象，保证媒体运行

---

① 余世猛，刘冬. 传播盛会 分享精彩：以亚运会大运会为例探究大型活动媒体服务的借鉴意义[J]. 中国报业，2012.3(下)：117-118.

和各项工作高效运转。

当然，为了节约成本，如果同一时间节点赛事比较单一，很多赛事的媒体运行团队是极为简单的，比如，中超联赛的场馆媒体运行团队中，团队成员只有属地足协的新闻官和若干志愿者组成，而这些志愿者一般为在校大学生。再比如，2011 年的中国杯帆船赛，负责媒体运行工作的只有一个人。

三、不可或缺的媒体运行志愿者

(一)媒体运行专业志愿者与媒体人员之比为 1∶7.5

志愿者又叫义工、志工或义务工作者。他们致力于免费、无偿地为他人或社会服务。联合国对志愿者(Volunteer)的定义是："自愿进行社会公共利益服务而不获取任何利益、金钱、名利的活动者。"任何大型活动都不能缺少志愿者。在我国，志愿者的主体是大学生，因为大学生有热情，又比较容易组织动员。在国外，志愿者的年龄跨度很大。

像奥运会这样的大型赛事，没有志愿者参与是不可想象的，所以，在每一届奥运会的闭幕式上，组委会一定会给志愿者代表颁奖，以表彰他们默默无闻做出的贡献。奥运会志愿者，是指在奥运会、残奥会筹备和举办的全过程中以自愿为原则，以志愿服务为基本形式，在奥运会志愿者行动项目体系内，服务他人、服务社会、服务奥运的各界人士。正如时任国际奥委会主席罗格曾高度赞扬奥运志愿者："志愿服务在奥林匹克运动中占据核心位置。"

北京奥运会所动用的志愿者人数达到了奥运会历史上的最大规模，据报道，有上千万人次的观众当了文明观众，或以做文明观众的方式服务奥运会；有上百万志愿者进行了社会服务，有 40 万城市志愿者参与了城市管理；有 20 万人成为啦啦队志愿者，为比赛双方的运动员加油；有 10 万名志愿者成为登记在册、训练有素的赛会志愿者，为奥运会提供专门的服务。

在这 10 万名赛会志愿者中，有 2 880 名媒体运行志愿者，他们又分为专业志愿者和通用志愿者两个类别，共同为前来北京采访报道奥运会的21 600

图 4-5 广州亚运会闭幕后,本书研究团队主要成员与部分媒体运行志愿者合影留念

名媒体人员提供志愿服务。媒体运行志愿者与媒体人员之比为 1∶7.5。这一比例,也可适用于其他赛事的媒体运行。

(二)媒体运行志愿者的素质与任务

对于大型赛事来说,媒体运行专业志愿者的素质要求高于通用志愿者,他们除了拥有乐于助人、无私奉献的志愿精神以外,还应有较高的专业素质,那就是要精通体育和外语。北京奥运会媒体运行志愿者来自北京地区的 6 所重点大学,它们分别是:北京大学、清华大学、中国人民大学、中国传媒大学、北京外国语大学和北京体育大学。北京奥运会媒体运行的专业志愿者,就是从上述 6 所大学的 4 000 名候选人中挑选出来的。

挑选的程序是:先通过大量培训,系统学习体育新闻概论、奥运报道流程、奥运报道名篇赏析、国际奥运媒体介绍、奥运跨文化传播、奥运会媒体运行、危机处理等讲座或课程,然后经过严格的笔试、面试,选拔最终能够上岗的专业志愿者。

在大型赛事的媒体运行中,媒体运行志愿者的工作任务琐碎而重要,比如大堂向导、查验证件、技术服务、餐饮服务、语言服务、打字复印、收发文件、材料整理、成绩公报发送等方面工作，都是由他们所承担的。

（三）媒体志愿者的奉献与成长：以南京青奥会为例

志愿者的工作特点就是服从与服务。他们每天都要服从上级的工作安排，每天要面对的服务对象，不管是明星，还是普通人，都是他们的客户。他们只有服务客户的资格，没有打扰客户的特权。比如在工作岗位上，如遇到科比、梅西、姚明、刘翔、李娜、孙杨、宁泽涛、傅园慧、丁俊晖等体育明星，不能索要签名；如遇到黄健翔、张斌、刘建宏、段暄、洪钢、贺炜、詹俊等著名主持人，不能与他们合影留念。

服务的最高标准是满意，顾客满意就是服务的最高标准。顾客满意表现在，“顾客在接受服务活动时，自身的利益得到确保，存在的问题得到解决，同时还能产生精神上的满足感”[①]。时任共青团北京市委书记、北京奥组委支援部部长刘剑认为，奥运会的志愿服务要达到“三个满意”才能算作优秀，那就是“服务对象满意”“使用部门满意”和“志愿者本人满意”，[②]只有这样的志愿者才能成为城市的“名片”。

对于大多数媒体运行专业志愿者来说，在大型赛事期间，志愿服务的过程，是一个奉献、体验、成长的过程。

以南京青奥会为例，南京青奥会媒体服务团队立足媒体满意度，为了给注册媒体提供最完备的保障工作，充分调动语言服务、交通运行、餐饮服务等岗位的466名志愿者协助工作人员，在食、住、行等方面为媒体工作人员提供最优质的服务。

在媒体注册方面，媒体注册分中心2014年8月1日正式运行，8月28日运行结束，历时28天，共接待各类客户人群5 000余人次，完成激活1 693次，签发一日卡82张，累计现场制证396张，处理疑难注册问题48件次，运行期间未收到一件媒体人员的投诉。

---

① 张德胜，武学军. 体育解说评论[M]. 武汉：华中科技大学出版社，2017：28.

② 王斯敏. 志愿者：为北京奥运留笔精神遗产[N]. 光明日报，2008-04-30(5).

在餐饮方面，媒体餐厅共为注册媒体提供了 11 557 人次的午餐、6 250 人次的晚餐、316 人次的夜宵，还为没时间到餐厅就餐的媒体记者提供了餐包等服务项目。此外，还保证就餐有条不紊，主媒体中心和各场馆媒体休息区的茶点和饮料服务秩序良好，充足的货源和规范的服务受到广大注册媒体的好评。

在交通方面，除了保障远端安检车辆等各种班车正常运营外，还为注册媒体工作人员提供了多条专线连接主媒体中心、各竞赛场馆以及青奥村，全力确保媒体出行便捷。

在住宿抵离方面，7 家媒体酒店累计接待注册媒体人员 1 166 人次，除了为住店媒体人员提供正常的 24 小时保障服务之外，还妥善处理了住店媒体人员遇到的交通、网络、医疗救助等各种突发事件，赢得了境内外注册媒体人员的赞誉，有境外媒体朋友评价说："你们的服务秒杀了 2012 年的伦敦奥运会，你们表现得非常棒，谢谢你们！"

在服务信息发布方面，编印发布了《媒体服务指南》《开幕式媒体服务指南》《闭幕式媒体服务指南》，累计印刷 11 000 册；通过邮箱和短信平台向注册媒体推送各类信息。此外，通过大堂媒体服务台和电话热线，第一时间为媒体人员提供关于交通、餐饮、住宿、新闻预约采访等方面的咨询，以确保媒体人员在主媒体中心得到最满意的保障服务。

上述这些工作，都是媒体运行专家带领志愿者来完成的。

第三节　不断整改的场馆设施与运行流线

一、不断整改的场馆设施

(一)媒体运行服务的五大客户群

如果按照国际赛事的媒体服务标准，体育场馆的一切设施在确保安全、方便竞赛的基础上，一定要体现"媒体优先"的原则。媒体优先，就是把媒体放在他人或他事之前考虑，用通俗的话来说，就是优待。让媒体先用或先来。基于此，我们必须了解，在一个体育场馆中，究竟有哪些客户？

对于奥运会、世界杯这样的赛事来说，概括起来有五大客户群：贵宾、运动员与教练员、技术官员、观众和媒体。而媒体又可分为，文字记者、摄影记者和广播电视记者。因此，也有人把奥运会的客户群分为七类。按照《奥林匹克宪章》和《主办城市合同》的技术规范要求，承办城市组委会要有计划、有组织、高标准地服务这五类客户群或七类客户群。当然，针对七大客户群的特点，组委会提供的服务是有所区别的。

媒体是组委会优先考虑的服务对象，这是由奥运会的理念和自身发展决定的。现代体育实际上可以分为现场体育与媒体体育两种形式，现场体育是现场发生的即时体育，如奥运会这样的现场体育，很多比赛都是高需求赛事，可谓一票难求，而一届奥运会的现场观众累加起来，最多也不过几百万人。而现代人对于体育赛事的了解与喜好，几乎都是通过媒体的报道而得知的，媒体报道与塑造的体育实际上就变成了媒体体育。媒体体育让成千上万的人足不出户，就能知晓世界各地发生的体育信息。从纸媒，到广播，到电视，再到今天的“互联网＋”平台，媒体体育的用户和受众成几何级数增加。对媒体和国际奥委会来说，用户需求意味着责任与商机，国际奥委会把媒体作为优先服务对象，其重要性就不言自明了。因为服务好媒体，让媒体更好地报道赛事，就等于做强做大自己。

（二）场馆设施布局要优先考虑媒体需求

媒体优先体现在很多方面，在场馆设施布局方面，组委会一般从四个方面优先考虑媒体需求：第一，尽可能在住宿、吃饭、交通等方面保障媒体的需求；第二，在场馆空间分配，特别是注册人员的座席分配上，优先考虑媒体需求，尽可能把最好的座席安排给媒体，同时在流线设计、机位设置、电力保障、人力和物资资源分配等重要环节上，优先考虑媒体的需求；第三，选择最好的位置（一般靠近主体育场）作为媒体工作的总部，专门设立国际广播中心（IBC）和主新闻中心（MPC），为媒体和记者提供优质高效的设施和服务；第四，为满足电视转播需求，在奥林匹克中心区专门修建一座演播塔，供各主要电视机构设立以中心区为背景的演播室。

奥运会如此，其他级别的大型赛事也一样，都有具体的要求，只是要求的多少和标准的宽严有所区别而已。

(三)比硬件设施改造更难的是去除官本位思想

在北京奥运会之前，我国的体育场馆空间很少考虑媒体运行问题。在我国，几乎不存在私人体育场馆，凡场馆，几乎都是国有的，要么是体育局系统的，要么是政府机关的，要么是国有公司的。如果从观众席角度来看，我国的一些老体育场馆有如下特点：一是力求场馆空间大，上座率高。二是确保领导和贵宾坐最好的位置。在体育场馆内，什么位置最好，看看各个场馆的主席台在什么地方，就一目了然了。三是可以考虑给媒体留位置，但并非最好的位置，位置也不多，很少考虑媒体类型不同，所需的地方和空间大小不同，而且很多记者席都不设置网络端口甚至是电源插口。

这样一来，问题就接踵而至：第一，盲目追求上座率，安全通道不够，隐患就很多，遇到突发事件时，很容易造成人员受伤。第二，在欧美发达国家，体育场馆是全民性的象征，很少专门给领导人或贵宾做一个“高高在上”、与周边环境格格不入的主席台。主席台的存在，一方面是等级观念和政治思维在场馆的延伸；另一方面，不能把最好的位置留给媒体，不能在官员或贵宾的座席前面架设摄像机，这势必会影响电视观众的观赛体验。第三，忽视不同媒体记者的工作分区，不能配足工作设施，不便于记者的观赛体验和采访报道。比如，摄像记者需要搭建摄像平台，摄影记者需要进入内场，文字记者需要带桌记者席，文字记者还需要最佳视角，享有最佳观赛体验，他们才能在第一时间把最好的观赏体验写成文字，发回各自所供职的媒体或机构。

(四)反复整改的正反典型：丰台棒垒球中心与越秀山体育场

随着奥运会的筹备与召开，以及随后各种大型赛事的举办，我国过去几年掀起了一波又一波体育场馆媒体运行设备设施的整改潮。这些整改因为赛事性质不同，要求各异，所以反反复复，不能一锤定音。在这些整改中，既有成功的案例，也有失败的教训。

最成功的整改，当属北京奥运会的一些场馆。因为必须按照国际奥委会的标准，不能讨价还价，也没法通融，当然，组委会也不吝惜整改费用，而且在奥运会正式开幕之前，还有规格比较高的奥运测试赛检验与校正，因此这些整改最后基本上都能达标完成。比如，北京奥运会之前丰台棒垒球中心转播车车位的地面硬化，是一次性整改到位；而棒垒球转播机位的选择，转播平台的地点选择、尺寸修改、平台搭建等都经历了诸多反复过程，直到符合奥运标准。

现实情况是，在我国很少有场馆在经过一次性整改后，就能保证很多年不变的情况。每当一个赛事有新的要求，为了适应这个新要求，体育场馆就可能需要重新改造。有时候，赛事本身没有特殊要求，场馆使用者出于别的考虑，体育场馆同样遭遇被改造的命运。这里比较典型的例子，非越秀山整改的例子莫属，也可以说，这是一个反面的案例。

越秀山体育场始建于1950年，在广州乃至全国都是一个非常有名的体育场。它和北京的先农坛体育场一样，都是著名的“魔鬼主场”。它们虽然不大，都只能容纳两三万人，但它们承载了一个城市太多的历史与公众集体的记忆，几经媒体渲染，早就变成了城市圣殿。

越秀山体育场地处广州老城区中轴线的起点越秀山上，是当地著名景点越秀山公园的一部分。它依山而建，看台陡峭，座位集中，球场回声聚拢效果较好，在恒大足球队崛起之前，堪称广州足球和老广州队的主场与福地。历史上，该体育场经历过十多次大修，其中，最为密集的大修却集中在最近的十几年。

2009年，为了迎接次年举行的广州亚运会，政府对承办多场足球比赛任务的越秀山体育场进行了一次较为彻底的翻新。

2011年，中甲联赛广州富力足球俱乐部以此为主场，一举冲超成功。2012年6月，在当年中超赛季中途，因越秀山体育场软硬件设施未达到亚足联检验标准，不能举行足球比赛，中国足协随即责令富力俱乐部加以整改。据报道，中国足协和亚足联共有29项关于职业足球赛场的质量标准，其中包括球场安全性能鉴定、场地区域划分、媒体功能区与媒体座席、服务功能种类、草皮质量等。反观广州越秀山体育场，未达标的项目有25项之多，而青岛中能足球俱乐部的主场天泰体育场不能达标的项目也有十余项之多。在压力面前，富力俱乐部被迫远赴广州大学城体育中心比赛，在该赛季结束后，越秀山体育场按要求完成了9个方面的整改工程。

2016年赛季结束后直至2017年赛季初，广州富力又对越秀山体育场进行了座位加装、VIP包厢改造、一般球迷区的改造，在改造中同时加入一些高科技元素，希望给球迷带来更好、更舒适的观赛体验。球场的主色调为富力主场队服的海蓝色。

但2016年大修并未带来令人满意的主场成绩，2017年赛季初，因越秀山体育场改造，富力将联赛主场暂时迁至广东省人民体育场。截至中超联赛第16轮，广州富力2017赛季在越秀山体育场无一胜绩，成绩为尴尬的0胜3平2负。民间谣传越秀山体育场的改造动了越秀山的“龙脉”，因为广州多雨，历史上多次大淹，明朝洪武十三年（1380年），永嘉侯朱亮祖扩建广州城时，把北城墙扩展到越秀山上，同时在山上修筑了一座五层楼以壮观瞻。这座楼就叫镇海楼，又名望海楼，楼体朱红，绿瓦盖面，巍峨壮观，以镇水患。

而越秀山体育场就在镇海楼下面的半山腰，有民间术士分析，镇海楼的红色正好镇住了富力主场蓝色，蓝色五行本属水，水火对冲，对富力不吉。于是，富力俱乐部在2017年7月9日至8月31日之间，利用比赛间歇，又对越秀山体育场进行翻修，对跑道、顶棚、看台等区域进行翻新，包括把所有座椅和看台上的顶棚全部涂成金黄色，栏杆涂成黑色，过道涂成与球场草皮一样的绿色，希望借镇海楼的“红火”来练就富力主场的“真金”，并认定越秀山体育场属火，通过改变球场主色调来破解主场持续不胜的“魔咒”。巧合的是，在这次改造尚未全部完成之际，广州富力在2017年7月19日足协杯四分之一淘汰赛首回合比赛中，以4∶2战胜了同城劲敌广州恒大，这也是广州富力本赛季在越秀山体育场的首胜，紧接着又在联赛中分别以6∶2大胜延边富德，以4∶1大胜广州恒大，3场主场赛一举打入14球，其中，扎哈维一人攻入8球，球队貌似“时来运转”了。

纵观越秀山体育场近几年的整改，不难发现，有些问题易于解决，比如观众席简陋的水泥长凳影响观众的观赛体验，那就拆除水泥长凳，安装了13 000个座椅。但有些问题不易解决，比如体育场在半山腰依山而建，缺乏

图 4-6　2017 年 7 月之前的越秀山体育场

图 4-7　2017 年 7 月之后的越秀山体育场

冗余空间，只有一个出入口，安全疏散始终存在隐患；还有些问题不能彻底解决，如越秀山的媒体工作区域与新闻发布厅距离过远，球队、记者、球迷通道混用而不能区分，既影响采访报道效率，也存在不安全因素。

从越秀山体育场 2009 年以来的四次整改情况来看，如果说前三次属于必要的整改的话，那么，第四次则多少有点迷信色彩，甚至有些瞎折腾的意味，这表明中国的足球俱乐部发展还很不成熟。

二、科学规划合理的流线设计

（一）对于媒体运行流线的理解

国际奥委会对于什么是媒体运行的流线，并没有给出科学界定与解释。我们只能根据实际运行情况，结合自身的经验，进行约定俗成的理解。

流线原本属于一个数学名词，指的是同一时刻不同流体质点所组成的曲线。其特点是，一般情况下，流线不能相交，不能折转，只能是一条光滑曲线。借用数学定义，我们不妨把媒体运行流线理解为媒体人员在场馆现场转播、采访报道期间，所专用的工作线路或行动线路，这一线路与其他在场的非媒体人员的活动线路不产生交叉，以便提高媒体的工作效率，真正体现媒体优先的原则。

媒体运行流线的形成，是以场馆硬件设施和功能空间为基础的，离开了硬件设施，媒体运行流线就不复存在。所以，媒体运行流线与场馆媒体设施密不可分，很多时候是你中有我，我中有你，不能离开场馆设施去谈运行流线。

（二）以前的场馆设计忽略了媒体运行流线

我国媒体运行服务理念，是通过北京奥运会带到中国，并落地生根的全新观念。国内在此之前建立的很多体育场馆，包括近几年建设的一些新的体育场馆，如果缺乏媒体运行专家参与设计，就都在“媒体优先”方面欠缺考虑，自然就忽略了媒体运行流线的设计。

忽略了媒体运行流线，就意味着没有把最好的位置留给媒体。在我国，体育场馆看台上最受重视的是领导和嘉宾，他们占据着场馆中最好的位置，即主席台，他们的行动路线封闭而独立，一般人不能进入其领域。相反，这样的位置首先应该考虑留给媒体，如果不能把媒体人员的工作流线与其他观众分开，就意味着媒体工作者与普通观众搅和在一起。本书研究团队曾经在佛山世纪莲花足球场遭遇过类似一幕，广东电视台的解说评论员就在普通观众席中进行现场直播解说，他们的后面围满了观众，如果遇到观众起哄或冲突，都会被直播传递出去。

即使同是记者，文字记者与摄影记者不一样，摄影记者跟摄像记者不一样，不同介质的记者拥有不同的权限。即使是相同介质的记者，比如摄影记者，如果身份（通过摄影背心的色彩来区分）不一样，其所能够自由采访的区域也不相同。所有记者包括媒体工作者只能在规定的区域内自由行动。但在规定的区域内，也要遵守比赛规则和观赏法则，比如网球比赛，一球未了，谁也不能喊叫和走动。

（三）“龙狮模式”成为流线设计典范

流线设计的原则是：第一，要确保把最好的位置留给媒体；第二，媒体工作者与其他人员包括观众不能产生运行线路上的交叉，要确保媒体工作人员与其他人员分离；第三，每一种媒体都有自身的行动权限，不同区域的媒体人员不能产生线路的交叉；第四，流线设计应当保障获得授权的媒体工作者，能以最快的速度进行赛后的瞬时采访、混合区采访以及参加赛前与赛后的新闻发布会报道。这样的理念，在新建场馆比较容易得以实现，但对于老场馆来说，改造起来就要因地制宜，CBA 佛山龙狮俱乐部的主场改造就取得了成功，被新闻业界誉为“龙狮模式”。

像中国足协一样，中国篮协也很重视媒体运行工作。从 2011 年开始，广东佛山龙狮篮球俱乐部专门聘请负责过北京奥运会和广州亚运会媒体运行任务的专家团队，对佛山龙狮的主场——岭南明珠体育馆，按照奥运标准和中国篮协规范，进行媒体运行流线设计与改造。

在硬件改造方面，新华社团队根据场馆现有空间，设计了场馆入口媒体服务台，布置了新闻发布厅，开设了媒体工作间和休息间。在此基础上，进行流线设计运行。他们的做法包括：

第一，用蓝红两色指示牌引导媒体记者进出比赛区域。红色指示牌指引记者进入赛场，并列的蓝色指示牌朝反方向指引记者离开赛场。每隔 20 米左右的间距，双色指示牌出现一次，确保记者始终在被指引中快速行动。

第二，把最好的位置留给记者。该场馆在主席台正对面的位置改造出 24 个带桌记者看台席，每一个桌面都贴上了预约注册媒体名称，方便记者尽快落座。为了应对记者太多，他们在带桌记者看台席的临近区域，又设置了若干备用的无桌文字记者席，其椅背上贴上经过设计的、醒目的“文字记者席”字样，方便记者尽快找到自己的位置。所有的记者席都有无线网络覆盖，带桌记者席还配有电源和宽带上网接口。

第三，专用电梯连通看台记者席与混合采访区。由于看台记者席在体育馆的二楼，而混合采访区设在一楼的内场与球员更衣室之间的流线上，按照以前的运行模式，楼上记者如果要到楼下混合采访区，只有两个办法，一是走楼梯，七拐八弯费时间；二是走电梯，很容易与其他人员抢用，造成拥堵。新华社专家团队对此提出了赛时场馆直行电梯专用的办法，把直行电梯规划到媒体运行流线之中，并安排保安人员专门值守，认证不认人，只有媒体人员才能通行。这就拉近了记者与球员的距离，这也是 CBA 首次在现场推行混合采访区采访模式。而安排混合区采访，正是奥运会媒体运行中“提供采访原则”的具体体现。

第四，严格内场管理。龙狮主场严格按照奥运会媒体运行理念，严格按区域管理记者。其中，文字记者不能进内场，摄影与摄像记者按摄影背心颜色进入指定区域。活球时段，内场记者不能随意走动；死球时段，内场记者可以转移位置。

2011 年 11 月 19 日，该赛季 CBA 开幕式在岭南明珠体育馆举行。来自全国各地的篮球记者云集于此，体验了龙狮俱乐部全新的媒体运行服务，也把龙狮经验推广到全国各地篮球赛场，从而提升了中国篮球职业联赛的媒体运行水平。

三、媒体运行逐步规范有序：以中超联赛新闻组织运行为例

大型赛事组委会一般都能够按照赛事版权所有者的要求，在场馆入口门前设定媒体停车处，在场馆入口处设置专门的媒体入口。进入场馆，一般有专门的接待前台和受训过的引导员，有工作人员发放证件、比赛的秩序册、媒体指南以及出场名单等，有服务人员引导媒体人员进入媒体休息室或记者工作间。媒体休息室为记者免费提供茶水和糕点副食，记者举目可见

温馨提示的赛事信息。赛事组委会一般能够安排赛前新闻发布会，比赛时为记者安排固定座位，赛后安排混合区采访，并能召开新闻发布会。

中超联赛有限责任公司赛事运行部每年都会出台一本《中国足球协会超级联赛赛事新闻组织媒体运行手册》，该手册内容全面，操作性强，包括六章、两个附件。具体内容有：

(一)总则

总则明文规定，本手册是为了规范中国足球协会超级联赛赛事新闻组织的组织与管理，建立符合高水平职业联赛所需要的赛事新闻管理体系，提高中超联赛总体形象，特制订本赛事新闻组织运行手册。希望有关单位严格按照手册内容执行。

(二)中超联赛新闻组织图

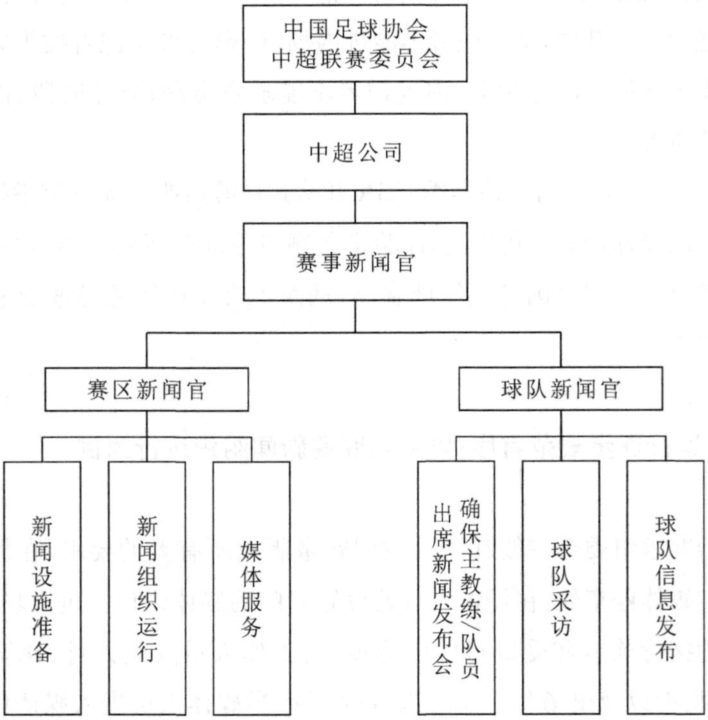

图 4-8 中超联赛新闻组织图

(三)媒体注册和管理

1.注册时间；

2.注册方式；

3.记者注册、制证报名表；

4.记者背心发放和管理，分别为官方摄影师、摄影记者、主播台、持权转播商等四种类型的记者背心，不同类型的背心色彩不同。

(四)新闻设施

1.新闻中心规定，含功能介绍、区域设置、设施要求、图片示例；

2.新闻通道规定，含功能介绍、设施要求、图片示例；

3.新闻发布厅规定，含功能介绍、区域设置、设施要求、新闻发布会规范用语与记者提问方式、图片示例等；

4.赛后瞬间采访区域(赛后转播商随即采访，时长不超过90秒)规定，含功能介绍、区域设置、设施要求、图片示例；

5.混合采访区(赛后新闻记者采访)规定，含功能介绍、区域设置、设施要求、图片示例；

6.文字记者席规定，含功能介绍、区域设置、设施要求、图片示例与图示尺寸等；

7.摄影记者区规定，含功能介绍、区域设置、设施要求、图片示例、开场后摄影记者区行走路线(含入场仪式、升国旗、仪式完毕等环节)；

8.电视和广播评论席规定，含功能介绍、区域设置、设施要求；

9.电视转播工作间规定，含功能介绍、区域设置、设施要求、图片示例；

10.赛前官方训练公开采访区规定，含功能介绍、区域设置、设施要求、图片示例；

11.主播台规定，含电视转播车和卫星车的停放、固定机位和评论席的功能介绍、区域设置、设施要求、图示说明。

(五)媒体采访

1. 体育场内官方训练时间规定；

2. 赛前新闻发布会规定；

3. 赛后瞬间采访规定，约定主播机构及客队的持权转播商如何在赛后 3 分钟之内，通过赛区新闻官联系球队新闻官，安排采访对象采访；

4. 赛后新闻发布会(赛后 15 分钟之内举行)规定；

5. 混合采访区采访(建议接受但非强制性采访)规定。

(六)媒体服务

1. 人员配备规定，分别介绍赛事新闻官、赛区新闻官和球队新闻官以及赛区必要的新闻工作人员和志愿者的身份与职责；

2. 工作流程规定，含联赛开赛前程序、比赛前日程序和比赛日程序(细分为赛前 3 小时、赛前 1 小时、赛中、上半场结束后、赛后等不同时间节点的具体规定)；

3. 具体工作步骤(见表 4-1)：

表 4-1　中超联赛媒体服务具体工作步骤

编码	名称	步骤概述		执行地点	执行时间	执行人员
M01	官方训练课	1	确认主客队训练时间	赛区	赛前 2 天	赛区新闻官
		2	通知相关媒体具体时间	赛区	赛前 2 天	赛区新闻官
		3	确保媒体进入官方训练课场地	比赛场地	赛前 1 天	赛区新闻官 球队新闻官
M02	赛前新闻发布会	1	确认赛前新闻发布会时间	赛区	赛前 2 天	赛区新闻官
		2	通知相关媒体新闻发布会时间	赛区	赛前 2 天	赛区新闻官
		3	检查新闻发布会厅设施	赛区	赛前 2 天	赛区新闻官
		4	引导主教练和运动员进入新闻发布厅	新闻发布厅	新闻发布会开始前 5 分钟	球队新闻官
		5	召开新闻发布会	新闻发布厅	官方训练课前 15 分钟	赛区新闻官
		6	主持人规范用语	参见新闻发布会相关部分		

续表

编码	名称		步骤概述	执行地点	执行时间	执行人员
M 03	记者背心发放	1	注册记者赛前到新闻中心登记	新闻中心	赛前 2 小时到 30 分钟内	赛区新闻官
		2	工作人员核对记者信息，并进行登记	新闻中心	赛前 2 小时到 30 分钟内	赛区新闻官
		3	发放记者背心	新闻中心	赛前 2 小时到 30 分钟内	赛区新闻官
		4	收回记者背心	新闻中心	赛后	赛区新闻官
M 04	赛后瞬间采访	1	通知球队新闻官需要进行瞬间采访的运动员	赛场内	结束前 5 分钟	赛区新闻官
		2	通知运动员准备接受采访	赛场内	比赛结束后立刻	球队新闻官
		3	协助主播台进行采访	赛后瞬间采访区	比赛结束后 3 分钟内	球队新闻官
M 05	赛后新闻发布会	1	通知球队新闻官参加新闻发布会的顺序	赛场内	比赛结束后	赛区新闻官
		2	引导主教练和运动员进入新闻发布厅	新闻发布厅	新闻发布会开始前	球队新闻官
		3	召开新闻发布会	新闻发布厅	官方训练课前 15 分钟	赛区新闻官
		4	主持人规范用语	参见新闻发布会相关部分		
M 06	混采区	1	检查混合采访区设置	混合采访区	赛后 15 分钟内	赛区新闻官
		2	引导教练员、运动员通过混合采访区	混合采访区	赛后 15 分钟内	球队新闻官

(七)两个附件

附件一为媒体权限手册。分别对新闻发布会、混合采访区、官方训练、新闻中心、文字记者席、位于广告席后的摄影记者区等开放对象作出明确规定。

附件二为摄影记者规章，对摄影记者的所有场内行为进行约定。

第四节　各种各样的新闻服务模式

按照奥运会媒体运行标准，新闻服务就是“负责提供赛前信息、赛时新闻报道和成绩公报柜管理与纸质公报发送"[①]。这里我们概述一下包括赛前信息、赛时报道、成绩报送三项任务在内，但不局限于这三项任务的我国大型赛事新闻服务工作。

一、参差不齐的赛前新闻信息收集工作

对于大型赛事来说，真正意义上的新闻服务工作，从赛前就开始了，那就是要收集整理参赛运动员、运动队的过往信息。但调研发现，在过去十几年中，我国大型赛事赛前信息收集工作水平参差不齐，大体存在三种情况。

第一，严格按照奥运标准，按时完成赛前信息的收集整理工作，确保信息内容真实、翔实、准确、有效。北京奥运会、广州亚运会、深圳大运会、南京青奥会等几次大型综合性国际赛事，都是在赛前由赛事组委会通过委托方式，与赛前信息服务商合作完成赛前信息的收集工作，做成英文版和中文版等版本。以北京奥运会为例，其奥林匹克新闻服务（ONS）的赛前信息是由一家荷兰公司中标承担的，其内容是在满足奥运会成绩系统（ORIS）文件要求的基础上，详细列出的，富有实用性。北京奥运会 ONS 赛前信息除了英文版以外，还有法文版和中文版。

第二，仿照奥运模式，由赛会媒体运行部自行收集赛前信息。贵阳少数民族运动会、南宁体操世锦赛、南京亚青会、鄂尔多斯少数民族运动会等赛事，都是由新华社牵头组建媒体运行团队，由运行团队成员分工收集赛前信息。在这些赛事中，如果是国际赛事，则整理出中英文两种版本；如果是国内赛事，则整理成中文版。

第三，因为没有专业的媒体运行团队，有些赛事由于缺人或缺钱，没法完整收集赛前信息，就干脆放弃了赛前信息收集工作。过去几届全运会召开期间，新华社等媒体记者对于赛前信息收集工作都不满意。

① 第 29 届奥林匹克运动会组织委员会. 奥运会媒体运行[M]. 北京：中国传媒大学出版社，2007：118.

二、规模不等的赛时新闻服务团队

新闻服务团队是媒体运行团队的一个有机组成部分，也是主体部分。前面我们详细说过媒体运行团队，这里集中论述赛时新闻服务团队，也就是赛时为官方通讯社提供服务的报道团队。

（一）规模超百人、全英文写作的奥运会新闻服务（ONS）赛时报道团队

大型体育赛事新闻服务提供的资料只是一种“半成品”，媒体记者可以根据自己的需要进行加工和利用。尽管这些新闻信息对于媒体来说仅仅是一种素材，但其准确性和时效性却不可忽视。因此，新闻服务工作人员不仅需要有良好的外语（特别是英语）基础，更需要有在长期新闻采写中所积累的敏感度和经验，具有专业的、扎实的赛事报道功底。

在新闻服务团队中，各个项目的体育信息专家，以及总编辑部的英文高级审核专家，往往是来自世界各地的一流专家，他们参加过各种大赛的新闻报道工作。这一批活跃的国际公认专家，人数将近一百人。邀请他们来充实新闻服务团队，中外合璧，既能做到与国际接轨，又能保证新闻服务的质量。

北京奥运会赛时新闻服务做得最好，堪称国际最高标准。ONS 赛时新闻报道都以英语为工作语言，因此，ONS 团队招募了一批母语为英语、具有 ONS 运行经验的外籍人员，加盟到 ONS 赛时报道团队中。因为 ONS 新闻须按要求用英语书写，并供翻译所用，所以所有的工作人员须英语写作通畅、口语流利。

从规模来看，奥运会大约有 150 名付薪的 ONS 员工，每个场馆至少有 4 名付薪人员，一些大的场馆，比如奥运体育场、游泳中心，付薪人员更多。位于主新闻中心（MPC）的 ONS 编辑部大约有 15 名左右经验丰富的专业人员轮班工作。所有 ONS 的高级员工都要有新闻背景，大部分有通讯社的工作经验，并且通晓体育项目。ONS 经理在赛时担任 ONS 主编，并向新闻官汇报。由经验丰富的专业新闻人员组成的 MPC 团队，负责编辑所有竞赛场

馆、奥运村媒体中心、MPC和IOC酒店的ONS团队传送的信息。每个场馆的ONS报道团队由ONS主管管理，包括项目信息专家、即时引语记者。所有场馆的高级职员均为付薪人员。

2010年广州亚运会的新闻服务（Asian Games News Service，简称AGNS)基本仿照ONS模式。广州亚运会共有52个竞赛场馆，AGNS在这些场馆全部设有新闻服务办公室，人员构成包括场馆AGNS副经理、体育信息专家、AGNS助理、即时引语记者、AGNS记者、成绩公报发送主管和成绩公报发送员等。其中，场馆成绩公报团队由成绩公报发送主管和发送员组成。由于广州亚运会的项目较多，“他们面向世界招募了200多人的专业团队，在600多名专业志愿者的协助下，有条不紊地开展着亚运新闻服务工作”①。

（二）案例分析：2011年深圳大运会新闻服务运行团队

2011年深圳第26届世界大学生夏季运动会的新闻服务，是大运会组委会媒体宣传指挥部管辖下的一个业务部门，性质为合同商，由新华社中标承担。新华社为此成立了一个8人领导小组，负责赛前及赛时对新闻服务工作进行宏观把控，组长为时任新华社广东分社社长杨春南。新闻服务专家小组由7名经验丰富、管理能力突出，从事过北京奥运会和广州亚运会新闻服务运行工作的专家组成，赛前具体负责指导新闻服务各业务口的筹备工作，赛时担任重要岗位的领导指挥工作。组长为时任新华社体育部部务会成员徐济成。新闻服务运行团队与深圳市委、市政府和大学生运动会组委会进行总联络、总协调的负责人为时任新华社深圳支社社长王传真。

新闻服务赛前筹备运行团队由15名核心队员组成，主要职责是在领导小组及专家小组的具体领导下，负责与大学生运动会组委会沟通，建立相关联系机制，具体落实新闻服务的场馆、物资、人员、后勤保障等赛时运行的基本需求，制订各类相关计划和方案并负责监督实施。

新闻服务赛时运行团队由赛前筹备运行团队负责招募组建，包括主新

① 任朝亮. 奥运服务干将　再战亚运会场[N]. 广州日报，2010-11-17.

闻中心及竞赛场馆分新闻中心各部门的所有新闻服务工作人员，共计520人。负责在各场馆将赛前制订的各类计划和方案进行具体落实，完成新闻服务赛时运行工作。新闻服务赛前筹备运行团队和赛时运行团队的负责人为新华社广东分社新闻信息中心副主任何惠飞。

其中，新闻服务赛时运行团队由520人组成，突出了国际化、专业化的特点，分工协作构成如表4-2。

表4-2 深圳大运会新闻服务赛时运行团队构成

岗位类别	人数	来源	阅历和经验
管理团队人员	27	新华社广东分社	具有采写和编辑体育新闻、主管大型体育专业报刊、策划多项重要文体活动的丰富经验
国际体育信息专家	53	来自美国、澳大利亚等12个国家和地区	大多参加过北京奥运会和广州亚运会的新闻服务工作，是英文体育新闻采写、编辑中的佼佼者
专家组成员	7	新华社	采访报道过多届奥运会等国际大型赛事，是负责组织北京奥运会和广州亚运会新闻服务的核心领导成员
译审	8	新华社老记者、老编辑和外语专家	经验十分丰富，业务能力极强，在编辑业务和政策方面为官方通讯社提供了强有力的保障
译员	19	中山大学、暨南大学、广东外语外贸大学高级翻译学院的老师和研究生	能胜任在高强度运转状态下精确翻译英文稿件的工作
记者	30	中山大学、暨南大学、广东外语外贸大学高级翻译学院英语专业和新闻专业的研究生、本科生	能熟练地用英语采写体育新闻稿件
成绩公报三管	30	广州体育学院体育新闻系的研究生和本科生	既熟悉体育项目，又通晓新闻和外语，能确保成绩公报发送准确快捷
即时引语记者	196	广东外语外贸大学各学院的研究生和本科生	发挥英语、日语、俄语等外语专长，为赛会提供了大量最新鲜、最原始的新闻素材，还额外承担了许多电视、文字媒体在现场的义务翻译工作
赛会通用志愿者	150	深圳市各高校的本科生	经过现场培训和指导，很快掌握了成绩发送等具有一定专业要求的工作

(三)从十几人到数十人不等的规范团队

2014 年南宁体操世锦赛委托新华社提供媒体运行和新闻服务，由于该项赛事规模不大，场馆不多，赛时只需要十几人从事新闻服务工作，为赛时官方通讯社提供英文报道半成品，通过赛时 INFO 系统发布信息，为注册媒体服务。跟奥运会新闻服务相比，这类比赛的规模不大，团队人数也不多，但服务规格其实并没有降低。

与此类似，2011 年贵阳全国少数民族运动会和 2015 年内蒙古鄂尔多斯全国少数民族运动会都曾委托新华社组建赛时官方通讯社，都只组建了几十人的赛时报道团队，来从事新闻采编工作，把半成品编辑上传到 INFO 系统，这两个赛事除了官方语言是中文以外，新闻服务的模式跟奥运会相比，也没有太大的不同，完全正规有效。

(四)只提供基本服务但不提供赛时报道的小团队

如果一项赛事，不能组织赛时报道团队，向媒体系统提供即时引语、新闻发布会摘要、赛事前瞻、赛事回顾、媒体通告等内容，虽然它们会提供注册、引导等基本的媒体服务，也会组织召开新闻发布会，提供一些新闻通稿，但是这样的服务只能算作基本的媒体运行或媒体服务，而不是严格意义上的赛时新闻报道服务，充其量只能说是最简单的新闻服务。

像中超、CBA 所提供的就是这样的服务，因为联赛中的单场比赛，实在是既无必要、也没有可能去雇佣一支新闻服务团队。但是，像全运会这样的综合性大型赛事，没有组建符合奥运规格的赛时新闻服务团队，则是一种缺憾。

三、差异明显的信息发布平台

如前所述，新闻服务是媒体运行中的核心部分，如果按照标准来看，新闻服务的本质是半成品的新闻信息服务。从某种意义上说，新闻信息平台的构建方式，就决定了新闻信息服务的档次和质量。经过考察，我们发现，过去几年我国大型赛事新闻信息服务平台的构建方式，大体分为三种。

（一）官方网站

在北京奥运会期间，组委会分别设置了新闻宣传与媒体运行两个独立的部门。但在随后举行的国内赛事中，大部分组委会为了节省开支，将这两个部门合二为一。

一般来说，政府或企业的宣传部门通常依靠新闻发布会、传统媒体和官方网站来发布信息。如果没有独立的媒体运行部，赛事信息主要只能通过官方网站来扩散。由于官方网站只是单位对外宣传展示及互动的平台，其信息采编人员少，信息不全，而且更新速度慢，内容偏重宣传，缺乏有血有肉有趣味的重要故事，媒体一般不会从官网中获取符合自身需要的内容。

我国的体育大赛往往通过各级政府来主办，政府为了省钱，就往往通过当地宣传部门联手当地主流媒体，来共建与维护赛会官方网站。无论是筹备期，还是比赛期间，官网的稿件，基本由媒体抽调来的记者撰写。如果赛事级别高，在比赛正式开始后，新华社报道团队的稿件既可以满足其自身用户的需要，通过传统媒体加以发表，也可以被各种门户网站转载，最终也被赛会官网转载，通过转载的方式来进行二次传播。

2009 年在山东济南召开的第 11 届全运会和 2013 年在沈阳召开的第 12 届全运会都是这样。由于人手不足，开赛后，来自全国各地的记者发现，赛事组委会没法提供所有参赛运动员的基本信息，包括运动员的家庭、成长经历、过往战绩等，不能满足记者的需求。赛时成绩公报发送不及时，多数时候没有英文版的成绩公报。

有的赛事组委会为了扩大赛事影响力，寻求门户网站作为合作伙伴，毕竟门户网站拥有更多的受众、更多的平台和更好的应用系统。

（二）内联网

如果说官网主要是面对一般受众，对媒体用户特别是注册媒体用户帮助不大的话，那么有些赛事也开始尝试与专业信息公司合作，建设内联网。其中，中国网球公开赛就是一例，其现场新闻服务自成一体（如图 4-9）。

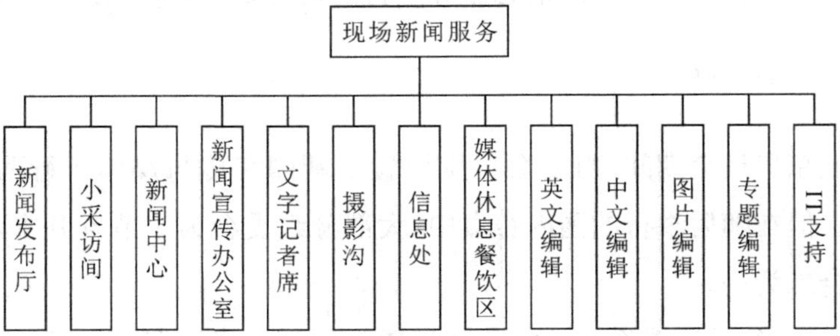

图 4-9　中网赛事现场新闻服务架构

中国网球公开赛简称中网（英文简称：China Open），创办于 2004 年，是国际网球协会批准的，在中国举行的每年一届的男女综合性网球赛事，是仅次于澳网、法网、温网和美网"四大满贯"的高级别、高水平赛事，与印第安维尔斯大师赛、迈阿密大师赛和马德里大师赛并称"四大超级赛事"。从 2014 年开始，中网与全球最大的信息技术和业务解决方案公司 IBM（International Business Machines Corporation 的简称）合作，共同搭建内联网。据百度百科介绍，内联网（Intranet）又称企业内连网，是用因特网技术建立的可支持企事业单位内部业务处理和信息交流的综合网络信息系统，通常采用一定的安全措施与企业外部的因特网用户相隔离，对内部用户在信息使用的权限上也有严格的规定。

注册媒体记者可以在中网新闻中心实时了解中网每一场比赛的进度，可以查阅对阵双方的交战记录，享有跟奥运会等大型综合性赛事成绩公报发送同等待遇，但无须提供纸质版，直接上网可查，方便快捷。不过，据李杰杰的研究，与世界四大网球公开赛相比，中网的参赛运动员平均只有 120 名左右，比四大网球公开赛差不多少 100 人。"四大赛的媒体数量都超过 1400 家，中网的媒体数量仅 165 家，悬殊很大。"[①]很显然，如果赛事规模更大一些，注册媒体数量更多一些，像中网新闻中心这样的内网，可能就应付不了，那还是要依靠更加成熟与庞大的 INFO 系统了。

① 李杰杰，全先昆. 世界四大网球公开赛与中国网球公开赛的比较研究[J]. 运动，2012(1)：6－7＋3.

(三)INFO 系统

大型赛事新闻服务的工作平台是 INFO 系统,它在本质上也是内部信息发布平台,它最早作为奥运会内部网络信息系统,是内联网的增强版,后来扩展到所有大型赛事的信息服务,命名方式为“INFO+办赛年度”。比如,2011 年深圳大运会的 INFO 系统就叫 INFO2011(如图 4-10),它们是注册记者的“专业智囊”,现已成为耳熟能详的专有名词,也可称之为组委会的官方通讯社。它通过电脑终端以网页形式向运动会大家庭、媒体及其他所有注册人员提供赛事信息服务。

图 4-10　2011 年大运会 INFO 系统首页横向图

下面以 2008 年北京奥运会为例,当年的奥林匹克新闻服务(ONS)全部通过 INFO2008 信息系统提供给服务对象。INFO2008 信息系统的内容主要由八大模块构成。

其中,成绩与技术报告包括奥运会(残奥会)全部比赛项目的竞技成绩、技术报告和奖牌榜等,数据由奥运会(残奥会)成绩系统自动传送到 INFO2008 信息系统,并实时更新。

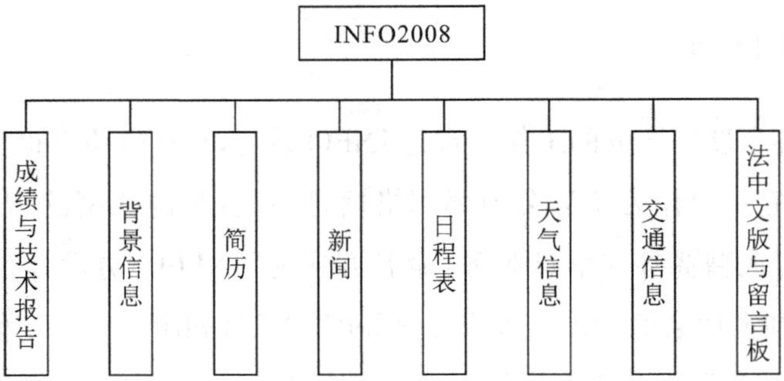

图 4-11　INFO2008 的内容图

背景信息主要包括历届奥运会(残奥会)项目的历史成绩、纪录等相关背景信息。

简历信息包括奥运会(残奥会)参赛运动员、教练员、裁判员、官员、代表团以及参赛马匹的简历。

新闻包括赛事前瞻、赛事回顾、即时引语、新闻发布会摘要、扩展性出场名单、媒体通告、颁奖嘉宾名单、北京奥组委和国际奥委会以及国际残奥委新闻。这在前面有关大型赛事赛时新闻服务体例的部分,已有所介绍。

日程表包括比赛、训练、新闻发布会、奥运村活动、IOC 活动、重要仪式和文化活动以及赞助商活动等方面的日程表。

天气信息指的是各场馆的天气信息。

交通信息指的是专门为参赛运动员、教练员、技术官员和媒体人员所做的交通安排信息。

法中文版指的是 INFO2008 的法文版与中文版。因为英语是 INFO2008 信息系统的第一语言,所以北京奥组委国际联络部语言服务处的专业翻译团队要负责将英文版的 INFO2008 翻译为法语版和中文版。留言板则是 INFO2008 为奥组委及其他相关人员所设置的公共信息发布平台。

四、繁简有度的纸质公报发送

发送纸质公报是赛时新闻服务的基本环节,也是一个不可或缺的环节。像奥运会、亚运会这样的大型综合性国际赛事,新闻服务团队一般在赛时负责管理主新闻中心和场馆新闻中心记者工作间的成绩公报柜，保证成绩公报及时、有序发送。

成绩公报分为N类(新闻类)公报和C类(竞赛类)公报两种。其中，N类(新闻类)公报，主要包括由驻各个场馆的体育信息专家、NS记者和即时引语记者提供的比赛前瞻、即时引语、新闻发布会摘要、比赛回顾和综合新闻，等等。C类(竞赛类)公报，主要包括竞赛日程、出场名单和比赛成绩，一般白场馆PRD(成绩公报复印分发室)送交至成绩公报主管签收，成绩公报主管签收公报后，分配成绩公报发送员，分别发送至看台媒体席和记者工作间的成绩公报柜中，如图4-12。

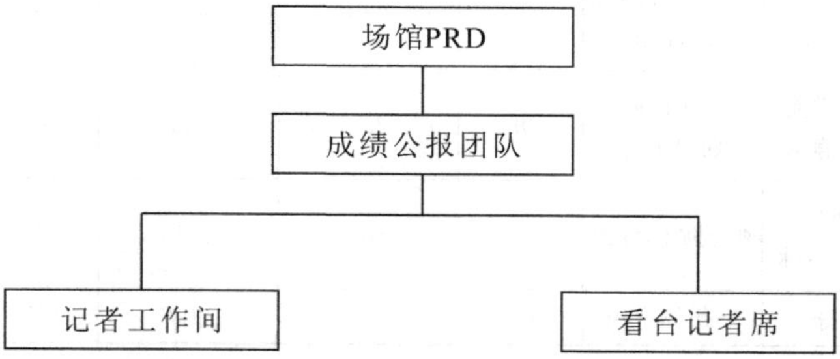

图4-12　C类公报发送流程

N类公报由场馆体育信息专家、NS记者和即时引语记者采写后，经主编签发，通过INFO系统发布，由成绩公报团队从INFO信息终端自行下载打印，再由场馆PRD根据实际需要复印一定的份数，由志愿者分别发送到记者工作间或看台媒体席的成绩公报柜中，供记者取用(如图4-13)。

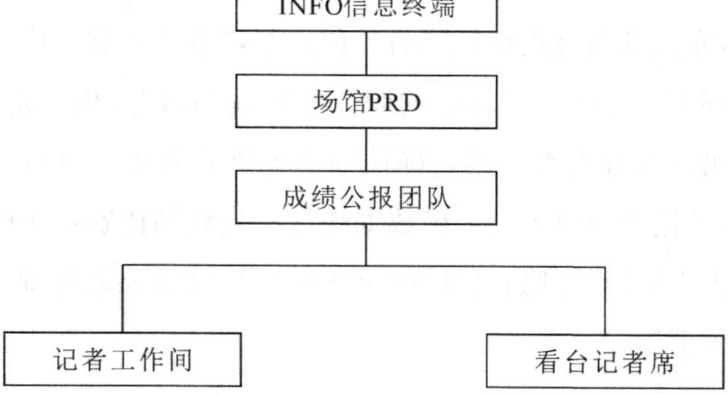

图4-13　N类公报发送流程

在广州亚运会期间，我们选取了五个赛事比较密集、赛时公报发送量较大的场馆，进行公报发送与使用情况的样本分析，结果发现，这些场馆的赛时公报总发送量与比赛场数之间存在显著性相关关系（r=0.885，p=0.046<0.05）。其中，亚运城体育馆发送量居52个竞赛场馆之首，高达2 527种（如表4-3）。

表4-3　广州亚运会部分场馆赛时公报发送数量统计表

项目	场馆	比赛场数	新闻类公报数	竞赛类公报数	总发送量	公报柜数量
田径	广州奥林匹克中心体育场	114	348	293	641	14
游泳、跳水、现代五项游泳	广东奥林匹克游泳馆	161	375	477	852	13
赛艇、皮划艇激流回旋、皮划艇静水	广东国际划船中心	99	253	311	564	11
蹦床、竞技体操、艺术体操、壁球、台球	亚运城体育馆	509	882	1645	2527	10
排球、乒乓球	广州体育馆	452	68	1198	1266	9

通过表4-3不难发现，在上述五个场馆发送的成绩公报中，除了奥林匹克中心体育场之外，其他各场馆新闻类公报的使用率普遍比竞赛类公报的使用率低，这说明记者首先感兴趣的是比赛结果，而不是比赛为什么输赢。除了比赛结果外，记者还很关心竞赛赛程和出场名单，这三类竞赛类公报的需求量，总体上远远超过了新闻类公报的需求量，不少场馆的即时引语和新闻发布会摘要都处于无人问津的状态。

应该说，发送纸质公报在我国的各种大型赛事新闻服务中，是一个普遍做得较好的环节。即使是最简单的职业联赛新闻服务，也一定会在赛前给记者发送一张由双方主教练签名确认的出场阵容名单。有些比赛，还会在中场休息时，给记者适时提供半场数据统计。当全场比赛结束时，记者还能获得由专业人士统计、志愿者提供的全场比赛结果以及最终统计数据，以便记者据此写稿引用。

五、逐渐定格的新闻发布会

大型赛事信息发布，除了官方网站或 INFO 系统以外，还有一种面对面、点对点的发布方式，那就是赛前新闻发布会、赛时成绩公报发送、赛后新闻发布会这种环环相扣的信息发布模式。

赛时成绩公报纸质发送，前面已有论述，另外还有以电子形式发送的。网络媒体和移动媒体都可以发送成绩公报，这在国内举行的各种大型赛事当中，已经成为惯例。对于赛前赛后新闻发布会的发布方式，各赛事主管部门对此已有明确规定，并形成了具体可操作的程序。赛前新闻发布会主要在比赛头一天举行，由双方主教练带领至少一名队员出席，以介绍参赛队的准备状况以及对比赛的展望为主；赛后新闻发布会则是对于比赛结果的一种评价，以及对于胜负因素的扼要分析，同样由双方主教练带领至少一名队员出席。

图 4-14　里皮(左三)在 2013 年中超联赛新闻发布会现场

凡是不按规定出席赛前或赛后新闻发布会者，一般都会面临赛事主管部门的严厉处罚。在这方面，中国足球队前主教练和恒大足球队前主教练里皮曾多次在世预赛、亚冠等赛事中，因为拒绝出席新闻发布会而受到处罚。

六、灵活多样的新媒体平台

随着“互联网＋”时代的来临，互联网平台的作用无可代替。鉴于前面已经专门讨论过大型赛事的信息平台建构与使用问题，这里就不再讨论互联网的媒体属性，而只专注建立在互联网平台上的QQ群、微博、微信、客户端等新媒体平台对于新闻服务的重要性。

（一）QQ群与“两微一端”

QQ诞生于1999年2月，它是由腾讯自主开发的即时通信工具(Tencent Instant Messenger，简称TM或腾讯QQ)，是一种基于Internet的即时通信网络工具。其因合理的设计、良好的应用、强大的功能、稳定高效的系统运行，赢得了用户的青睐。直到今天，无论是普通民众，还是传媒工作者，一般还是习惯于用QQ进行在线交流，用其邮箱来发送邮件。

2005年，腾讯公司推出了QQ群。它是多人聊天交流的一个公众平台，群主在创建群以后，可以邀请有共同兴趣者或者亲朋好友到一个群里面聊天。此外，在群空间里，还提供了一些公共服务，用户可以共享文件，可以通过群相册、BBS以及群视频等方式进行多方交流。QQ群是互联网时代非常便捷的交流平台。

“两微一端”是微博、微信及新闻客户端的统称，它们又被称为网络移动新媒体。当然，如果下载了手机应用软件，QQ也可以在手机上操作，也属于网络移动新媒体。

微博是一个基于用户关系的信息分享、传播以及获取平台，它具有信息传递快、保真性强的特点，创造性地解决了信息传递的点对点问题。2010年中国互联网发展最快的应用就是微博服务。这一年，网民在微博上讨论了诸如犀利哥、凤姐、3Q战争、唐骏学历门等重要年度人物、事件，使得微博都成为网民关注讨论的焦点。业界习惯于把2010年称为中国的“微博元年”。在认证机制下，个人与组织均纷纷进驻微博，以此作为发布官方信息和与网民交流互动的平台。几乎各种微博大V都在新浪注册，所以，微博在一定意义上说，就是新浪微博，就像QQ属于腾讯一样。

其中，黄健翔、董路等体坛微博大V都拥有数以千万计的“粉丝”量。截至2014年7月7日晚上，黄健翔的微博“粉丝”量达到了1 872万，这远远超过了很多省级媒体所拥有的用户量或读者量。微博大V的即时体育评论所产生的影响力，远远大于报纸、电视等传统媒体。究其原因，一是微博传播速度快，二是把关不如传统媒体严格，三是“粉丝量”超大。

如果说2010年是“微博元年”，那么，2011年堪称“微信元年”。2011年1月21日，腾讯公司推出了一款即时通信服务的免费应用程序，英文名为WeChat，中文名就是“微信”。这是一个专为智能终端设计的软件。通过微信，用户可以快速发送几乎免费的语音短信、视频、图片和文字，还可以通过“朋友圈”“漂流瓶”“摇一摇”“语音记事本”“公众平台”等社交类服务插件，为基于同一位置的用户共享流媒体内容与资料搭建平台。微信使用以互联网为前提，利用通信运营商、跨操作系统平台来建立自己的通信网络。

微信公众平台分订阅号与服务号，它们是两种不同类型的账号。订阅号主要是为用户提供各类信息和资讯，让用户第一时间获得更多的信息量。服务号的最终目的是为用户提供服务，也重在服务。订阅号已被普遍用于新闻传播当中。

客户端(Client)又被称为用户端，或新闻客户端，或移动客户端，或移动新闻客户端，是指与服务器相对应，为客户提供本地服务的程序，是从PC时代的传统门户网站演变到现在移动时代的二代产品，是一种可以在手机终端运行的软件，为亿万用户打造的移动资讯类超级App，比如手机应用“今日头条”。

QQ群与“两微一端”都带有自媒体性质，与传统媒体相比，它们在把关、审核程序方面相对缺乏，在传递信息方便快捷的同时，也容易导致以讹传讹，以谬传谬。

（二）新媒体服务平台提供“一站式”服务

有人说过，奥运技术胜过一切军事技术。这就意味着历届奥运会的成功举办，一定要利用和体现当时人类最先进的科学技术，而网络技术是所有技术中最为先进的，因为一切高科技都要建立在网络运算的基础上。我们所说的新媒体，其实就是网络新媒体，它要以网络作为发展与运营的平台。由于网络技术日新月异，大型赛事新媒体服务平台建设的变化之快，令人难以想象。

2008 年北京奥运会期间，新媒体已经被广泛应用到公众综合信息服务、赛事信息服务、广播电视服务、通信服务、多语言智能信息服务以及信息安全与综合保障服务、电子商务与物流管理服务等六大领域。其中，在通信服务方面，“奥运场馆全方位的高速无线上网、Wireless Info（无线官方信息发布）、即拍即传、奥运官网手机版、小区短信及信息发布等服务都颇具亮点”①。

时隔两年之后，2010 年广州亚运会的新媒体服务又迈上了一个新台阶。广州亚运会组委会专门搭建了一个媒体服务移动平台，为近万名亚运会注册记者提供移动服务。注册记者只需要在其智能手机上安装客户端软件，就可获取赛程安排、场馆定位、媒体公告、媒体交通查询、摄影服务等媒体服务的最新信息，还可以通过手机观看赛事直播，还能获得广州各城区的餐饮、休闲等生活资讯。

2014 年，中国网球公开赛举办的第 11 年，也是新浪成为中网官方网站合作伙伴的第 7 年，新浪网独家视频直播了钻石球场和莲花球场的全部赛事，球迷不仅可以通过新浪网、新浪微博、手机新浪网等产品同步观看中网直播，还可以通过新浪网、新浪微博、手机新浪网等产品与李娜、纳达尔、德约科维奇、莎拉波娃、小威廉姆斯等网坛巨星交流，打造“一站式”观赛体验。

到目前为止，各种大型赛事媒体运行服务部门，一般都会建立自己的 QQ 群、官方微博、官方微信号等交流平台来服务记者。

---

① 刘建萍，袁筱华. 新媒体与北京奥运会[J]. 浙江传媒学院学报，2009(2)：34-37.

第五章　大型赛事媒体运行与新闻服务存在的突出问题

我国媒体运行在过去十几年大型国际赛事和国际会议的历练中，取得了很多成绩，但也存在很多突出问题。有些问题在历届赛事和会议中反复出现，如果不引起重视，得不到改进和根治，会妨碍我国媒体运行的提升和发展，也会给今后筹备国际赛事和国际会议的组委会带来损失。

本章所列举的25个案例，都是真实发生过的事情，有些还是本书研究团队成员在媒体运行工作中亲身经历的，是媒体运行与新闻服务中较为突出的问题或做法。这些案例大部分未被公开报道过，鲜为人知，是无比珍贵的第一手资料，颇值得今后各种大型赛事组委会吸取教训与借鉴经验。

第一节　组委会对媒体运行认识不足与重视不够

一、媒体运行屡受组委会或属地高层领导的人为干扰

案例1：2005年，北京奥运会丰台垒球场主体完工，要对周边场地和广场进行绿化、美化和硬化，当时北京奥组委电视转播公司有外籍专家提出，主场和功能配楼之间2 800平方米的空地已规划为电视转播综合区，不需要绿化。然而，丰台区主要领导来场馆视察时，觉得空地很难看，要求全部种草植树。但到了2008年4月时，又不得不把草坪和树全部移走，将地面重新硬

化、强化。这样反复改造，白白耗费数百万元。

案例 2：深圳大运会闭幕式场馆“世界之窗”媒体看台席，按计划应搭建在视野较好的贵宾席下方，这个席位包括文字带桌记者席和评论员席。这一安排是闭幕式场馆团队精心研究设计的结果，但是市主要领导视察场馆后，认为记者席距离贵宾席太近，影响贵宾安全，必须拆走重建。由于时值 8 月酷暑，时间有限，再加上工人对赶工期有意见，最终新建的评论员席和文字记者带桌席质量很差。央视一个电视记者曾评价说，这是他见过的最差评论员席。

（一）媒体运行受组委会组织环境掣肘

基于中国举国体制与组织管理运行体制的特点，一般举办重大体育赛事，都会由承办赛事的当地主要领导牵头组成组委会。组委会作为赛事最核心的领导机构，直接决定了赛事的组织环境。所谓组织环境，是指在既定组织存在的前提条件下，由各种机构、团体以及个人组成的更大范围的环境。①

从这一角度看，是否重视媒体运行，甚至包括是否引入媒体运行，都与组委会形成的组织环境有直接关系。如果组委会领导重视媒体报道，了解媒体运行，就会形成有利于媒体运行的组织环境，反之，媒体运行则会受组织环境掣肘。

北京奥运会筹备过程中，向全世界传播良好的中国形象成为赛事主要目标之一，为了达到这一目的，势必要引进专业化的媒体运行。北京奥组委构成规格高，组委会领导十分重视媒体运行，从而形成了良性的组织环境。这也使得北京奥运会的媒体运行成为历届奥运会中最出色的。当时，北京奥组委按照国际惯例和技术规范要求，从全国选调有国际赛事报道经验和具备英语工作能力的记者，构建了专业的媒体运行团队，全力践行了媒体运行，其中还出现了诸多创新举措，为今后奥运会的媒体运行树立了高标准。

2008 年后，中国各大城市连续举办大型国际体育赛事和国际会议。但

① 米勒. 组织传播[M]. 北京：华夏出版社，2000：232-233.

年年办赛,年年交学费。由于体育赛事或国际会议的举办地不同,承办赛事的规模和规格不同,组委会人员构成也不同,决策领导层不同,领导的水平和阅历不同,场馆一线媒体运行团队工作人员的素质也参差不齐,这直接导致各赛事对媒体运行的重视程度不一,概念理解千差万别。历届大型赛事和国际会议的实践证明:组委会的领导和决策,始终是左右媒体运行筹备和实际运作顺畅与否的根本因素。

（二）长官意志往往凌驾于媒体运行规律之上

北京奥运会以来,媒体运行专家多次参加各个城市举办的国际体育赛事,他们的切身体验是:作为组委会的领导,应该首先接受媒体运行知识和理念的系统培训,深刻理解媒体运行的概念、政策、国际惯例、意义和重要性。由于组委会领导在赛事筹备中一言九鼎,如果就媒体运行筹备事宜作出错误决策,而其下属媒体运行工作人员,乃至外聘的媒体运行专家也没能及时据理力争,那么就可能给媒体运行带来硬伤。

主要领导理解和支持媒体运行,自觉、主动地推进媒体运行的筹备工作,那么媒体运行筹备就比较顺畅;如果领导不重视,那媒体运行的筹备工作就显得极其困难,有时领导的决策会对媒体运行造成严重的干扰和破坏。实践证明,媒体运行部门在组委会中是个弱势群体,它既不像竞赛部门是赛事组织的核心,也不像人事、财务、技术和物流部门掌握着人力、财力和物力。业内媒体运行人员曾自嘲说:“媒体运行,就是没有资源,但要对组委会客户群——注册记者,负起责任。”

（三）屡屡返工造成人力物力财力的极大浪费

在新场馆设计或者旧场馆改造过程中,场馆设施设备如何布置,经常受到来自组委会领导层的干扰,但有时候,领导的意见与国际体育组织的标准相左,这样就不得不反反复复地修改。

具体到赛事媒体运行中,也会反复出现同类的问题,比如比赛场馆媒体运行流线无法满足国际赛事需求,从而不得不屡屡返工、重复改造,浪费颇多。这个问题出现的原因,或是因场馆在设计和改造时没有充分考虑媒体的需求，或是因组委会没有认真对待专家提出的意见，在场馆分区规划、安检出入口设置、场馆周边广场及场馆内功能用房设计上，没有充分考虑赛时记者班车、自驾车出入流线和停车场的需求，导致赛时各个场馆硬件设施、功能用房强电和数据端口、电视转播综合区的空间和运行流线，无法满足国际赛事媒体运行的需求。

从某种程度上讲，如果不是各个组委会聘请的媒体运行专家据理力争、反复讲解，全身心投入赛事的筹备和运行中，北京奥运会媒体运行的服务理念和运行模式，就不会有如今这样好的传承和发展。

二、组委会主要部门对媒体运行和新闻服务的理解有偏差

案例 3：在广州亚运会垒球场，摄影经理反映，由于竞赛经理不允许摄影记者通过三垒方向直线延长线护栏后的通道，直接进入草地后围挡扇形摄影位置，因此摄影记者不得不绕过场地一周，经过本垒、一垒方向，再绕到草地环形通道后面。在场地围挡后面行走，本来不会对运动员比赛造成干扰，还有利于摄影记者拍摄比赛精彩镜头。媒体运行专家深有感触，越是推广好、受人关注的体育项目，竞赛经理越能理解支持媒体运行；越是冷门项目，竞赛经理越自以为是，对媒体运行需求横加阻碍。

（一）媒体运行部门与组委会下设其他部门时有摩擦

一般大型国际赛事组委会，都会按照国际体育组织的要求，建立体育部、技术部、安保部、交通部、接待部、人事部、财务部、餐饮部、物流部、秘书行政部、文化活动部、开闭幕式部等二十几个部门。这些部门与媒体运行部都是平行关系，彼此之间要协调合作，互相信任，但在某些赛事运行过程中，经常会出现一些职能部门各自为政的情况，他们对媒体记者的工作理解有偏差，还存在“防火防盗防记者”的心态，对服务于媒体记者的媒体运行部门不理解，对媒体运行的技术手册、国际惯例、规则要求和重要性更不了解，往往轻易否定或不积极支持媒体运行部提出的需求。这直接导致媒体运行部门与赛事其他部门矛盾冲突不断，进而影响到媒体记者的报道。实际上，在

国际赛事筹备和运行中，媒体运行是除了赛事组织外，需求最大、运行最忙、服务最晚、影响最大的业务口。

（二）有些部门既不了解也不理解新闻服务工作

对于新闻服务，一些部门往往会认为媒体记者已经在进行报道了，新闻服务部门就没有必要存在了，对于新闻服务部门工作的一些基本协调要求，比如提供颁奖嘉宾名单、即时引导记者采访等，经常采取不支持、不合作的态度，影响了新闻服务工作的进行。

从竞赛部门来看，媒体运行部和竞赛部有时就是一对"冤家"，彼此有合作也有矛盾。竞赛是赛事组织的核心，媒体是为赛事报道服务的。由于竞赛在赛事组织中的强势地位，媒体运行有时为了争取媒体的利益，会与之发生矛盾，这需要媒体运行工作人员耐心与其进行深度沟通和交流，以形成默契的合作关系。

三、媒体运行的概念、规格与标准欠清晰，给具体执行带来难度

案例4：在赛事筹备中，有的部门对媒体运行概念的认识比较混乱。在广州亚组委的一次例会上，一个部门领导说，你们媒体运行的人一会说媒体运行，一会儿说新闻运行，一会儿说媒体服务，一会儿又说摄影服务和新闻服务。这个运行那个服务，这个需求那个需求，搞得我们越来越糊涂。

案例5：在广州亚运会的海心沙开幕式场馆，所有观众看台席的座椅上，都提前放置了一个包，里面包含一张节目单、一个微型小手电、一面国旗、一张观赛须知和一瓶矿泉水。但是，这些东西却没有在媒体看台席摆放。问其理由，组委会有关人员说，观众是花钱购票的，而记者没有花钱购票，所以不提供。实际上，记者是来报道比赛的，为记者提供节目单和必要的服务，有助于记者更好地进行赛事报道。北京奥运会时，组委会都为记者发放了与观众一样的东西。

媒体运行，是为注册媒体充分报道赛事提供设施和服务。但这个界定其实还存在模糊之处，在具体实施中，媒体运行涉及非常细致的服务内容，很难有放之四海而皆准的单一标准，它需要根据每个赛事的特点、规格、市场吸引力等来进行具体归纳。比如，媒体运行需要提供哪些设施和服务？按照什么规范和标准搭建和改造设施？按照什么标准和规范提供服务？赛事规格不同，体育项目不同，各个已建场馆的实际情况不同，注册记者的数量也就不同。在很多不确定因素下，核定多少记者注册名额，提供多少设施，提供什么样标准的服务，都是十分复杂的问题，需要认真总结、反复研究，以梳理、提炼出各个赛事媒体运行筹备中的规律和经验。

第二节　组委会各部门之间协调不畅

一、传统的管理思维导致协作受阻

（一）从管理媒体到服务媒体，转变起来很难

场馆媒体运行与新闻服务直接关系到媒体记者的采访报道，在现实实践中，赛事组委会或职能部门还固守传统的管理思维，只讲“管理”，没有“服务”，认为新闻宣传包揽媒体服务，重宣传而轻服务，等着人家“搭好台子”才去“坐镇”。这其实是混淆了新闻管理和媒体服务的界限，是组委会、政府官员的固有思维与媒体运行全新理念的矛盾。

媒体运行服务不同于新闻管理，虽然二者的作用对象都是媒体，都希望作为客体的媒体能积极配合主体，按照管理者或服务者的愿望去采访报道。但是，媒体运行服务与新闻宣传实则有本质区别。

第一，二者的根本性质不同，媒体运行只提供客观的信息服务，这种服务对所有的注册媒体均等，是不带感情偏见的标准服务；而新闻宣传却是对媒体进行意见与理念的传播，希望媒体向公众转达他们的意见。

第二，二者的行为方式不同，媒体运行立足于工作设施与专业平台，来为记者提供信息服务；而新闻宣传则依托于既有的事实或事件，按照官方的意图来对媒体进行观念灌输。

第三，二者的对象角色不同，媒体运行视媒体为服务的对象，将其尊为“客户”；而新闻宣传视媒体为说服的对象，认为对方需要“管理”。

第四，二者的接受方式不同，媒体运行提供的是一种符合客户需求的服务，客户对此愿意全面具体地接受；而新闻宣传提供的不一定是媒体急需的信息，媒体会对此进行判断、筛选、过滤、补充、评价，最终选择接受或者拒绝。

（二）从新闻宣传到媒体运行，北京奥组委曾历经迷茫

北京从2001年获得夏季奥运会主办权，到2008年成功举办第29届夏季奥运会，其间共经历了7年时间。北京奥组委先后成立了二十多个职能部门，其中，新闻宣传部就是最先成立的部门之一，组委会要求其负责新闻发布、记者接待和社会宣传工作，同时负责组委会的官方网站建设和奥林匹克教育，早期还希望它承担一些媒体运行工作。

随着时间的推移和筹备工作的不断深入，奥组委认识到新闻宣传与媒体运行具有本质区别，于是在2004年4月另外成立了媒体运行部，要求其承担奥运会期间的媒体运行事务，主要负责MPC、IBC和VMCs的规划与运行工作，为注册媒体人员提供工作设施和各项服务。正是因为有媒体运行部的努力工作，北京奥运会赢得了国际媒体的普遍赞誉。奥运会结束后，媒体运行理念继续在我国的新闻传播事业中发扬光大，可谓影响深远。

二、场馆媒体运行政策不明确，随意更改

案例6：在深圳大学生运动会闭幕式开始前2个小时，注册记者已经陆续来到了媒体工作间，可媒体看台席的入口通道却迟迟定不下来。组委会一会儿通知是8号门，一会儿又改为7号门。媒体记者工作间的志愿者反复在白板上更改通知，有的记者没有及时看到媒体入口的变化，进媒体看台席

时被安保人员阻止。这样一来,记者走了很多冤枉路,平添了很多怨气。

案例7:在深圳大学生运动会闭幕式结束时,安保人员在没有通知媒体运行人员的情况下,突然把记者撤场通道的门关闭锁死,导致携带大量设备的记者们被堵在狭窄的通道内,一时间,聚集的人越来越多,于是,有人与安保人员发生冲突。他们要求开门放行,但安保人员不为所动。

(一)场馆运行计划不周密波及媒体运行工作

媒体运行是整个赛事运行的一部分,它与场馆运行是一个有机整体,媒体运行自身的政策受整个组委会运行政策和计划的制约。如果场馆运行区域规划不清,运行计划不周密,媒体运行则很难独善其身。有时媒体运行就是夹在组委会和记者之间,两边不讨好,委屈不堪。另外,在大型赛事媒体运行中,安检对赛事报道的干扰几乎都会出现,有时甚至发生激烈的冲突,这些都需要媒体运行部门进行协调。

(二)组委会和场馆团队随意改变媒体运行计划

大型国际赛事是按照国际规则、国际惯例和运行计划来严密组织的。一旦赛事组委会引入了媒体运行,就应该按国际规则制定相应政策,不能随意更改。但在实践中,有些组委会擅自改变媒体通行权限和运行政策,严重干扰了比赛。

有些赛事对到场注册记者的人数、记者的类别缺乏科学判断,等记者到场以后,又随意更改记者的通行权限,比如文字记者只能在媒体看台席工作,但有些赛事组委会又临时允许他们下到赛场中心场地,这样就要对文字记者的注册证件进行临时贴标处理,这就凭空增加了媒体运行工作的负担,同时也干扰了中心场地摄影记者的工作秩序。

有些赛事,组委会和场馆团队各个部门在为志愿者安排岗位时,并没有按照原初设计的志愿者岗位人数派驻志愿者,而是在媒体看台席随意配置大量为观众服务的志愿者,导致志愿者人满为患、岗位重叠。这既影响了志愿者工作情绪,容易引起运行矛盾,又造成了人力资源浪费。

三、场馆团队组织架构不够完善

案例 8:深圳大学生运动会的开幕式场馆,没有按照赛事组织的要求来构建场馆团队,根本找不到场馆主任、后勤副主任和安保副主任。媒体运行部门在赛事筹备阶段,一旦遇到问题和困难,经常找不到有关人员来协调解决。时值 8 月酷暑,大运会开幕式场馆媒体工作区一直没有空调,也没有餐饮服务。媒体运行工作人员在动员大会上忍不住喊出了"没水没饭没空调,办好大运不动摇"的口号。

在国际赛事筹办中,场馆化运行是很重要的一个运行模式。但在我国赛事组织中,有的场馆居然没有建立场馆团队,找不到场馆主任,也找不到有关部门的负责人,更谈不上场馆运行计划和培训。从组织架构上看,场馆的赛事或活动,均由组委会领导来负责组织和运行。一些组委会领导只知道大的运行政策和框架,他们所提出的指导意见、要求和决策,总是围着场外转圈,却没有真正进入场内,从而导致场馆运行配备不完善,极大影响了场馆媒体运行工作的开展。

四、场馆媒体入口、安检口、运行流线、标识设定不规范,不到位

案例 9:北京奥运会场馆标识尽管经过认真研究和规划,但是摆放之后,还是出现了很多问题,比如名称写错,英文拼错,箭头方向标错。其他赛事也是如此,标识看起来是件小事,但是没有一个赛事能够一次到位。此外,媒体入口、安检排队、班车的标识不清,记者找不到上车点等问题也在很多场馆中普遍存在。

媒体运行是由许多细节组成的,有时确实是"细节决定成败"。从实践来看,场馆媒体自驾车停车场、媒体班车上下车点、媒体入口、安检口、运行流线、标识等环节安排与要素处理,都需要进行合乎标准的场馆化设计,否则会对媒体运行产生较大影响。这些看似在媒体功能区之外的区域,经常被忽略,不时发生问题,产生矛盾。

在媒体运行设计时，上述问题是不能忽视的，必须将其统一纳入场馆化设计当中，由媒体运行积极介入，由场馆统一设计安排，由各个相关业务口统一协商讨论，统一制作区域标识和指路标识，统一规范中英文用语，以免出现标识混乱、英文拼写错误等问题，影响组委会和场馆团队形象。

五、媒体运行部与有关部门冲突不断

案例10：北京奥运会期间，电视转播需在丰台垒球场本垒正后方的贵宾席区，架设一个3米高、2米长、1米宽的摄像平台。这个平台首先遭到了贵宾、竞赛和安保业务口的联合抵制。礼宾经理以国家领导人赛时会来观看比赛为由，拒绝电视记者进入；安保副主任以摄像平台遮挡赛时安全监控视线为由，极力反对搭建；竞赛经理以其遮挡计时计分技术人员观看比赛的视线为由，拒绝搭建。但电视转播外籍专家态度坚决，要求垒球电视直播的主机位必须在此架设，还撂下一句话，“这是历届奥运会的惯例”，然后愤而离场。最后，这个问题不得不提交组委会领导决策解决。

（一）多部门交叉的业务口最容易积累矛盾

媒体运行是赛事组织的一个有机体系，媒体运行部是组委会诸多部门中的一个，场馆媒体运行团队也只是诸多业务口之一。赛事的筹备和运行，当然是由组委会各个部门和场馆各个业务口分工负责，合作完成的。它实际上是一个有机整体，分工有必要，合作也是必需的。

赛事实践反复证明，问题往往发生在业务交叉口。由于媒体运行对工作空间、硬件设施、技术设备的需求量大、要求高，因此，历届赛事组委会媒体运行部和场馆媒体团队业务口，与竞赛、安保、贵宾、观众、技术、物流等部门及其下属业务口冲突不断。媒体运行部和场馆团队工作人员，必须主动与相关部门反复沟通、协调，探讨如何优化配置场馆有限的场地资源，妥善解决自身需求与其他业务口交叉、重叠、冲突的问题等。

（二）场馆竞赛经理容易无视新闻服务经理

究其原因，组委会各部门以及各个场馆团队的业务口之间，彼此不熟悉各自的技术手册、运行政策和运行计划，也不懂媒体运行的基本规则和要求。在赛事实践中，国家体育总局派出的一些竞赛经理又喜欢托大，往往自认为办赛经验丰富，经常对媒体的需求不加分析、不加了解就一律拒绝，影响了媒体运行的顺利筹备。新闻服务经理一般由宣传或新闻专业人士担任，在气势上容易被竞赛经理所压制。

从某种意义上说，一届赛事的媒体运行与新闻服务工作最终得以顺利完成，往往是媒体运行人员用智慧去争论甚至争吵，用眼泪和一个个不眠之夜换来的。

第三节 媒体运行计划不周与官网建设滞后

一、一些赛事电视转播未统一纳入媒体运行范畴

（一）电视转播应该纳入媒体运行范畴

从概念的外延界定来说，电视转播（Broadcasting）也属于媒体（Media）范畴。北京奥运会媒体运行部统筹协调了各个场馆电视转播的需求，同时，也有北京奥林匹克电视转播公司（BOB）负责具体指导和推进各个场馆电视转播综合区的规划、搭建和筹备事宜。广州亚运会组委会成立了媒体运行与电视转播部，来统筹媒体运行和电视转播事宜。

（二）放弃电视转播权造成双重损失

奥运会对电视转播有明文规定，由一个专门的电视转播组织来统筹奥运会电视转播事宜。但其他赛事，包括其主办方——国际体育组织和承办

城市组委会，对电视转播的商业运营政策不是很明确，对主转播商和持权转播商的权利和义务、运行政策和模式认识不到位，对顶级高需求国际赛事和电视转播的关系把握不准，有的赛事（如 2014 年南宁世界体操锦标赛暨第 45 届世界体操锦标赛）很轻易就放弃了电视转播权，有的赛事要花巨资聘请电视台录制公共电视信号。

由于电视转播技术含量高，专业性强，赛事组委会媒体运行部电视广播处（例如北京奥运会）无法独立完成大量电视转播的需求，所以，必须以合同的方式委托像中央广播电视总台这样的媒体机构，来规划设计国际广播中心和场馆媒体综合区。如果不把电视转播注册、班车、餐饮事宜统筹到媒体运行中，就会发生文字、摄影和电视三种记者信息不对称，协调配合不到位的情况。

如果赛事组委会放弃了电视转播权，就容易造成双重损失：一方面，放弃了电视转播权，就意味着放弃了电视版权销售的收入，而反过来邀请央视等媒体来制作公共信号，还得付出一大笔费用；另一方面，放弃了电视转播权，就失去了主动设计赛时广播电视媒体运行方案的权限。

二、媒体运行功能区大小、设施设备筹备数量，与注册记者需求不匹配

由于赛前媒体注册人数和赛时到场馆的实际记者人数存在诸多不确定性，赛事组委会的媒体运行部或场馆媒体运行业务口，在做场馆媒体运行功能区、硬件设施、技术设备规划时，承担着一定的风险和责任。

北京奥运会时，各个场馆媒体中心的工作间的面积、看台席的工位数、摄影位置数量、POOL 位置数量和电视转播综合区的面积，都是由往届同等项目赛事决赛高峰时实际记者的人数确定的。北京奥运会的开幕式与闭幕式属于高需求活动，均在拥有 9 万个座席的国家体育场“鸟巢”举行。虽然组委会将其中的一些座席改造出了 1 000 余个文字带桌记者席和若干电视转播观察员席，但还是难以满足 5 600 名注册文字、摄影记者和 16 000 名电视记者的进场需求。因此，组委会不得不对所有注册记者提出“持证＋门票”才能进场的附加条件，限制记者准入人数。这些门票如何发，发给哪家媒

体，发多少，都需按照国际奥委会的要求来分配。

由于受赛事规格和项目影响，在大型国际综合赛事中，的确会出现一些问题，比如有的赛事，申请进场的记者特别多，看台席场场爆满；有的场馆，由于项目偏冷，预赛时看台席和媒体中心常常冷冷清清，偶尔会遭到其他业务口的非议："媒体赛前要了那么多席位，但都空在那，真浪费。"

三、官方网站信息不全，而且更新缓慢

（一）官网不仅是宣传的阵地，也是代行媒体服务的平台

伴随着信息化时代的到来，大型赛事都会在获得赛事的主办权之后建立官方网站，随时发布最权威的相关动态与信息，通过分设频道和栏目，及时介绍有关赛事筹备、赛事运行等最全面信息。官方网站是宣传赛事的重要阵地，也是服务于参赛代表团和新闻记者的重要工具。

对于没有建立 INFO 系统的大型赛事来说，其官网中至少有一个栏目或频道是为媒体运行开设的，其中包括对主新闻中心、场馆媒体中心的介绍，媒体公告和赛事新闻服务信息则更加重要。一般来讲，官网中应该能查询到参赛运动员的个人信息，也能查阅赛程、赛制、赛果，关键的是，它还会成为新闻服务信息传递的主要载体，类似媒体公告、赛事即时引语、新闻发布会摘要、颁奖嘉宾信息等，都应该在官网上显示。

（二）大赛官网普遍信息不全，更新较慢

但在实际运行过程中，一些赛事的官方网站建设滞后于受众的信息需求，最突出的问题是信息不全。比如参赛运动员信息，一般官网很难做到全部收录。此外，官网的更新速度也慢，新闻报道相对滞后。比如，2005 年南京第十届全国运动会开幕式结束后，新浪就在第一时间发布了相关消息，而南京十运会官方网站在开幕式结束两个小时后才发布信息，那已经是次日凌晨时分了。在网络传播时代，信息传播速度就是生产力。同样的信息，如果你总比别人慢半拍，久而久之，你就慢慢失去了用户的信赖，进而失去了

存在的价值。

大赛官网之所以存在信息不全、更新较慢等现象，原因有很多，但最根本的原因还在于组委会领导是否重视官网建设，是否愿意对官网建设进行必要的资金投入，如果解决了观念问题和资金问题，官网建设在技术、团队等方面的问题就能迎刃而解了。

（三）很多官网根本就没有交互性

一般的大型综合性网站，其体育频道在进行赛事报道的同时，还开设诸如网友论坛、赛事竞猜、明星评选等形式的版块，把受众融入到体育赛事当中去，而不仅仅是让受众成为一个信息查询者。[①] 但是，大型赛事官方网站在传受双方的交互性方面，做得很不够，不少网站甚至没有可供网友发表意见的平台与窗口。这里面固然有资金与技术的原因在作祟，但更重要的原因在于，从官网管理团队到技术操作人员，懂体育、懂“使用与满足”心理的人太少，说到底是没有对网友的成分和网络使用习惯进行深刻分析。如果我们在官网中设置一些有奖竞猜、网友论坛、观赛服务等版块，就可以吸引用户；如果我们与主流门户网站一起联合直播，在直播中开通弹幕装置，那么边看边评的网友就会在网络平台上活跃起来，无害“冲突”起来，形成一种连续观剧的效果。类似的方式非常多，不一而足，关键在于组委会是否找准了团队负责人。

国际赛事或国际会议的官网，在某种意义上说，也是一种媒介，是另一种媒体。2014 年南宁世界体操锦标赛筹备期间，受经费和人力制约，官网信息含量少，更新很慢。当时，有很多有价值的中英文媒体信息和公告可以上传，但由于官网维护不力，均无法实现及时上传。这些都影响了最终的信息传播效果。后来赛时建立了 INFO 系统，就扭转了这一局面。

---

① 曾圣勇. 从十运会报道看体育赛事官方网站建设[J]. 青年记者，2006(4)：64-65.

第四节　媒体运行团队屡遭重建

一、媒体运行的团队总是面临重建

(一)场馆媒体运行团队负责人基本都是“拉郎配”

在举办城市赛事组委会中,场馆媒体运行团队负责人都是临时从一些政府机关抽调的科处级干部,都是服从属地工作安排而来,谈不上对媒体运行有多热爱,不少人对媒体运行的认识、理解和经验不足,却又担当场馆媒体运行团队的最高职务,拥有话语权和决策权。

场馆运行团队的岗位设置和志愿者岗位人数,受组委会和志愿者部的约束比较大。有的岗位数量被削减;有的岗位,特别是经理层面的岗位,因不能根据技术手册和工作需要及时配置到位,而导致筹备工作不够充分,准备不足,各个业务口配合不够默契。有些岗位负责人甚至出现了对“场馆不熟悉、人员不熟悉、设施不熟悉、设备不熟悉、计划不熟悉、职责不熟悉”的“六不熟悉情况”。

(二)团队成员构成良莠不齐

有的城市组委会经济实力强,愿意高薪从社会招募年轻人到组委会和场馆团队工作;有的不肯花钱,从一些党政机关甚至街道办事处强拉硬拽大爷大妈参与媒体运行;有的靠行政命令,由宣传部干部兼职承担赛前筹备和赛时运行工作,他们既要主管单位的工作,又要分管媒体运行,往往容易顾此失彼,结果是两边工作均做不好,吃力不讨好,造成部里领导和场馆记者“双不满意”。

那些临时招聘来的合同制人员,一般具有一定的专业背景,处理问题能力也较强。不过,由于没有稳定的编制,这些人员在遇到较大工作压力或者不满意所获得的薪酬时，可能会选择离开。人员流失肯定会影响媒体运行的整体工作，情况严重时会产生一系列的相关问题。

二、媒体志愿者的招募与使用缺乏定规

案例11：在深圳大运会开幕式期间，由于组织计划安排得不够周密，志愿者部没有提前通知媒体运行志愿者到场时间，彼此沟通协调不及时。有的志愿者到场后，经理和主管不在岗，没人指导志愿者，致使志愿者在场馆无事可干。有的志愿者带扑克牌进场，有事做事，没事打牌。志愿者到场后空挡运行的现象，在各个业务口都存在，学生因此抱怨浪费了他们宝贵的时间，也消磨了他们为国际赛事工作的积极性和热情。

案例12：南宁世界体操锦标赛期间，组委会志愿者部为媒体运行招募的志愿者来自四所高校，分别是广西大学、广西民族大学、广西师范学院、广西中医药大学赛恩斯新医药学院。由于学校分散，为赛前在学校组织培训、发放服装与资料以及赛时在场馆参与媒体运行带来很多不便，仅交通和志愿者班车的安排，就非常烦琐。

（一）志愿者的招募与使用是难题

媒体运行工作离不开志愿者的加盟。一个场馆媒体运行团队经理和主管层才十几个人，散落在各个媒体功能区域，如果没有志愿者加盟，就没法落实运行计划和服务工作。

有些城市组委会志愿者部在招募、培训、分配志愿者时，缺乏与媒体运行部的沟通，有时招募过多，人满为患；有时招募过少，不能满足工作需求。总之，志愿者的人数和实际需求人数不匹配。赛事规格、体育项目、每日赛程、场馆情况不同，注册记者到场人数和需要志愿者人数就不同。历年来的赛事实践表明：志愿者的招募工作，没有一个场馆可以照搬照抄，不能主观臆断，不能道听途说，必须从实际出发。

有的场馆媒体运行团队对志愿者进场工作准备不足，没有提前编制志愿者进场工作计划，没有每日媒体运行计划、岗位职责、实战演练、应急演练

培训，导致志愿者到场后无事可做，或有事也不知怎么做。

（二）志愿者的培训是关键

志愿者的培训是媒体运行团队构建的基础性工作。尽管历届赛事组委会都成立了志愿者部，对志愿者的招募、培训、上岗、管理都做了统筹协调。但由于媒体运行的特殊性，还必须从专业的角度对其进行有计划的系统培训。

有些赛事，志愿者培训不到位，其对场馆情况、媒体区域、运行计划、运行政策、设施设备、岗位职责、应急预案、相关业务口人员不熟悉，因而无法顺利地为媒体提供帮助。

三、媒体运行专家队伍极不稳定

（一）新华社总社专家相对固定，但分社骨干需培训上岗

从国外大型赛事舶来的词语“媒体运行”与“新闻服务”，应用于我国的北京奥运会、广州亚运会时，被强调最多的是——“提供设施和服务”，与国际接轨。

北京奥运会、广州亚运会所获得的成功，很大程度上归功于新华社总社的一批资深专家记者。他们常年驰骋于国外大型赛事的报道中，积累了丰富的媒体运行经验，深知媒体运行对于大型赛事的重要性，他们是国内媒体运行的“领头羊”。在随后的深圳大运会、南京青奥会、南宁世界体操锦标赛等国际赛事中，新华社总社媒体运行团队依然起着标杆作用。

目前国内的赛事媒体运行专家，仍主要来源于新华社系统和各个新闻单位。各个承办城市组委会把媒体运行工作转包给各个新华社分社，分社再与总社协商，聘请新华社总社和各新闻单位有经验的媒体运行专家参与指导赛前筹备和赛时运行，形成了“新华社总社专家＋新华社分社骨干＋临时聘任人员”模式下的媒体运行专家队伍。

图 5-1　本书研究团队成员与新华社专家一起，承担南宁体操世锦赛媒体运行工作

从图 5-1 可以看出，几位白发苍苍的老者均为新华社总社派来的退休专家，他们以译审方式投入到官方通讯社的稿件编辑发布工作中，也算是发挥余热和老有所为。反过来，也说明新闻服务专业人才青黄不接。

（二）临聘人员要么单位事多羁身，要么从此各奔东西

在上述模式中，新华社总社专家因为工作较忙，不能长时间驻守在赛事组委会指导工作。新华社分社骨干往往只能负责上上下下、方方面面的协调工作，对于媒体运行本身的业务，他们也需要接受培训。待其培训成熟，可以上岗了，却又因该项赛事在本城市的闭幕，他们又重新回到自己新闻采编或业务管理的老本行，再次远离媒体运行工作。而面向全国临时聘任的人员，有些是新闻单位的业务骨干，有些是在校大学师生。临聘人员受人事制度管理因素制约，大批量抽调也比较困难，因此主要任务就落到了大学师生身上，教师尚能一站接一站干下去，但学生往往一毕业就各奔东西，很难再在赛事媒体运行中聚首。因此，在国家层面构架媒体运行专家人才库很有必要，人才库成员平时可以在原单位工作，当各地举办赛事和国际会议

时，便可直接抽调他们来支援媒体运行工作。

（三）专家介入太晚，加大了工作成本

南京青奥会和南宁世界体操锦标赛的媒体运行实践证明，媒体运行专家应在场馆建设和场馆改造设计阶段就及时介入场馆规划，提出媒体运行对区域、办公空间、运行流线、电力、通信等方面的基本需求，这样可以避免事后出现因需求不匹配而导致的"改造"，从而增加媒体运行成本。

有些赛事为了节约人力成本，一般在赛前两周聘用媒体运行专家进场办公，但是由于时间太短，专家到场后，对团队人员、场馆场地、组织架构不熟悉，因此很难有效介入赛事的筹备和运行工作。

四、新闻服务专业人才极为匮乏

案例 13：2010 年 12 月 21 日下午，在广州大学城中心体育场举行的广州亚运会橄榄球比赛上，由竞赛部提供的、新闻服务成绩公报团队发送的所有首发名单公报均出现错误，相关人员得知后立即查询 INFO2010 系统，竟发现系统上的信息也是错误的。随后，大学城中心体育场的技术部立即对错误信息进行了改正，但后果已经铸成，许多记者在这之前拿到了首发队员出场名单，也做了相应的报道。当记者得知那是错误的公报后，都气愤异常，纷纷前来问责。此次 INFO2010 系统的信息错误，给该场馆的公信力造成了很不利的影响。

案例 14：以注册证件为例，2010 年 11 月初，广州亚运会所有场馆都开始正式执行亚运安检政策，所有进入场馆的人员车辆均需要经过严格的安检。但截至 10 月 31 日，亚运会新闻团队的 300 名受薪人员中只有 76 人获得证件，能进入场馆。11 月 3 日，外籍体育信息专家全部到达广州后，很多人的证件问题仍然没有解决，这极大地阻碍了新闻服务团队正常工作的开展。

（一）新闻服务的核心是提供赛事信息服务

在媒体运行的六个业务领域中，新闻服务是无形的，它是信息，也是核心，不可或缺。用一句话概括大型赛事的新闻服务，那就是赛事组织为来自世界各地的记者提供赛事信息服务。提供赛事信息服务的目的是什么？是传播。那么，大型体育赛事传播的目的又是什么？这就从新闻传播学进入体育社会学的范畴了。

举办大型体育赛事，不仅能反映一个国家的体育实力和综合国力，更能展现主办城市或国家的政治、经济、文化、科技、生活以及精神面貌，通过这一系列因素塑造出国家或城市的形象，提高国际影响力。来自不同国家或地区、不同媒介的记者就是一个个传播主体，通过他们的赛事经历、赛事报道，来实现大型体育赛事的传播效应。

在大型赛事举办期间，由于高需求赛事较多，而拥有采访资格的记者相对较少，任何主流媒体要想获得更多的赛会信息，就只能依赖赛时新闻服务，通过赛时官方通讯社或官网获得更多、更全面的信息，以此来补充和完善一线记者的报道，以便不同地区的各种媒体都能立体地呈现出赛事的全貌，让全球各地的受众都能体验运动的精彩。

（二）即时引语因专业性不足而变得单调乏味

在许多赛事中，新闻服务引语记者多由志愿者组成，他们对体育新闻报道不一定很擅长，因此引语的采写缺乏专业性，稿件千篇一律，了无新意。以广州亚运会为例，广州亚运会是历届亚运会中规模最大的一届，新增了卡巴迪、龙舟、板球等项目，这些项目虽然丰富了赛会的民族特色，但很多人却并不了解它们。这些项目的新闻服务人员由于不熟悉比赛，所提问题单一。AGNS 即时引语记者在混合区采访运动员时，基本上只有三个问题："你认为你今天的表现怎么样？""今天的天气对你有影响吗？"和"今后有什么计划，是否会继续参加亚运会？"这样的提问，没法让运动员畅所欲言，新闻价值也不高，即使上传 INFO 系统，各媒体记者也不会去引用。

根据本书研究团队的前期研究，从总体上看，即时引语采写问题主要集中在三个方面：一是拖沓冗长，内容空泛；二是陈词滥调，千篇一律；三是断章取义，曲解原意。①

又如，以深圳大运会为例，在大组委媒体宣传指挥部与新华社广东分社签订的大运会官方通讯社新闻服务项目合同中，约定官方通讯社新闻服务在赛时的信息发布不少于 5 343 条，其中英文稿 3 120 条，中文稿 2 223 条。从 8 月 7 日至 8 月 23 日共 17 天的正式运行期间，官方通讯社新闻服务共计向 INFO 系统上传稿件 5 767 条，其中英文稿 3 159 条，中文稿 2 608 条，分别超过合同约定数 424 条、39 条和 385 条，全面超额地完成了合同约定的发稿任务。

但是，根据深圳大运会官方通讯社稿件发布数量与浏览数量统计（如表 5-1）显示，稿件的浏览量较大，这表明关注的人不少；而下载量则相对小许多，这表明成品新闻的媒体转载量不大，因为即时引语不需要下载，可以采取简单的复制与粘贴就可以处理。当然，包括即时引语在内的稿件质量亟待提高，如何实现重要而有趣的新闻报道原则，是一个亟待突破的难题。

表 5-1　深圳大运会官方通讯社稿件发布数量与浏览数量统计表（2011）

日期	发稿数量	发布数量	下载数量	浏览数量
8 月 11 日	164	162	22	2 773
8 月 12 日	205	204	19	3 798
8 月 13 日	418	406	1	4 734
8 月 14 日	494	487	155	5 057
8 月 15 日	529	522	22	4 452
8 月 16 日	707	700	8	5 505
8 月 17 日	631	626	2	5 370
8 月 18 日	724	718	1	5 233
8 月 19 日	563	560	1	4 142
8 月 20 日	501	496	1	3 829
8 月 21 日	464	458	7	3 248
8 月 22 日	303	297	2	3 127
8 月 23 日	107	104	12	1 211

① 姜晓红. 大赛报道中即时引语的地位作用与采写原则[J]. 武汉体育学院学报，2012(10)：22-27.

（三）常因 INFO 系统信息有误而发送错误的纸质公报

除了提供即时引语之外，发送成绩公报也是新闻服务的一项重要工作。要完成这一任务，新闻服务首先要与竞赛部门合作，获得正确的比赛名单与成绩公报，再发送给记者。这一环节若出现问题，将会对记者的报道产生恶劣影响。前文所提到的因为 INFO2010 系统信息出错，导致发送的纸质出场名单出错，其所造成的恶劣影响，短时间难以弥补。因此，各项信息一定要确定完全无误后再进行成绩公报的发送。

（四）新闻服务人员后勤保障经常性不足

俗话说，兵马未动，粮草先行。广州亚运会新闻服务团队人员将近1 000人，包括 AGNS 记者、即时引语记者、外籍体育信息专家、AGNS 副经理、成绩公报发送主管等，其中付薪人员 300 人，比起 60 多万志愿者来，虽不是一支庞大的队伍，但他们肩负的责任重大，其后勤保障也不容怠慢。在广州亚运会期间，新闻服务团队人员的后勤保障工作并不理想。比如，广州亚运会的开幕时间是 2010 年 11 月 12 日，但直到亚运会开幕前一周，还有很多媒体运行专家的证件未办好，他们无法进入场馆准备赛事新闻服务工作。

另外，在很多大型赛事的场馆运行中，媒体运行部经常面临“粮草”短缺的问题，要自己四处“找饭吃”。

五、国内尚未建立一支称职的体育信息专家队伍

体育信息专家是新闻服务必备的构成人员，也是媒体运行与新闻服务团队中最核心、顶级的专家，他们需要用英文采访、写稿、发稿，并审核即时引语和新闻发布会摘要等。由于国内没有称职的体育信息专家，从 2008 年北京奥运会开始，组委会不得不“花巨资”从国外聘请体育信息专家（北京奥运会和广州亚运会国际专家每天薪酬为税后 2 000 元），进入新闻服务总部和各个场馆新闻服务团队工作，为各个竞赛馆的体育赛事修改、审核引语记者撰写的即时引语和新闻发布会摘要，撰写赛事前瞻和赛后回顾等专业新

闻服务信息。

时至今日，从北到南，从长三角到珠三角举办的体育赛事，各个赛事组委会依然得从国外聘请体育信息专家来华从事新闻服务工作。到目前为止，我国还没有本土培养的可用地道英文撰写体育信息的专家，这也制约了我国媒体运行特别是新闻服务水平的提升。新华社徐济成、陈越两位高级记者的水准接近于国际体育信息专家，但他们的精力主要放在了大型赛事媒体运行与新闻服务的组织管理方面，而能够亲赴一线“作战”的依旧是国际专家。

第五节　媒体运行的灵活性不强

一、国际赛事网络管制引起外媒强烈不满

案例 15：在南京青奥会上，组委会开始管制主新闻中心互联网，而后遭到外媒的强烈批评，最后不得不放开管制。在南宁世界体操锦标赛上，只有竞赛馆记者工作间放开了互联网管制，其他如带桌记者席、摄影位置、主新闻中心都没有开通国际互联网。一个参与了釜山亚运会报道的韩国记者抱怨说：“韩国平时能放开世界互联网管制，你们中国这么大，发展这么快，经济形势这么好，平时管制互联网也就算了。有能力举办国际赛事时，没信心开放国际网路，实在不可思议。”

中国承办国际体育赛事，需要接待来自全世界的媒体记者，经常会面临一个“尴尬”问题，外国记者需要登录 Google、Facebook、Twitter 等他们常用的网站，而这些网站受国家互联网政策管控，不能开放，这就引发了外国记者的抱怨、不满和批评。这是目前我国媒体运行通信保障中的一个难题。

二、媒体注册政策常因赛事性质而不同

案例 16：2014 年苏州世乒赛注册记者人数超过预期，来自境内的 140 余

家报纸、广播、杂志、电视等媒体的记者达300多名，来自境外96家媒体的记者达120多名，加上主转播电视机构和持权电视转播机构记者400余人，完成注册到达现场的记者总数接近1 000人。由于组委会经验不足，在为记者办理注册证件时，没有在证件上标注媒体机构单位和文字、摄影、电视等记者类别，记者通行权限不明确，对后续采访报道活动制造了麻烦。媒体运行专家及时提出了应急举措，打印制作了媒体单位贴纸，连夜在未发的注册证件上贴上媒体单位的标签，为看台席预留席位贴标的运行政策做了前期准备。

案例17：北京奥运会对国内外媒体颇具吸引力，国内外媒体的注册需求很大。但是由于MPC、IBC、场馆媒体中心和电视转播综合区空间有限、资源有限，所以必须控制注册记者人数。北京奥运会在启动注册之前，几乎每个参会者都知道，有21 600名注册指标，其中文字或摄影记者5 600人、电视记者16 000人(其中，主转播商电视记者4 000人，持权转播商电视记者12 000人)。

奥运会媒体注册的政策是按照国际奥委会的要求，总控记者注册人数，按照世界级通讯社(路透社、法新社、美联社)、举办国国家通讯社——新华社及各国体育运动和媒体发展水平来分配指标。国际奥委会首先把注册指标直接分给上述通讯社，由各通讯社根据注册数额统一汇总报名注册的事宜。至于各国媒体注册事宜，是把注册名额分配给各国奥委会，由各国奥委会再把注册指标分给本国媒体，采用二次分配机制。

北京奥运会期间，注册记者人数实际上突破了21 600人，但还是满足不了国内外媒体报道北京奥运会盛况的需求，因此不得不专门建设非注册记者中心，为那些没有取得注册证件，进不了场馆的来京记者提供必要的帮助和服务。当时来京的非注册记者人数也有近5 000人。

案例18：广州亚运会和深圳大运会采取的是开放注册政策。有意前来报道赛事的国内外媒体，可从官网上获取报名注册时间和有关事宜，按照要求提交报名注册信息，通过审核后，可收到邀请函，再办理具体注册事宜。广州亚运会的注册记者超过了9 000人，创造了历届亚运会注册记者人数之最。

（一）如何注册，缺乏标准程序

注册记者是媒体运行的客户群和主要服务对象，因此媒体运行的宗旨主要是为注册记者提供设施和服务。实践证明，不同性质和规格的赛事，对媒体的吸引力差异很大，媒体报名注册的人数也不同。

比如，大型综合国际体育赛事显然能吸引更多注册记者，而单项顶级国际体育赛事也有一定的市场吸引力，组委会不应低估到场记者人数。2014年苏州世乒赛在记者注册、办证与接待方面出现了问题，原因之一，就是没有参考往届世乒赛注册记者人数以及乒乓球是中国国球这一现实。幸亏新华社媒体运行专家经验丰富，通过贴标方式作了危机处理，及时解决了问题。

同样，国际会议则视会议主题、会议规格不同，注册记者人数也有差异。由是观之，媒体注册政策和名额配给确实需要在现实中进行深刻总结，认真研究分析。

（二）既满足记者需求，又不造成浪费，是一个国际性"两难"问题

在赛前提供多少媒体运行设施设备，既可满足注册记者的需求，又不造成浪费，这是让每一个赛事组委会都费尽思量的事情。以往媒体运行的经验是凭借国际体育组织媒体技术手册、规则及往届赛事媒体注册数据来规划、搭建和改造媒体设施，制定媒体注册政策的，但光靠这种"凭本本""凭经验"的办事方法，显然会带来许多不确定因素，面临一些棘手的难题。

实践表明，注册记者实际人数，才是媒体运行部门制定设施改造方案、规划空间区域的基础数据。如果不能科学预判媒体注册人数，科学分析注册记者到场馆的人数，媒体运行就会盲目被动。有的赛事启动国内外媒体注册时，对注册政策、人数、类别、程序都不太清楚。有些分管赛事组织的领导，不参照媒体运行功能区的容纳能力，一味坚持控制本地注册记者人数，这就是典型的长官意志强烈、服务意识淡漠的表现。

三、机械照搬奥运标准，媒体运行存在过度服务与严重浪费

案例19：由于广州亚运会开闭幕式场馆的文字记者带桌席上方采光不足，媒体运行部要求为每个记者购买、安装一个台灯。但从开闭幕式实际情况来看，由于带桌席桌面较小，在摆放完液晶电视、网线数据端口、电源排插以及记者自身携带的笔记本电脑、相机等物品后，桌面根本再无空间摆放台灯，因此台灯并未发挥作用。

案例20：广州亚运会为注册记者印制了精美的开闭幕式媒体指南，媒体运行部安排志愿者在工作间入口旁设置专门的服务台，发放开幕式媒体指南。但会后，还剩下了300余本印制精美的指南。

案例21：在广州亚运会上，组委会在代表团和媒体的指定酒店——锦江国际酒店至天河体育中心之间安排了班车。这趟班车经常出现空跑，或者只有几个人乘坐的情况。班车空跑或者乘客不多的现象，在北京奥运会和广州亚运会中经常发生，被记者和工作人员称为“过度服务”。

案例22：为了完成亚运会篮球比赛任务，广州亚组委投资6 000万元兴建了广州体育学院体育馆，该场馆于2010年5月竣工，看台能容纳近4 000人。组委会原计划利用此馆和番禺英东体育馆、花都新体育馆、黄埔体育中心体育馆、天河体育馆一起承担篮球比赛任务。按照要求，广州体育学院提前数月专门成立了场馆运行团队，各业务口严格按照标准程序苦练业务。但当亚运会真正来临时，该体育馆未被安排一场正式比赛，只有两三个国家的男子篮球国家队来此进行赛前训练。亚运会结束后不久，该场馆的媒体运行设备设施，如成绩公报柜、网线等，大都处于闲置、流失与损毁状态。

（一）常常高估到场记者人数，动辄形成过度服务

北京奥运会虽然确立了一种标准，但具体到每个赛事，媒体运行都必须依据赛事的性质与特点进行相应调整。一些赛事组委会简单模仿北京奥运会的媒体设施筹备和运行模式，没有充分分析本赛事注册记者人数和赛时记者到场人数，在硬件设施改造搭建、技术设备移入安装、免费餐包饮料（可

乐、雪碧等饮料）提供、开闭幕式《媒体指南》等出版物发放等方面，存在不同程度的浪费，造成了一定的经济损失。

有些赛事，由于对赛事影响力和注册记者数量预估和判断不够准确，在媒体设施筹备上也出现了过度服务现象，比如规划的媒体工作间太大、搭建的带桌记者席和评论员席太多。由于赛时记者到场人数少，有些媒体设施和设备、媒体班车根本没发挥作用。

（二）媒体运行设施设备赛后闲置与损毁严重

在中国举办大型赛事，特别是高规格、高水平的国际赛事，对于赛事举办地来说，都是头等重要的政治任务。一般由政府牵头，赛前高度重视，赛中全力以赴，但赛后就无人问津，已经形成了一种虎头蛇尾的办赛模式。很多举全省或全市之力举办的赛事，赛后工作除了文字总结以外，主要的活动就是表彰总结大会，对于赛后场馆如何利用，那些按照国际规格所建立的场馆设施和服务流线如何保存等问题，均缺乏指导、监管与追责机制。现实情况是，绝大部分场馆的媒体运行设施设备赛后闲置、流失与损毁的现象，极为严重，而且无追责意识。因为前期投资是政府的，也是国家的，而场馆业主是企事业单位，政府无法一竿子管到底。

如何实现媒体运行设备再利用，是一个难题。2011 年深圳大运会结束后，组委会将部分大运会成绩公报柜免费送给了同年举办的贵阳全国少数民族传统体育运动会，这就是一个很好的做法，可惜这样的例子太少。

第六节　媒体运行危机管理遭遇瓶颈

一、传统危机管理观念难以经受新媒体环境冲击

案例 23：在 2013 年辽宁全运会花样游泳双人项目的比赛中，四川选手蒋文文、蒋婷婷以 95.188 分的总成绩获得季军。赛后，蒋氏姐妹对裁判的评

分表示质疑，四川队由此向组委会申诉，蒋氏姐妹随后没有参加颁奖仪式和赛后新闻发布会，奖牌由四川队的代表代领。曾获得奥运会亚军的蒋文文、蒋婷婷，在没有任何失误的情况下获得第三名，而夺冠的则是东道主辽宁队的黄雪辰、吴怡文，赛后舆论开始质疑比赛的公正性。蒋氏姐妹在赛后召开个人发布会，对于比赛的结果，她们称是“运动生涯最黑暗的一天”。

与此同时，还有媒体曝光说，本届全运会负责花样游泳仲裁工作的人士，很多根本不是花样游泳领域的专家。对此，蒋氏姐妹也通过微博表达了不满，这引发了众多网友的围观，进而也引发了公众对于全运会的存废之争。

对于蒋氏姐妹的申诉和公众的质疑，竞赛委员会就此次比赛的评分进行核查并回应。官方的回应内容简短，并未做具体详细的说明。而微博网友对该新闻的评论回复，也以质疑声居多，很多只是简单的情绪宣泄。至此，全运会官方的公信力大受影响。

（一）危机管理与危机处理轻重关系分不清

大型体育赛事在一定范围内聚集了大量观众与记者，极易出现突发事件。所谓突发事件，是指那些未预见发生的、不易控制的、对赛事形象会造成不良影响的冲突或矛盾事件。突发事件一旦得不到有效控制与应对，就会转化为危机事件。这就需要进行危机管理和危机处理。

危机管理是指有计划、有组织、有策略应对危机的有关机制，帮助单位和组织避免或减轻危机所带来的严重损害和威胁。危机处理是危机管理的核心内容，包括两个方面的含义：一是处理“公共关系危机”，二是用公共关系的策略和方法来处理危机。

体育本身就是一种“游戏性”的身体竞赛，[①]冲突性是体育的外在特征。在物质与精神双重利益刺激下，各种各样的冲突无所不在，有些在规则控制范围内，可以事先预料；有些在规则范围之外，不可预计。如果冲突处置不及时或者处置不当，就会演变为对赛事组织者、举办城市乃至国家不利的危

① 古特曼. 从仪式到记录：现代体育的本质[M]. 北京：北京体育大学出版社，2012：15.

机事件。

因此，危机管理是现代社会中举办大型体育赛事必修的一门功课，包括应对策略的制定、专门组织的建立、技术方案的施行，以及法规政策的适用，主旨在于恢复常态、降低损害。赛事组委会任何有关危机管理措施的实施，都主要依靠媒体运行部门来执行，某种程度上，媒体运行是帮助组委会降低危机事件发生概率、有效进行危机管理的最重要一环。

在媒体运行中，普遍存在重视危机处理、轻视危机管理的现象。不少人迷信组织力量和行政力量一定能做好危机处理，而对富有预见性和创新性的危机管理则思考得不多。其实，如果我们把隐患消灭在萌芽状态，不需要进行危机处理，那才是最好的危机管理。

(二)危机处理面临新媒体这把“双刃剑”

在新媒体环境下，信源渠道增多，当事人可以通过自媒体发布信息，传统的信息控制越来越难。此外，体育危机的传播机制也更加复杂，人际传播、组织传播、大众传播等不同传播交织，特别是“两微一端”等社交媒体和传统媒体形成传播合力，非常容易放大和催化危机传播的负面效果，从而形成一种“蒲公英式”的网状传播模式。这就要求赛事组委会不断更新危机管理的理念和手段，不能老用“否认”这样的危机语艺策略。

在我国过去几年的大赛报道中，已经发生过多起记者合法采访被打事件。面对这样的恶性事件，一些赛事组织者在应对媒体追访时，用得最多的方式就是矢口否认。如果媒体执意要查监控摄像记录，还原事实真相，组织者又会以摄像头已坏等理由加以搪塞，其真实情况则昭然若揭。

二、缺乏专业的危机管理团队，处理方式过于呆板

案例 24:2010 年广州亚运会期间，6 名韩国某持权转播机构的电视记者在通过主新闻中心入口时，与安检人员发生了争执。原因在于，这 6 人中，前 5 人均有合法证件，而走在最后的 1 人因为某种原因没有佩戴有效证件，安检人员不让其进入。双方一时间争执不下，安检人员认为自己是照章办事，而韩国记

者则认为安检人员小题大做，双方因此产生了言语上的冲突。

面对这种情况，安检部门只能层层上报，听候处理。但是，这样一来，却耽误了记者的时间，也引发了围观。这些具体情况，是危机预案中没有涉及的。

(一)危机管理预案普遍缺乏预见性和创新性

赛事组委会各部门一般都会根据经验，制定危机管理预案，并进行事先演练。媒体运行部门也不例外，制定出详细的突发事件应对预案。但是，现存的很多危机管理预案，基本都是借鉴本项赛事的上届预案或经验，对本届赛事可能出现的新情况与新问题普遍缺乏预见性和创新性。

纵观国内举行的大型赛事媒体运行应急预案的内容，主要包括七大步骤：一是事件名称，二是上报流程，三是场景描述，四是应对预案，五是应对步骤，六是主责单位，七是配合单位等。应急预案在一般情况下可以分为四个等级，一般的突发事件列为一级，紧急突发事件列为二级，特急的突发事件列为三级，高危的突发事件列为四级。

大型赛事组委会下设的每一个职能部门及其业务口，在赛事筹备阶段就要为本业务口制定应急预案，这本身就是赛事筹备的重要工作之一。比如，广州亚运会组委会广播电视媒体服务部就为主新闻中心制定了专门的应急预案，该项预案共收录了80个案例，主新闻中心分别对这些案例进行一一描述，但这些应急案例有一个通病，那就是泛泛而论，缺乏针对当下时间、本地特点、本项赛事等可能出现的危机事件的应急模拟。

(二)现行危机处理方式过于僵化

根据观察，在通常情况下，如果一个地方出现了突发事件，应急处理的程序通常是按这样的方式进行逐层逐级汇报：所在业务口志愿者或者主管向部门经理汇报，经理向业务领域主任汇报，业务领域负责人视情节轻重，再决定是否向分管媒体运行业务的场馆副主任汇报。通常，事件就在这一步经由场馆主任责令相关业务口协同处理。已经造成较坏影响的，可能要向组委会宣传部门汇报，召开新闻发布会，由专门的新闻发言人就事件作出解释。[①]

这种层层上报制度易操作，也确实能避免当值人员处置失误，但反过来说，其实也反映出媒体运行团队对突发危机事件应对的“不自信”，因为没有专门的应急团队来处理突发事件，也就无法承担处理突发事件可能带来的后果，于是，层层上报就成为最合理的制度。

另外，过于强调层级性，也可能延误了危机处理的时机。其实，有时引发冲突的事件只是小事，比如工作人员对业务解释不到位、交流沟通不够等。如果能有富于经验的应急团队人员驻守在场馆，及时出面进行化解，就能避免事件的扩大化。

三、职业联赛中危机处理主体长期缺位，导致记者被打事件频发

案例 25：2012 年 4 月 21 日 18 时 49 分，《新民晚报》记者陶邢莹在新浪微博发布了其在大连采访被打的消息。当天晚上，2012 年中超联赛第 7 轮，

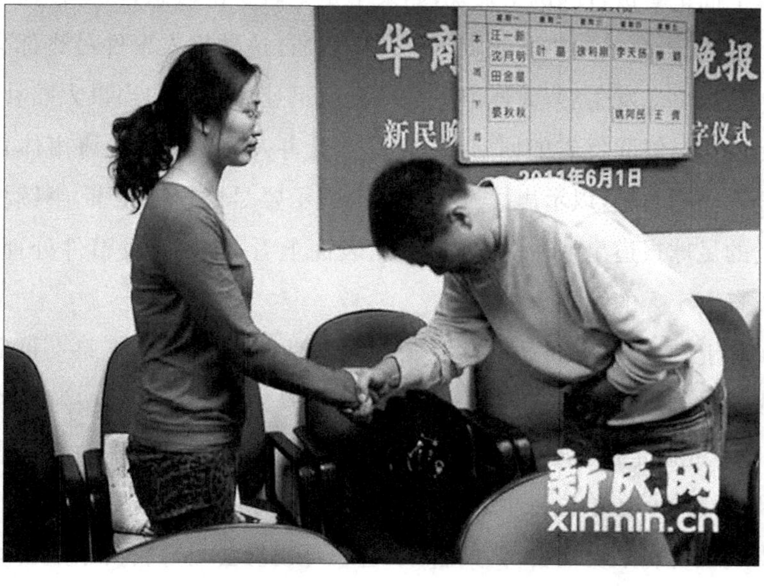

图 5-2　郭某向记者陶邢莹诚恳致歉

① 蒋祖峰. 大型体育活动媒体运行机制研究[D]. 武汉：华中师范大学，2011：35.

大连实德主场0∶1不敌上海申花。陶邢莹自称,比赛结束后,记者们纷纷来到混合采访区进行采访,但是大连足协的官员对记者的正常采访行为予以阻挠,并且与记者发生肢体接触。她被掐脖子吊起来,拳打脚踢,脸被挥了一拳,身上被踢了好几脚。

事发后,大连市足协立即成立了调查组,迅速对此事进行调查,并向媒体公开作出回应:承认工作人员在赛后新闻发布会结束后,在疏散上海队离场的过程中,与记者陶邢莹发生口角并产生肢体冲突,导致该女士倒地,但没有发生微博所称的"吊打问题",而此事在社会上产生了不良影响。同时,大连市足协公开向媒体及当事人道歉,责令在此次事件中负有责任的市足协秘书长郭某停职检查,对负有直接责任的足协工作人员于某予以辞退(如图5-2)。

纵观过去十年的大型赛事,除了几年一次的周期性大赛以外,在国内持续时间最长、影响力最大的赛事,就是中超联赛和CBA联赛,这两大联赛正好都借鉴奥运模式建立了基本的媒体运行。但在危机处理方面,这两大赛事却存在很多问题。

拿上面记者被打的例子来说,如果不是记者身份敏感,微博传播威力巨大,而且有记者自己所供职的媒体平台做后盾,这种打人事件最终都会不了了之。这次事件发生后,大连市足协次日就迅速做出了向当事人赔礼道歉、责令足协官员停职反省的回应,并取得了受害人的谅解。上海市体育局局长第三天登门看望,以示声援。当事人也表示要尽快忘掉此事,继续投身其所热爱的足球报道事业中去。至此,从表面上看,这一突发事件处理完毕,取得了息事宁人的结局。

实际上,有关各方对这一突发事件的处理,并不能称得上是一件危机处理的成功案例,只能算是各方公关处理的非典型案例。如果按照危机处理原则,应首先确定危机处理的主体与客体。客体是这一事件的直接当事双方以及间接的所在单位。主体应该是中国足球协会和中超联赛委员会,至少是中超联赛有限责任公司(又名:中超联赛股份公司,简称:中超公司),因为中超联赛是由中国足球协会组织、中超联赛股份公司运营的。责任部门应该是中超公司的纪律部门和新闻办公室。由新闻办公室来厘清记者当时的采访时间、地点是否合乎规定,如果合规,那应该由纪律部门对动手打人者以及大连市足球协会作出处罚决定。如果构成刑事案件,还应提请警方介入调查与处理。

大连市足协做出决定,责令此次事件中负有责任的大连市足协秘书长郭某停职检查,这本身是一件十分滑稽的事情,完全是大人哄小孩儿、捏着鼻子哄自己式的愚弄游戏。因为众所周知,在地方足协中,主席只是挂名,秘书长行使实际权力,这就相当于是郭某责令郭某停职检查。至于上海市体育局局长登门看望,那充其量是基于人道关怀和精神支持,因为省体育局根本不是《新民晚报》的上级主管部门。如果是中华全国新闻工作者协会(即"中国记协")或者国家体育总局宣传司出面声援受害人,那规格、档次及其警示效应就完全不一样了。不幸的是,该发声的机构,却全都保持了缄默。

正是因为这一事件的处理不符合规范,在后续的中超和 CBA 联赛采访报道过程中,还发生了很多类似的事件。造成这一现象的最深层次原因在于,中超赛区乃至中国足协对于媒体只知道管理,却不知道服务。"在我们这里,在中超的大多数主场,记者感受不到自己被服务,更多的都是被管理。而在大连发生的这件事情,更是将这种所谓的'管理',演变为一种极端的'暴力执法'。在那一瞬间,正常采访的记者被当作了街头小贩,而动粗的工作人员,则更像个别无良'城管'。"①

① 光明网. 沪媒女记者被打始末[EB/OL]. (2012-04-24)[2016-01-05]. http://roll.sohu.com/20120424/n341444220.shtml.

第六章　大型赛事媒体运行与新闻服务的创新策略

回顾我国十多年的媒体运行实践，虽然成绩显著，但也问题突出。那么，该如何解决这些突出问题？怎样提升国际赛事媒体运行筹备能力和运行水平？这些都是未来将要承办大型赛事，特别是国际赛事的城市组委会所要面对的现实问题，也是业内人士苦思冥想、急欲解决的问题。基于此，本章我们专门探讨大型赛事媒体运行与新闻服务的创新策略，这也是本书研究的根本目的所在。

第一节　重新认识媒体运行的意义

一、全面总结过去十年的媒体运行工作

过去十几年，我国多个城市举办过富有影响力的大型体育赛事，像北京、南京等城市还不止一次地举办过全国性和国际性大型体育赛事，而中标承担媒体运行任务最多的是新华社。但截至目前，尚只有武汉体育学院在2012年举办过一次全国范围内的“大型赛事媒体运行服务学术研讨会”，而以新华社为代表的媒体单位尚未牵头召开一次国际性的“大型赛事媒体运行服务学术研讨会”，是时候举办这样的学术研讨会了。

在我国各城市连续举办大型体育赛事后，参与历届赛事媒体运行的单

位和个人，有义务和责任全面梳理过去十几年的国内媒体运行工作，总结成绩，找出问题，汲取历次赛事经验教训，传承媒体运行理念，为今后我国更多城市筹备大型赛事的媒体运行工作出台指导性文本，使得各个城市在筹备大型赛事时，能够做到更加顺畅自如、专业规范、节俭高效。

成绩自不必说，但问题更值得总结与重视。只有正视既有的问题，才能保证今后不会重犯错误。应该说，除了新闻服务要求高以外，媒体运行本身并不是一个技术含量很高的专业运作，无非就是为注册媒体提供设施与服务，设施是硬件，服务是软件，而服务者是活件。但是，难就难在要按规定和规范去做。单就硬件设施来说，过去十几年，我国历届赛事媒体运行都没有真正做到场馆设计到位、规划科学合理、资源配置恰当、运行线路高效。究其原因，还是因为各个组委会没有媒体运行经验，要么图省事，照抄照搬国际体育机构的技术手册或媒体规则，照葫芦画瓢；要么图省钱，置国际标准和媒体运行规则于不顾，自作主张，蛮干硬来。

二、全新认识大型体育赛事的本质属性：公共节日与媒体体育

一方面，大型体育赛事属于一个国家和地区最盛大的公共活动，也是一种公共节日。

说它是公共活动，是因为它是一件大事，需要举全市人力、物力和财力才能完成，像奥运会这样的大型国际顶级赛事，则需要举全国之力才能完成。它不是哪一个单位仅靠一己之力就能独立完成的，需要全体人民的努力和配合才能完成。比如，作为一个普通市民，即使不亲自参加赛事的组织活动或现场观赛，但为了减轻城市拥堵，尽量在大赛期间少开车或者不开车，那也算为大赛做了贡献。其实，所谓公共活动，就是该活动跟所有人都相关，或者都有相关性，每个人都需要出力，没法也不能袖手旁观。

说它是公共节日，是因为它是一件喜事。所谓喜事，就是它跟平常朝九晚五的工作不一样，充满了欢乐、喜庆，好吃、好喝、好玩、好看的东西一应俱全，特别期望大家共同参与、分享。正如中国国家主席习近平 2014 年 2 月 6 日在参加索契冬奥会开幕式期间，会见俄罗斯总统普京时所说：“俄罗斯举

办索契冬奥会，中国人民正在欢度春节，可谓双喜临门。索契冬奥会是普京总统领导俄罗斯人民走向繁荣富强的一个象征。中俄是好邻居、好伙伴、好朋友。按照中国习俗，邻居办喜事，我当然要专程来当面向你贺喜，同俄罗斯人民分享喜庆。”①

另一方面，大型体育赛事已经超越了一般现场体育比赛，演变成为一个媒体体育产业链。“媒体体育最终的发展趋势是以媒体作为联结点，打造一条集赛事资源、媒体资源、广告赞助资源、受众资源于一体的体育——媒体产业链，即媒体体育产业链。这个产业链就像一辆高速行驶的汽车，其中，赛事资源是发动机，媒体资源是方向盘，广告赞助资源是轮胎，受众资源是路面，它们互为表里，共生共荣，缺一不可。”②所以，媒体对于大型赛事的意义不言而喻。

三、充分预计大赛举办城市的两种结局：成功或者失败

（一）举办城市都是奔着成功的目的去

举办大型赛事的好处毋庸置疑，除了可以助推城市规划建设、交通综合整治、环境文明治理外，还可以促进城市开放包容，塑造城市形象，增强城市活力，提升城市知名度与美誉度，反过来吸引更多人来城市观光旅游，投资兴业，使城市更加宜居，促进城市永续发展。2008 年北京奥运会的成功举办，不仅打造了新北京、新奥运的形象，而且展现了中国的综合国力。中国变得更加开放自信，北京奥运会被誉为是中华民族实现复兴梦想的伟大开端。

（二）也有不能承受的失败之痛

上面我们介绍的是正面意义，但举办大型体育赛事并非只有成功、没有失败，在正面意义之外，同样存在不少的负面影响。拿奥运会的举办来说，

① 中国新闻网. 习近平索契冬奥会晤普京：邻居办喜事 我专程来当面贺喜[EB/OL].（2014-02-06）[2016-01-20]. http://gd.people.com.cn/n/2014/0206/c123932-20511933.html.

② 张德胜，张钢花，李峰. 媒体体育的传播模式研究[J]. 体育科学，2016(5)：3-9.

如果融资不力、运营不善、自不量力，城市会因此背负巨额债务。如加拿大城市蒙特利尔就在举办了奥运会之后落入“奥运陷阱”，该市在办完奥运会后的四十多年里，仍在为此前为期两周的奥运会还债，至今还挣扎在城市破产的边缘。

（三）申办大型赛事已经变得越来越谨慎

也许正是因为上述的前车之鉴，国际社会申办夏季奥运会的热情锐减，一些原计划申办 2024 年和 2028 年奥运会的城市因全球经济不景气，承办奥运会花费巨大，以及当地民众不支持等原因，纷纷退出申办。举办奥运会这个曾经的“香饽饽”，现在却成了“烫手山芋”，仅仅剩下巴黎和洛杉矶两个城市有继续申办的意愿。国际奥委会于 2017 年 7 月 12 日作出决定，同时确定 2024 年和 2028 年奥运会由巴黎和洛杉矶来分别举办。

过去，我们过多强调举办大型赛事对于举办城市的正面意义；现在，我们更要认清举办大型体育赛事可能给举办城市带来的风险。只有在权衡利弊且利大于弊的前提下，我们才能加盟到申办的队伍中去。一旦承办了大型赛事，就应该科学办赛与节俭办赛，把举办赛事的附加值发挥到极致。

四、重新认识媒体运行对于大赛举办城市的意义

（一）只有媒体才是大赛成功与否的评判者，所以要善待媒体

已故国际奥委会前主席萨马兰奇曾经说过：“奥运会成功与否是由媒体做出评判的。”这一句话被我们，也被媒体反复引用，由此可见，媒体评价对一届赛事组委会的重要意义。而组委会媒体运行的水平，在某种意义上决定了注册媒体对赛事组织的评价。

体育社会学者易剑东认为，“对其申办和筹备来说，媒体都是不可或缺的资源累积者和舆论影响者；对其运行和管理来说，媒体是至关重要的营销传播平台搭建者和信息传递主体；对其评价和总结来说，媒体是不可替代的

形象推介者和重要裁决者。”①

在北京奥运会媒体运行动员大会上，北京奥组委主席刘淇说：“服务媒体就是服务奥运。”组委会把这句话做成横幅，悬挂在动员大会的正中央。刘淇在动员大会上要求把主新闻中心和场馆媒体中心建成“记者之家”，一再强调在细节上为注册记者报道赛事提供周到、细致、国际化、专业化的服务。

国际赛事或国际会议的媒体运行实践表明，通过媒体运行服务好注册媒体，是组委会本身的需要，也是组委会的分内职责，对应邀从全球各地赶来报道赛事或会议的记者客人，组委会有义务履行东道主的待客之道。

（二）“服务好”的前提，是要把赛事组织好与报道好

服务好注册媒体，不是说把媒体招待好就行。媒体的根本任务是报道比赛，因此服务好媒体有两层含义：一是把比赛办好，比赛是源头；二是为媒体报道比赛提供优质的设备与服务。

一般来说，能够把比赛组织好的城市，自然也能为媒体提供优质服务。因为为媒体服务本身是赛事组织的有机组成部分，今天的大型赛事已经不再单纯归属为体育的范畴，它是一个以媒体为连接点的媒体体育产业链条。举办赛事的经费，主要靠门票收入、商家赞助、出售电视转播权以及用户付费收看来承担。如果这些还不足以解决问题，那就只能靠政府用纳税人的钱来买单了。

相反，如果城市管理水平欠佳，办赛经验不足，接待能力有限，那么花了纳税人大量金钱办完的赛事，最后结局非但不能赢得赞誉，反而会招来负面口碑。2016 年巴西里约奥运会就是这样，除了开幕式尽显桑巴风情以外，至今所引起的负面评价不少。比如，奥运会开幕前很多场馆设施尚未建好；比赛中各种“乌龙”事件频出，包括中国的国旗出错；赛后不到半年，奥运场馆缺乏科学管理，不少场馆已经变成了垃圾场。

如果比赛组织得很好，媒体服务也做得很好，那么，赛事传播效果就最

① 易剑东. 大型赛事报道与媒体运行[M]. 杭州：浙江大学出版社，2008：34.

大化了；如果比赛组织得很好，但媒体服务做得不好，那就毁誉参半，造成遗憾；如果比赛组织得很差，那么组委会把媒体招待得再好也没有用，因为媒体代表社会的道德与良心，记者不能因为自身私利而说假话；如果比赛组织得很差，媒体服务也做得很差，那么，这个赛事就等于白办了，留给世界和后人的全是负面资产。

（三）该花的钱一分也不能省

媒体运行，已经逐步演化成为高规格国际赛事或会议的有机组成部分。它是在总结历届媒体运行经验教训的基础上，通过国际奥委会《媒体技术手册》和国际体育单项组织《媒体规则》确定下来的。这是高规格国际赛事自身传播体育精神和文化的需求，也是赛事自身发展的需求，更是媒体吸引受众注意力的需要。

一个世界级通讯社或世界知名媒体，若缺失对高规格世界级赛事的报道，是不可想象的，也是受众不能接受的。没有媒体运行为注册记者提供专业的设施和专业的服务，记者也不可能充分报道赛事。媒体运行是现代体育组织不可或缺的组成部分，它是当代体育信息全球化的产物。

不论是组委会主席，还是普通工作人员，都必须正视媒体对现代体育赛事的重要作用，只有善待媒体，服务好媒体记者，才能树立赛事良好形象，取得赛事成功。2013 年举办的沈阳第 12 届全国运动会，因为太过节省，结果把大型赛事必须设置的媒体运行部也节省掉了。赛会没有专门的媒体运行，导致媒体采访不畅，一些场馆甚至还出现了阻挠媒体采访的情况。媒体服务缺乏的同时，势必造成组委会危机管理水平降低。这届全运会发生了很多负面事件，在新媒体的催化下，这些负面事件被无限放大，最后导致社会舆论对于究竟要不要举办全运会产生了争论，一时间，“全运会可以休矣”的呼声甚嚣尘上。

应该说，这都是忽视媒体运行带来的负面结果，它对于全运会的赛事形象及其举办城市沈阳的形象都造成了难以弥补的损害。

第二节　重新厘清媒体运行的理念

从2004年北京奥运会筹备工作正式引入媒体运行以来，媒体运行在我国已发展了十多年，十多年的时间不算短，但很多与赛事相关的人员对这一概念仍不是很清楚，有的人将媒体运行等同于赛事报道，有的人则将其与媒体运营画等号，这些都需要在理论上加以厘清。

大型国际赛事媒体运行的核心任务是为注册记者报道赛事提供服务。比如媒体服务、新闻服务、摄影服务、电视转播服务，这些分类服务的概念、内涵和外延都需要界定和规范。

一、媒体运行不是新闻报道

实践证明，业内外人士会把媒体运行误认为媒体报道，分不清二者的联系与区别，也会把“媒体运行人”误认为是赛事报道的记者。

媒体运行≠媒体报道，这是北京奥运会媒体运行培训第一课单列的题目。

从功能上讲，媒体运行是为记者报道赛事提供硬件设施、技术设备和赛事信息及后勤保障服务的。

从表现形式来讲，媒体运行是通过媒体功能区——主新闻中心、国际广播中心、场馆媒体中心、场馆电视转播综合区的有序运行，为记者观看比赛、拍摄镜头、录制视频、采访运动员和教练员，以及编辑文稿、图片、视频提供服务的。

从主客关系来讲，“媒体运行人”是主体，是组委会的工作人员，他们持组委会工作人员证件，在各场馆媒体区工作；媒体运行服务的客体是来自国内外的注册记者，他们属于组委会的客户群，持媒体注册证件。

而媒体报道是直接通过文字、图片、声音、视频的形式，经由报纸、杂志、广播、电视、新媒体等媒体传播赛事的。注册记者本质上为派出的新闻单位服务，通过他们的报道，传播了竞赛信息、竞技精神和举办城市的精神风貌。

一句话，媒体运行为注册记者服务，注册记者为所供职的媒体服务，各媒体为各自的受众或用户服务。

二、媒体运行不是媒体运营

组委会也经常有人把媒体运行说成是媒体运营。新华社资深媒体运行专家徐济成曾在第 9 届贵阳少数民族运动会筹备阶段反复讲解媒体运行概念，但还是有人将其与媒体运营等同。这两者的最大区别在于，媒体运行的主旨是服务，是一项必须完成的任务，比义务行为还要高；而媒体运营的主旨是赚钱，是一个商业行为。它们二者有本质的区别，我们要严格厘清媒体运行和媒体运营之间的不同。

对于各个新闻机构来说，媒体运营是一个重要任务。媒体运营主要是指通过新闻传播的媒介影响力，媒体吸引商家参与广告投放，从而实现盈利的目的。

大型赛事的媒体运行，其实也包含媒体运营的理念，这主要是指电视转播的范畴。由于奥运会的巨大影响力，国际奥委会委托电视转播公司录制公共电视信号，成为主转播商；各国电视台通过购买电视转播权，成为持权转播商，它们在播放公共信号的同时，再附加自己的单边信号，如自己的解说评论，实现具有本国或本地特色的电视转播报道。国际奥委会通过电视转播权的有偿转让，获得经济收入，来维持国际奥委会的运转。承办城市组委会也会按举办合同得到 50%左右的分成，作为组委会的正常收入，投入到赛事的筹备和运行中。

三、媒体运行的核心理念是服务

(一)服务媒体要从细节着手

媒体运行的主要任务是服务注册媒体报道赛事，这是媒体运行的本质，其核心的价值理念是服务。而服务的本质，是帮别人做事；服务的特性，是非实体性的，不能自产自用，而是依赖客户而存在；服务的标准，由顾客说了算，“顾客满意就是服务的最高标准”①。因此，从组委会媒体运行部组建伊始，所有媒体运行人要牢牢把握服务的理念，并把这一理念时刻贯穿到赛前筹备和赛时运行之中。

从新场馆设计和老场馆改造两个阶段入手，从媒体村规划建设、媒体酒店选定，到主新闻中心和国际广播中心的选址、规划、设计，从竞赛场馆安保线外停车场、媒体安检入口到场馆媒体中心和电视转播综合区的分区规划，都要自始至终体现“为媒体服务”的理念，时时处处为媒体的需求着想。

从媒体功能区硬件设施改造、家具白电、技术设备的移入安装，到电源和网线布线，乃至电源排插和数据端口的摆放、安装，以及媒体运行流线的选定，标识的设计、布置，都要从细节处着眼，体现温馨、周到的媒体服务意识。

从媒体报名信息表的制作，到注册信息回收梳理，再到媒体注册证件的制作、发放；从机场接机、酒店住宿，到媒体班车、媒体餐饮的安排，乃至本地媒体自驾车车证的申领和发放，无一不体现“方便媒体、便捷高效”的服务理念。

从经理、主管层、媒体受薪团队的自身建设，到志愿者的招募、选拔和培训，都要把媒体运行服务的理念写在课件中，印在脑海里。在媒体每日运行计划编制、实战演练方案编写和应急预案的制定中，处处都要体现“从细节着眼服务记者”的理念。

(二)典型案例：南京青奥会主媒体中心牢固树立“五个意识”

一句话，媒体运行就是服务媒体。以南京青奥会为例，主媒体中心团队在赛后的媒体运行工作总结中提到，正是因为树立了“五个意识”，才确保了媒体运行的成功。

第一，树立强烈的媒体客户群意识，实现由单纯管理向客户服务的转

---

① 张德胜，武学军. 体育解说评论[M]. 武汉：华中科技大学出版社，2017：28.

变。服务媒体就是服务青奥，媒体运行团队紧紧围绕媒体客户群的需求，制定运行规则和服务重点，将管理要求变为具体细化的服务内容。例如，为所有媒体提供周到的注册、交通、信息等服务和支持保障，为媒体记者提供“一站式”、人性化服务，协调开闭幕式导演团队、OBS和中央“三台四网”提前对接，做好相关直播保障服务。以细致周到的服务确保事事有交代，件件有落实，直到媒体满意为止。

第二，树立规范的规则意识，切实将理念转化为运行流程，变成科学有效的工作机制。要按照国际赛事媒体运行规则和国际惯例，结合南京青奥会办赛实际，创新运行模式，科学构建筹办工作体系。坚持“既遵守国际奥委会规定规则、又积极灵活提供优质服务”原则，科学缜密地制订“媒体运行工作计划”，形成22个业务领域分运行计划、213条媒体运行应急预案，以培训工作为纽带和抓手，将理念变为可操作的运行流线，反复演练、扎实推进，实现媒体运行的规范化运行、跨文化整合、服务链管理，保证筹办运行工作扎实落地。

第三，树立专业化精准化意识，确保媒体运行处处形成闭环、高效流畅，将媒体运行专业化标准和要求贯穿于筹办和运行的全过程，在执行中处处体现“落小、落细、落实”的原则，做到精心谋事、精细实施、精准执行。无论是主媒体中心的工程装修改造阶段，还是场馆运行环节，大到媒体政策、小到媒体包的款式，均按照专业化标准制定和实施方案，确保做到零差错、零投诉。

第四，树立文化融合意识，将文化展示、文化体验贯穿场馆运行的始终，场馆建设和运行要突出文化特色和文体融合。主媒体中心坚持场馆功能与文化展示的有机结合，在确保为注册媒体提供功能服务的前提下，打造媒体工作间的“秦淮夜景”，让记者在工作之余能够放松心情、体验美景。主媒体中心场馆不仅是“记者之家”，更是一个会“说故事”的场馆，门口的“落花如雨”、商业服务区的手绘南京地图等，处处充满着南京元素，在为媒体提供一流服务保障的同时，其也成为传播中国梦、青春梦和中华文化的重要场所。

第五，树立运行统筹意识，将各项目标任务变成可执行和操作的方案。运行应该是建立在可执行的基础上，按照统筹的观点，通过各部门的有效沟通，在各方达成共识后，变成可执行的方案。

第三节　媒体功能区的规划与设施设备的筹划

对于大型赛事来说，如何介入新场馆媒体功能区的规划与设计，如何介入老场馆改建阶段的媒体运行设计计划，是极为重要的问题，也是一般学术论文甚少提及的问题，因为它要求研究者本身拥有很丰富的媒体运行参与经验。如果媒体运行部能提前参与场馆的规划设计，就会事半功倍；如果错失参与机会，就会事倍功半。

一、媒体运行规划的两难选择

媒体运行区域的规划、建设、改建，以及物资和设备的采购、移入和安装，是组委会媒体运行较大的财政支出。媒体运行的规划，常常面临"两难"选择：一方面，如果规划或改造的面积过小，就不能满足注册记者工作需求；另一方面，如果规划面积过大，提供设施过多，则会造成浪费，导致服务过度。规划尺度和分寸的拿捏，是媒体运行的真功夫。

二、赛事规格决定规划的规模

最高规格的赛事，当然是奥运会。由于奥运会是媒体高需求赛事，国际奥委会采用了媒体注册名额总控的政策，文字、摄影、广播电视的注册记者总数基本控制在 2 万人左右。

2008 年北京奥运会主新闻中心、国际广播中心、场馆媒体中心和电视转播综合区的规划，都是在国际奥委会《媒体技术手册》指导下，参照往届奥运会的统计数字，结合我国国情和场馆实际，进行规划和建设的。北京奥运会的主新闻中心和国际广播中心，是历届奥运会中面积最大、设施最全、设备最先进的媒体中心。

而各个竞赛馆的媒体中心，也都是参照往届奥运会的数据总结，根据体育项目的特点和场馆实际来规划的，总体来说，能够满足赛事注册记者的需求。对于个别高需求体育赛事，采用了附加的准入政策，也能保障热门体育项目比赛的媒体功能区满负荷有序运行。

然而，对于其他综合性国际体育赛事，比如亚运会、大运会、青奥会和各个单项顶级国际体育赛事，如南宁世界体操锦标赛、苏州世界乒乓球锦标赛，媒体注册基本上采取了开放式注册政策，因此很难对记者报名注册的数量，作出精确判断。对于媒体功能区的面积和设施、设备的规划，并没有较为准确的数据可供参考。这给各举办城市组委会媒体运行部门规划、建设媒体功能区带来了困难和挑战。

对于国内举办的全国性或职业性赛事而言，它们在媒体运行方面，则缺乏具体规定，各赛事版权方或最高组织机构可参照国际标准来灵活掌握。

三、规划设计媒体功能区的五个前提

（一）要科学预估赛时注册记者规模

组委会媒体运行部门一定要事先与主办方如亚奥理事会、单项国际体联媒体运行有关部门和负责人沟通协商，尽可能索取往届赛事媒体运行功能区域面积和注册记者人数的相关数据材料。注册记者人数是一个极为重要的数据，它是我们规划媒体功能区域面积、设定工作间和带桌记者席工位数量的最基本的参考数据。

组委会媒体运行人员必须清晰地认识到，注册记者人数不是实际到场报道赛事记者的人数，二者之间存在较大差别。对于综合性体育赛事、单项顶级体育赛事，其记者到场的人数变化规律也不同。实践表明，注册记者实际到达各个场馆的人数，与参赛代表团国别、体育项目、当日比赛日程和本场馆比赛结果冷热，有直接关系。对于单项体育赛事，注册记者到场人数，与参赛代表团的国别、参赛水平、赛程和参赛明星多少，有直接关联。

(二)要充分考虑赛事周期长短所产生的科技变化

要派专业人员，认真观摩、记录、研究上届赛事媒体运行功能区的规划和运行情况，参照其经验来规划本届赛事媒体运行功能区。大型综合体育赛事一般每四年举办一次，在四年时间里，网络信息技术、电子设备都会发生较大的变化，因此需要与时俱进，不可照搬照抄。单项体育赛事，一般每年或隔年举办，其参照性很强，有的根据场馆实际情况，做出恰当调整即可。

(三)要根据国情预留一定的冗余空间

要结合我国国情和场馆的实际，来规划媒体功能区的面积。世界上没有两片完全相同的树叶，也绝不会有完全相同的两个场馆。场馆不同、项目不同、国情不同，媒体功能区的规划也不同，一切从场馆实际出发，不能犯本本主义的简单错误。新华社媒体运行专家徐济成曾就过去十几年在我国举办的大型国际赛事的媒体注册情况做过研判，他认为，如果拿国外数据做参考，在我国举办的国际同类赛事，其注册记者人数会比国外增加20%。

(四)要完全吃透媒体技术手册的相关规定

媒体运行部门要严格依据国际体育组织编制的媒体指南和规则来构思。例如，北京奥运会是按照《媒体技术手册》来规划媒体运行功能区的，南宁世界体操锦标赛是按照国际体联(FIG)的《媒体规则》来做媒体运行筹备的。媒体规则和指南，是在总结了历次国际赛事媒体运行实际情况后制定的，在业内具备权威性和重要的参考价值。它是媒体运行人员与组委会提出媒体规划需求的原则和依据，媒体运行人员要反复研读手册和规则，把重要规划、要求和数据牢记于心。同时也要注意结合场馆实际，灵活而务实地按照手册和规则的要求，创造性地规划媒体需求。

(五)要邀请有经验的国际专家参与设计

聘请有同级别赛事经验的媒体运行专业人士，根据赛事特点、场馆实际，来规划、设计、改建媒体功能区，这也是一个极为有效的办法。北京奥运会时，因没有在场馆层面邀请国际媒体运行专家参与场馆媒体运行的详细设计工作，而场馆团队和媒体运行人员又没有奥运会实际工作经验，导致规划和改造出了一些问题。2008年之后，我国各地举办的国际性综合体育赛事和国际会议，几乎都聘请了拥有奥运会经验的媒体运行专业人士，参与主新闻中心、国际广播中心、场馆媒体中心和电视转播综合区的规划设计，这是一个科学明智之举。

四、合理预算硬件设施和技术设备

上述关于规划媒体功能区的五条思路，也适合物资设施和技术设备的规划、核定与确认。像电脑、高速打印机、复印机、电视等技术设备，都是价格较高的设备，需要根据记者的实际需求配备，做到专业而恰到好处，既能满足赛时需求，又要尽可能减少浪费。

根据物资设施和技术设备的需求，分类设计、编制规范的Excel表格，对所需物资和技术设备进行系列分类、统计、核定和确认。这些物资和设备，需要业内人士反复沟通、讨论，才能拿出一个合理的方案。物资设施和技术设备筹备过少或过多，都不是专业的表现。实践表明，北京奥运会做得比较专业，在广州亚运会和深圳大运会上，出现了媒体设施和设备配备过度的现象。

媒体运行功能区规划设计完毕后，需要根据记者工作需求，采购、筹备、移入、安装、调试大量物资设施、家具白电、技术设备，这是赛事组委会一笔较大的经费支出。为了实现“节俭办赛、服务标准不降”的办赛目标，北京奥运会后，各个承办国际赛事的组委会八仙过海，各显其能，通过限量采购、转包改建、有偿租用和借用等方式，来筹措媒体运行所需的设施和设备。这种办法，充分利用了我国国有资产管理体制和举国体制的优势，不仅实现了节俭办赛，同时也减轻了赛后处置、管理大量采购而来的闲置物资、设备的负担。

五、个案分析:南京青奥会媒体运行主媒体中心——一个“会讲故事的 MMC”

图 6-1　南京青奥会主媒体中心入口

南京青奥会媒体运行的主媒体中心由主新闻中心和国际广播中心组成,是青奥会期间注册的文字、图片新闻机构的主要工作场地,也是主转播商和持权转播商的大本营。在场馆建设之初,MMC(主媒体中心)就被定位为“一个会说故事的场馆”,要将功能性和文化性融为一体。该创意得到各级领导和中外记者的一致好评。

(一)把场馆建设过程变成学习适应国际规范的过程

为了匹配全球最高端的赛事电视转播要求,奥林匹克广播服务公司(OBS)对国际广播中心(IBC)的建筑设计提出了具体、明确的技术指标和硬件需求,主要涉及房间布局、供电方案、线缆分布、隔音降噪要求、地面处理、空调类型、插座类型、竞赛信息系统等多个方面。

主媒体中心施工团队提前半年进驻场馆现场,邀请施工专家组成顾问团,认真研究媒体和 OBS 的需求,精心制作设计图、施工图,并从图纸阶段开始提请市审计局同步审计。

IBC的工程技术要求高，每一个房间对于温度、湿度、噪声等级都有严格的规定，施工组用尽一切办法，在预算紧、工期紧、专业人手紧的前提下，努力把建设的过程变成学习和适用媒体运行国际惯例的过程，克服各种困难，确保主媒体中心在2014年6月底前顺利完成。

（二）细化运行计划，制定应急预案，确保MMC运行顺畅

针对运行时尤其是开闭幕式当日可能出现的媒体大客流情况，主新闻中心细化流程做好了相关预案。据统计，2014年8月16日参与开幕式报道的媒体记者达到了2 330人。在媒体大堂设置主服务台、餐饮、交通和语言服务志愿者，通过各类信息公告、图标和直接交流，全面打通信息发布与沟通交流的渠道；团队工作人员把收集到的涉及交通路线、新闻发布会、赛事日程等的变更信息，及时、准确地通过邮箱和短信平台向注册媒体进行推送，累计发送邮件约65 000封，发送短信约99 000条。

媒体工作间结合运行布局，整合强弱电布线，实现无交叉布线零的突破，被奥运专家称为“奥运首次实现无交叉布线”。MMC运行团队细化了媒体包发放、注册激活、开闭幕式媒体座席票发放等各类针对性运行计划，高效、有序地保证了记者工作无障碍。一位资深记者说，大堂空间有限，但即便最忙的时候，大堂的队伍也没有排出门口，这一定是运行计划细致合理的结果。

（三）让MMC讲述南京故事

青奥会主媒体中心被誉为“会讲故事的场馆”。从设计之初，就将文化展示、文化体验贯穿于设计施工和运行始终。秉承实用和节俭原则，充分调动城市各方面力量的参与。

例如，引入南京艺术学院设计团队，打造了以“夜泊秦淮”为主题的“最美媒体工作间”，打造了“书香金陵”图书区；通过现代科技手段，实景展示南京“明城墙”；组织民间艺人现场织造云锦，并在赛事结束时将作品赠送给国际奥委会主席巴赫留存，还组织了22位民间“非遗”传人现场表演；在新闻发

布厅设置了现代裸眼3D南京历史手绘长廊，与“一碗南京”、“南石头记”雨花石展示交相呼应。

这些文化展示不仅改善了媒体记者的工作环境，还从各个角度宣传了中华文化，讲述了南京故事。与此同时，还通过策划记者生日会等形式，加强与媒体记者面对面的沟通，营造真正的“记者之家”。

青奥会结束以后，国际奥委会媒体运行官安东尼·埃德加特意给南京青奥会媒体运行部发来感谢信，他在信中说：“每一样东西都很完美，我们的媒体得到了奥运会历史上最高级别的服务，包括那些精心设计的从主媒体中心指引我们的记者去媒体工作间的指示牌，经过专业训练并且友善的媒体助理，开幕式上绝佳的看台位置和摄影席位，还有一流的《媒体指南》，都让我觉得很棒。”

第四节　做好场馆运行初步设计

一、场馆运行设计概述

（一）场馆运行设计的基本内涵

场馆运行设计是场馆内所有公共活动的前提和基础，没有经过运行设计的场馆，充其量只能叫作原始场馆，原始场馆没法开展各种专业活动。那么，什么是场馆运行设计呢？

场馆运行设计，是指对竞赛场馆和非竞赛场馆进行前后院规划，划定运动员、技术官员、贵宾、媒体、观众五大客户群和场馆各业务口工作人员的运行区域、入口与出口、验证点、办公空间、运行流线、指路标识，以及设施、设备的数量和需求，移入使用的时间等，是赛前筹备的重要步骤。

场馆运行设计不是哪一个部门或业务口的事情，是整个组委会层面的事情。只有经过运行设计的场馆，才能提交赛事组委会使用，才能开展包括媒体运行在内的一系列运行，才能进入场馆化运行阶段。在体育大赛期间，国际赛事场馆化运行，从宏观上可概括为三个阶段：一是赛前运行筹备阶段，二是赛时运行阶段，三是赛后运行总结阶段。

以北京奥运会为例，竞赛场馆是按照红、蓝、白三种色彩和2、4、5、6四个数字，来进行区域规划的。其中，红区是场馆工作人员活动办公区，蓝区是比赛场地区(FOP)，白区是观众服务区；2区是运动员准备区，4区是文字摄影记者工作区，5区是电视转播综合区，6区是贵宾区。

(二)场馆运行设计的时空两轴

场馆运行设计，从时间轴来看，主要在赛前筹备阶段展开。根据北京奥运会经验，媒体运行人员应在主要场馆规划设计阶段就积极主动介入，以便设计人员能够充分考量媒体运行的基本需求和规范。

场馆运行设计，从空间轴来看，主要分为两类：一是对非竞赛场馆进行媒体运行设计，即对主媒体中心、国际广播电视中心、媒体村或酒店、运动员村等进行运行设计。其中，主新闻中心、国际广播中心是媒体运行相对独立而又极为重要的两个非竞赛场馆，应在国际奥委会新闻委员会和电视转播委员会的指导下，由赛事承办组委会媒体运行部进行相对独立的规划和运行设计。二是对若干竞赛场馆进行媒体运行设计，即对竞赛场馆媒体中心、电视转播综合区进行设计。其中，竞赛场馆媒体中心设施设备包括媒体看台席、摄影位置、摄影平台、评论员席、线缆桥架等，它是整个场馆运行设计的重要组成部分，应将其纳入竞赛场馆整体运行设计中，并要与相关业务口交流沟通，得到他们的密切配合和大力支持。

(三)场馆运行设计的两个层次

场馆运行设计可分成两个类别，即初步运行设计和详细运行设计，后者以前者为基础。前者简称“初设”，后者简称“详设”。

赛事规模不同，体育项目不同，注册记者人数不同，媒体各个功能区的容量和工位也不同，技术设备规格和要求也不同，媒体的需求也有相应较大的变化。媒体运行设计没有固定的模式可循，但可参考往届筹备的实际经验和媒体运行数据，在场馆化运行设计中完成媒体运行的自身设计。

二、场馆运行初步设计界定

（一）场馆运行初步设计的实质

场馆运行初步设计，一般在组委会层面统一协调下推进、展开与完成。组委会各个相关部门按照各自的技术手册和规则，依据各客户群服务和运行需求，根据举办赛事的项目特征和场馆特点，结合场馆实际，对各自功能区进行宏观的规划与分区。形象地说，初步设计就是各个部门在场馆内“跑马圈地”。

（二）场馆运行初步设计的内涵

媒体运行业务场馆初步设计，就是对媒体运行所需的功能区，如媒体停车场、媒体中心入口、媒体中心（文字记者工作间、摄影记者工作间、文字记者带桌席与无桌席、看台席摄影位置、场地摄影位置、混合区、新闻发布厅、媒体休息区）、新闻服务办公室、成绩发送办公室、电视转播区域（电视转播综合区、评论员席、观察员席、摄像平台、线缆桥架、评论员控制室、电视转播信息办公室）以及媒体工作人员所需的办公区域，进行初步设计，要在图纸上对上述区域进行布局和规划。

三、场馆运行初步设计的基本原则

由于受到场馆客观条件的制约，各种需求在场馆中交会对接，会产生很多矛盾，导致场馆初设工作极为复杂。同时，场馆媒体运行设计，因赛而异，因项而异，因馆而异，所以必须逐一对竞赛馆进行初步设计。根据我国近年来举办大型赛事的场馆运行设计经验，在对各个竞赛馆进行初步设计时，应把握如下基本原则，推进初设工作全面、有序、高效展开。

（一）要吃透赛事主办方对媒体运行的基本要求

赛事主办方，一般是赛事版权的拥有者，而举办城市其实是赛事的承办方。要开展场馆运行初步设计，就要吃透赛事主办方对媒体运行的基本政策、技术、规则和所需设施的基本要求。

以北京奥运会为例，媒体运行初步设计的第一个原则就是以IOC《媒体技术手册》《电视转播技术手册》的基本要求为依据。这两本手册，曾被北京奥组委媒体运行部称为“媒体运行的圣经”，它总结了历届奥运会媒体运行的经验和教训，经过不断更新和自我完善，形成了一个具体、详细、明晰的规范要求，是组委会对各个场馆进行初步设计的基本依据。只有先吃透这两本手册，对其媒体运行的设施、设备、人员基本要求了然于胸，才能在对场馆初步运行设计时提出科学、合理、恰当的基本需求。

（二）要掌握同项赛事往届场馆媒体运行的数据变化

现在有影响的大型赛事，一般每四年或者两年举办一次，每届赛事的组委会都会作赛后总结，为下届组委会留下基本的数据、经验和教训等文化遗产。上届赛事的总结对本届赛事各个场馆的初步运行设计有极其重要的参考作用。由于每一届赛事的每一个场馆大小都不一样，各地观众对于高需求赛事的看法不一样，因此，IOC《媒体技术手册》不会对各个场馆的文字记者带桌席数量与无桌席数量，记者工作间面积，摄影位置、摄像平台、混合采访区的大小，新闻发布会的频次，评论员席的数量，电视转播综合区的面积，做出明确的数字界定。

那么，我们在对各个场馆进行初步设计时，媒体运行的空间和区域又该如何确定呢？以看台席为例，媒体对看台席的需求，应该在充分考虑往届赛事的基础上，结合本届赛事的特点，进行科学合理的预判和确定。如果规划的媒体看台席数量太多，而赛时没有多少记者到场观赛报道，就会造成资源浪费；如果规划过少，无法满足记者的需求，就显得赛事组织不够专业，忽视了媒体的需求。因此，往届赛事看台席的数量，是本届赛事重要的参考数据。

（三）要科学预判本届赛事媒体客户群的数量

以北京奥运会为例，IOC 规定的注册记者数量中，文字、摄影记者为 5 600人，广播电视记者为 16 000 人，其中主转播商 4 000 人，持权转播商 1 200人。赛时主转播商工作人员基本都固定在 IBC、各个竞赛场馆的电视转播综合区和摄像平台岗位。但持权转播商、文字和摄影记者以及新媒体记者的数量，往往会随着体育项目的冷热变化和赛事的进展发生变化，因此，媒体对看台席的需求，基本上是按照决赛高峰值来确定的。对于一些高需求赛事，如奥运会、亚运会的开幕式、篮球和足球的决赛，均应按照高需求赛事的记者规模来对待，在记者准入问题上，除了要求记者持有注册身份证件之外，还要求他们同时持有门票等附加证明。

（四）要积极与相关业务口进行深度沟通、协商与确认

由于初步设计的实质就是各个有关部门在场馆“跑马圈地”，大家手里都拿着各自的运行技术手册，包括服务政策、基本标准和具体要求等，相互争夺有限的场馆资源，焦点主要集中在场馆功能区域划分上。因此，这势必会在各个部门和业务口之间产生各种各样的矛盾和纠纷。有些矛盾容易解决，有些则是无解的死结。这就需要相关业务口在吃透本业务口技术手册的基本规范和要求后，结合本场馆的实际情况，经过反复讨论协商，讨价还价，最终科学合理地配置、利用好有限资源，尽可能让各个业务口所拥有的空间和设施接近规范和标准，而又不会过分干扰其他业务口运行，确保各自部门较好地服务本业务口的客户群。

（五）要在新场馆建设和老场馆改造的设计阶段积极介入

由于媒体客户群对场馆的办公空间、硬件设施、技术设备、运行空间和流线需求量大，所需标准高，媒体运行人员如果不在新场馆设计或者老场馆改造的初始阶段就积极主动介入，提出合理的业务需求，就会导致新建场馆或改造后的场馆先天不足，致使硬件设施无法满足基本需求，给场馆媒体运行初步运行设计带来诸多不便，严重的还会无端造成重复改造的巨大浪费。

所以，大型国际赛事组委会一定要按照技术手册的要求，及早组建媒体运行部门，选派有经验的人，在各个场馆的建设和改造设计阶段就积极介入，确保在场馆设计阶段就未雨绸缪，充分考虑媒体的需求。

四、场馆运行初步设计的四个步骤

由于在场馆设计、建设和改造阶段，各个竞赛场馆团队还没有组建，而此时组委会媒体运行部的人员，已按照计划逐步招聘组建到位。因此，各个场馆媒体运行的初步设计，都是在大型赛事组委会的层面来完成的。媒体运行部场馆媒体中心处、摄影服务处、新闻服务处、媒体服务处和广播电视处（组委会电视转播公司）负责参与各个场馆的初步运行设计，规划场馆媒体中心和电视转播综合区的基本需求。

北京举办奥运会期间，37 个竞赛场馆和非竞赛场馆（MPC 与 IBC）都是由媒体运行人员自己完成初步设计的。我们在总结北上广深四大一线城市大型国际赛事媒体运行初设经验之后，提炼出场馆运行设计的四大步骤。

（一）以“五个精通”为依据，力争满足基本需求

所谓“五个精通”，是指在参与场馆媒体运行初设之前，媒体运行专业人员要对赛会技术手册要求、体育项目特点、往届赛事数据、场馆在建情况、媒体客户群特点等信息了如指掌，只有这样，才能在与相关业务口集体讨论场馆运行初步设计时，对媒体的需求做到心中有数，才能有理有据地提出媒体运行合理的需求和解决问题的办法。例如，场馆媒体中心的设施（文字记者看台席、记者工作间、混合区、新闻发布厅、看台席摄影位置、场地摄影位置、POOL 摄影位置）、电视转播综合区、解说控制室（CCR）和电视转播信息办公室（BIO）、评论员席、摄影摄像平台等，为什么要选择这个区域，为什么需要这么大的面积和这些数量，为什么媒体运行客户群的流线要相对独立，绝不能被阻断和受到干扰，等等。

（二）以场馆实际为根本，合理调整配置资源

场馆初步运行设计的实践一再表明，竞赛、媒体、贵宾、观众、安保等业务口分别按照各自技术手册的规范要求，对一个在建或者改造场馆的有限资源进行分区规划，势必会产生各种各样的矛盾。场馆初设遇到矛盾最突出的就是老场馆，由于老场馆先天条件不足，只能由各个业务口协商讨论，相互理解退让，最后达到各个业务口相对满意，可以顺畅运行的目的。解决矛盾和问题，不能只坐在办公室里纸上谈兵，一定要到场馆现场踏勘，了解实际情况，找出解决办法。

（三）善于开动脑筋，寻求症结突破口

各种需求在场馆聚焦后，有的矛盾异常突出，看起来就像死结。但是，如果各方开动脑筋，充分讨论，还是可以找到解决办法的。

以北京奥运会丰台垒球场电视转播所需的两间临时设施办公室（CCR 和 BIO）设计为例，因为电视转播评论员控制室距离评论员席不能超过 50 米，所以，媒体运行部不得不将其设在主场二楼平台，以便靠近评论员席。但是，安保和消防部门却认为，二楼平台是主看台的消防疏散平台，这两个板房搭建后，一是妨碍观众和记者在应急情况下疏散，二是不符合国家消防安全规定。

媒体和安保双方争执僵持不下，外籍电视转播专家、媒体运行人员和场馆主任等经过反复研究讨论，终于找到了妥善解决问题的办法：第一，主转播商同意把这两个房间宽度减少 50 厘米，增加应急疏散通道的宽度；第二，原设计为观众看台席的区块，因评论员席和文字带桌记者席的改造，其区域座位大为减少，赛时应急出入该区域的人数，就比原设计时人数减少了三分之一，尽管疏散平台被占用了一部分，但仍可满足人员应急疏散需求。安保和消防部门最终同意在疏散平台搭建两间临时设施办公室，看似无解的矛盾最终得到了妥善解决。

(四)场馆各业务口在场馆初设图纸上签字确认

场馆初设需有关部门进行多轮反复讨论协商,在落实各个业务口的需求之后,才能正式确认。在很多情况下,不能保证由同一个人来完成本业务口的全部初设任务。为了保证将初设讨论结果落到实处,不会出现反复和差错,当事人要在初设会议纪要上签字。同时约定,不许单方通知设计师修改初设图纸。场馆运行初步设计完成后,要统一落图,再统一召开相关部门协调会,逐一详细确认各个部门的需求。集体讨论通过场馆初设图纸后,由各个业务口代表签字确认,注明时间,封存备用。

各个场馆运行初步设计的成果,通过一张张 PDF 图来体现运行空间的划分,并按照红、蓝、紫、深绿、浅绿、黄等颜色标注各个客户群的运行区域。媒体运行区域一般都采用绿色标注,深绿色为电视转播区域,浅绿色为文字、摄影媒体运行区域,蓝色为竞赛运行区域,紫色为贵宾区域,红色为工作人员区域,黄色为观众活动区域。另外,还通过不同染色线条来标注各个客户群在场馆的运行流线,通过房间列表来确定各个业务口的功能用房。

第五节　做细场馆运行详细设计

由组委会完成的场馆初设成果,为场馆团队进场推进详设奠定了基础,做好了准备。但场馆团队只有在初设的基础上,进行详细设计,在细节上下功夫,才能把媒体运行所需的硬件设施和技术设备移入并安装到位。

如果说场馆运行初步设计是由赛事组委会层面完成的,那么场馆运行详细设计,则是由场馆团队层面完成的。媒体运行详细设计是场馆运行设计的重要有机组成部分。

一、场馆运行详细设计的内涵

从媒体运行的角度看,场馆运行详细设计是指在初设的基础上,对各自功能区和功能用房进行内部家具(办公桌椅、成绩公报柜、储物柜、电视柜、媒体服务台)、白电(电视、冰箱、空调、冰柜等)、技术设备(INFO终端、无线网络、电话、传真机、打印机、复印机、办公电脑等技术设备)、形象景观、运行流线等方面详细的落点分配和布局。

场馆媒体运行详细设计集中体现在两大区域:一为场馆媒体中心,二为电视转播区域。这两大区域分别由场馆媒体团队和组委会电视转播机构来逐一完成。媒体运行详细设计为赛前大量的家具白电、技术设备摆放和安装打下基础,技术部门和物流部门将根据详细设计图纸,将家具白电和技术设备移入和安装到媒体功能区域。

如果说场馆运行初步设计是业务口与业务口之间的宏观设计的话,那么,场馆运行详细设计就是在媒体运行功能区内部所进行的具体而微观的设计。宏观设计追求做好,而微观设计追求做细,要把每一个细节做实。

二、推进媒体运行详细设计的原则

正如场馆初设有其遵循的原则一样,媒体运行详细设计也有其遵循的原则和经验。详细设计主要突出"详细"二字,如果说细节决定大型赛事的成败,那么详细设计就决定了细节。为做好媒体运行详细设计,应从以下三个环节着手。

(一)详设前要做到"四个了如指掌"

场馆运行详细设计工作由场馆团队完成。先期的场馆团队由各个业务口的经理层和主管层构成,一般在赛前一年进入场馆,而北京奥运会是提前一年半进入场馆开展工作的,同时筹备测试赛。媒体运行团队要想做好本业务口的媒体运行详细设计,必须在详细设计之前,做到"四个了如指掌"。

一要对媒体运行区域了如指掌。场馆初设时,媒体运行区和流线已经确定。媒体团队进入场馆后,首先要对照场馆初设图纸,对已确定的媒体运行区和电视转播区进行详细踏勘和了解,应该随时带着相机和尺子,记录自己区域的面积和尺寸。同时,也要充分了解媒体功能用房的面积和尺寸,比如房间开几个门，窗户大小和朝向，电源插座的位置，数据端口的位置和数量，房间供电的负荷；还要了解媒体看台席区域有多少排自然席，自然席台阶的宽度是多少，摄影位置的宽度及视线如何。对于电视转播评论员席和摄像平台的位置、高度、宽度、长度等尺寸，都要做到心中有数。

二要对家具设备的尺寸了如指掌。在北京奥运会期间，办公桌椅、媒体服务台、成绩公报柜、储物柜、电视、冰箱、电脑、打印机、复印机、传真机的尺寸都是标准配置。只有知道了这些家具白电和技术设备的尺寸，才能对照媒体功能用房的面积，对其进行落点布局。媒体的硬件设施很多，可以通过Excel表来统计设施设备的尺寸，以便在做详设时逐一确认布局落点，避免出现较大差错，导致设施、设备大量移入时，无法安装摆放到位。

三要对媒体运行规范了如指掌。媒体技术手册对媒体功能区的设施设备都做了具体而明确的规定，比如记者工作间工位的跨度要求，INFO终端配备和工位数的比例，以及打印机和INFO终端的比例都有明确的界定。对文字带桌记者席改造后的宽度、高度、长度，以及椅子的摆放数量都有明确要求。只有对技术手册的要求了然于胸，才能在进行媒体运行详细设计时，自觉按照手册要求来完成工作。

四要对临近区域需求了如指掌。尽管详细设计是在场馆团队层面来完成的，团队进入场馆后，可随时到现场踏勘了解实际情况。但由于各个业务口经理和主管都在做自己的详细设计，往往会忽视其他业务口的需求。而实际上赛时场馆运行是一个整体，如果业务口相互影响严重，那么赛事组织就无法顺畅运行，等到设施按详细运行设计改造完毕，又发现问题必须再整改时，既浪费资源，也耗费了精力。因此，媒体团队在做场馆运行详细设计时，一定要提示区域相近、业务相关的业务口，注意彼此的相互影响。比如，摄像平台、评论员席和文字带桌记者席会不会遮挡贵宾和观众的视线等。如果遇到看台席相关区域有可能被遮挡的问题，那就必须请工程技术人员在图纸上做好视线分析。

（二）详设时分区由专人负责

我们多次说，细节决定成败。场馆运行详细设计就是要在“细”字上下功夫。场馆媒体运行详细设计，应按照新闻运行、摄影服务、新闻服务、电视转播四个业务口，由经理统筹，由各个主管分区分片进行详细设计。下面以新闻发布厅为例，介绍详细设计的程序。

第一，新闻运行经理和新闻发布厅主管要踏勘查看新闻发布厅房间，对新闻发布厅的房间走向和门窗朝向及整体布局，要做到心中有数。

第二，要测量房间的长宽高，摸清房间电源插座的位置、插口形状和插口数，摸清有线电视、电话、网络等有线端口的位置和数量。

第三，设定新闻发布会背景板、主席台、摄影摄像平台的位置及长宽高尺寸。

第四，掌握主席台临时冷光源、音响系统、冰柜、电视、主席台专用桌和记者座椅的尺寸。

第五，明确上述设施设备在新闻发布厅的摆放位置。

之后，新闻发布厅主管可以通过画草图的方式，把上述设施设备逐一落实到位，然后再告诉设计师，通过电脑逐一落实到设计图上。这样，新闻发布厅的媒体运行详细设计就完成了。

以此类推，文字记者和摄影记者工作间、文字记者看台席、混合区、电视转播综合区、评论员席、摄影摄像平台等区域，均应按照新闻发布厅的详设思路，由专人负责，进行专项详细运行设计，为赛前大量的设施设备移入做好充分准备。

(三)须经集体讨论与团队确认后方能定稿实施

媒体团队委派专人分工负责各个媒体功能区的媒体运行详细设计，确保守土有责，尽职尽责。但各个主管可能出现只关心自己区域，忽视其他区域的现象。为确保场馆媒体运行详细设计成为一个有机整体，避免顾此失彼，媒体运行团队可以通过召开集体讨论会的形式，对各个功能区的详设图进行逐一审核，查找问题和不足，提出修改意见和改进方案。同时，也要对照详设图纸，到各个功能区进行现场踏勘，确保详设图纸和实际情况相一致。在做到准确无误的情况下，由经理和媒体副主任签字，确认完成媒体详设工作。如无特别理由，且未经媒体运行部门同意的情况下，不得更改。

第六节 打造一支优秀的媒体运行队伍

前文所述的媒体运行筹备和赛时服务运行工作，都是由媒体运行人员来完成的。打造一支训练有素、作风扎实、业务精湛、团结协作的媒体运行团队，建设一个设施完备、技术先进、环境优美、布局合理、运行流畅的场馆媒体中心，编制一个科学合理、周到细致、符合规范、操作性强的媒体运行计划，是媒体运行成功的关键所在。

无论是在竞赛场馆，还是在 MPC 和 IBC 等非竞赛场馆，媒体运行工作都是由媒体运行团队来完成的。构建由受薪人员和志愿者组成的精干高效的媒体运行团队，是圆满完成媒体运行任务的基石。

一、加强媒体运行工作人员的专业培训

(一)所有的服务最终要靠人来完成

媒体运行的目标，是为媒体提供完善的工作设施与专业服务。要做好这项工作，前提是要有一批有热情、懂专业的媒体运行人员来完成。一流的硬件设施，只是为赛事的正常运行提供了基本的保障，要实现对媒体的良好服务，最终还是要依靠一线人员来执行。

应该说，媒体运行团队对于人员素质有比较高的要求。因此媒体运行部在赛事筹备阶段，就应该四处物色和选拔合适的人员，经过培训与考核，最终安排优秀者上岗。如果人员选择不当，就会影响媒体运行团队后期的工作效率。

人员一旦选定，不管是国际体育信息专家，还是普通志愿者，媒体运行团队中的每一个人在赛会期间的每一天，既要严格按照岗位职责的要求，兢兢业业做好自己的事情；又要充满热情，发挥自己的创造性与主动性，通过团队合作，去解决工作中遇到的每一个问题。

(二)媒体运行人员必须经过培训方能上岗

从媒体运行的团队架构来看，每一层次的媒体运行工作人员都要求有较强的专业性。但在实际中，很多从事媒体运行的人员是临时从各个部门抽调而来的，虽然都要经过短期培训才能上岗，但由于时间短、任务重，他们的专业性程度普遍都不是很高，只能在现场边干边调整。因此，加强对媒体运行人员的专业培训，非常必要，而且培训时间至少要保证在一个月以上。

从过去的实践经验来看，媒体运行团队成员大部分是来自高校的师生，那么，组委会可以根据高校特点，充分利用高校的寒暑假空闲时间来培训，这就能保证大部分人能够集中精力参加培训，为后期正式上岗奠定良好的基础。一般情况下，高校非常重视与支持培训工作，很乐意将其作为一项重要的社会实践工作。

(三)积极开展四个方面的集中培训

培训一般包括四个方面：一是通用知识培训，主要包括赛事基本知识、城市历史及文化生活、礼仪规范、医学常识和急救技能等；二是专业知识培训，主要是针对具体工作岗位而开展的专业知识和技能的培训；三是场馆知识培训，主要包括场馆设施的功能、赛时运行任务、各类人员流线、团队组织结构、工作流程及纪律要求等；四是岗位知识培训，媒体记者的工作范围遍布各个场馆，不同类型的媒体有不同的需求，根据每一个岗位的特殊要求，有针对性地开展岗位职责、工作任务、操作规范、业务流程、应急处理等内容的培训。通过全面的培训，全体媒体运行团队人员掌握了工作必备的相关知识、技能，在实践中更好地将服务传递。①

(四)树立服务意识是培训的出发点

在所有这些培训中，树立服务意识，是最根本的出发点。媒体运行人员一定要牢记媒体运行的准则，就是“服务媒体，善待媒体”。媒体不是来挑刺

① 张东红. 大型体育赛事比赛场馆媒体服务研究[D]. 北京：首都体育学院，2012：21.

的,媒体的任务是完成报道赛事的任务,媒体要的是服务,媒体希望看的是笑脸。媒体运行为媒体记者提供优质的服务,创造最佳的工作环境和生活条件,促使相关比赛信息得到快速传递。媒体满意了,赛事成功也就有了保障。

二、规范媒体运行志愿者招募和培训

(一)志愿者是媒体运行团队的中坚力量

无论是在主新闻中心,还是在场馆媒体中心,赛时媒体运行计划和专业化服务的基础性工作,几乎都是由志愿者在场馆媒体功能区一线完成的。赛前进驻场馆的媒体运行受薪团队(一般由经理层和主管层构成),一旦分散到场馆媒体运行各个岗位,就成了"光杆司令"。只有当志愿者加入后,才能构成一个血肉丰满的媒体运行团队,才具备完成媒体运行计划和任务的能力。可以说,志愿者的综合素质和赛时表现,决定了场馆媒体运行水平。

因此,赛前志愿者的招募、培训和演练是一项十分重要的工作,场馆媒体运行受薪团队必须在场馆筹备硬件设施和技术设备的同时,根据本场馆举办赛事的特点与赛程安排,结合媒体功能区和功能用房配置的实际情况,编制志愿者岗位需求计划,并通过组委会的志愿者部与当地高校联系招募、选拔和培训志愿者的相关事宜。鉴于国际大赛的特点,可以考虑招募适量国际志愿者,参与场馆媒体运行。

(二)志愿者的招募和选拔

结合北京奥运会、广州亚运会和深圳大运会中志愿者参与媒体运行工作的实际,本书研究认为,服务媒体的志愿者至少应具备如下六项基本素质:一是热爱体育运动,有较强的奉献精神;二是了解新闻媒体相关专业知识,有自觉主动服务记者的意识;三是英语功底扎实,能熟练运用英语交流;四是善于沟通合作,能置自身于团队之中;五是吃苦耐劳,能坚守岗位,履行职责;六是头脑灵活,行动迅速,能果断处理突发事件。

志愿者的招募，一般由组委会志愿者部根据媒体运行部的需要，与赛事举办地所在高校进行联系磋商，确定对口院系和联系人，一般从大二和大三的学生中挑选为宜。赛事组委会志愿者部和媒体运行部应制订计划，对志愿者进行体育赛事和媒体运行的通用知识培训，并通过笔试进行筛选，各场馆媒体运行受薪团队还可通过面试选拔、确定媒体运行专业志愿者。

各个场馆的志愿者名单确定后，要通知志愿者负责人（可由学生干部担任）收集、汇总个人信息，建立志愿者信息库，与志愿者保持密切联系。个人信息应包括姓名、性别、年龄、照片、手机号、特长、爱好，等等。志愿者都有统一的服装鞋帽作为标志，如果由场馆统计发放这些装备，志愿者还应填报个人身高、体重、衣服码数和鞋子尺码。

（三）志愿者培训

1. 到校培训

由于志愿者人数较多，考虑到培训场地和交通问题，一般都选择到校培训。首先，由组委会志愿者部和媒体运行部按照培训计划，与学校对接联系，安排专家或老师到学校集中授课，让志愿者对体育赛事和媒体运行有初步的了解和认识。然后，随着赛事临近，各场馆媒体中心按照志愿者培训计划，各业务口分工准备培训课件，为有针对性地系统培训媒体运行志愿者精心做好准备。按照先综合、再分类的方式，在赛前（一般安排在赛前3周比较合理）选派人员到校，以授课的方式进行集中培训，使志愿者对本场馆媒体运行的概念、计划、任务和岗位职责有清晰的了解和明确的把握。

2. 进场培训

一般来说，志愿者在赛前一周进入竞赛场馆，熟悉媒体运行功能区域、媒体运行流线、媒体运行同事、运行计划、岗位职责、设施设备等。

志愿者进入场馆的第一天，首先要认识和熟悉相关人员与未来同事。场馆媒体运行团队要先把经理和主管层介绍给志愿者，也可以彼此自我介绍；如果志愿者相互不熟悉，应按照新闻运行、摄影服务、新闻服务、电视转播四个业务口相互介绍，以便彼此认识。在多数情况下，志愿者虽然来自同一学校，但很多人属于不同专业，彼此并不熟悉。如果彼此不熟悉，甚至连名字都叫不上来，就谈不上团队合作。

其次，应事先安排专人概括介绍场馆的综合情况、周边情况、交通情况、媒体运行临近的功能区，详细介绍整个媒体运行功能区，并让志愿者牢记各个功能区的名称、位置和入口。实践证明，尽快熟悉场馆是基本功，因为现代体育场馆结构复杂，面积很大。如果志愿者不熟悉自己的工作环境，既影响自己工作，又不能准确回答赛时记者的提问。

最后，在熟悉人员和场馆后，各个业务口可按照各自计划组织岗位培训，使志愿者进一步了解并牢记自己的岗位职责，尽快熟悉本功能区的设施和设备，并通过实战演练，提高实际操作能力，为赛时服务做好充分准备。

3.进场筹备

志愿者进入场馆后，在熟悉人员、场馆、设施和设备的前提下，接受培训、实战演练后，可适度承担一些业务难度小的工作。一般来说，各个经理和主管可有意为志愿者预留一些工作。这样做的好处在于，让志愿者在实际筹备工作中，尽快熟悉媒体运行知识，促进同事之间的彼此了解，从开始就保持旺盛的工作热情。

比如，可安排他们到记者工作间打印各种表格，给储物柜、钥匙链、工作台、椅子贴标，整理新闻出版物，布置志愿者墙，了解项目常识和国际体育机构，等等。看台席可安排志愿者给设施、设备贴标，张贴警示提示和指路标识，准备插座，等等。推而广之，各个业务口的经理和主管应制订计划，根据实际需求，妥善安排志愿者做好具体筹备工作（如图 6-2）。

从广州亚运会和深圳大运会的运行经验来看，志愿者进场的工作安排不是很到位，集中体现在志愿者进场后岗位培训和工作安排准备不够充分，任务不够饱和。有的志愿者反映说，自己到场馆后感觉无事可做，有的反映自己对岗位职责不熟悉，不知道自己的岗位在哪，也不知道要在岗位上干什么。而赛时，有的记者反映志愿者对媒体运行的功能区域不熟悉，对其他区域更不了解，常常一问三不知，让记者觉得对志愿者的培训不到位。

图 6-2　本书研究团队成员应邀作为主媒体中心主管在向亚青会专业志愿者布置任务

因此，带领志愿者熟悉场馆和岗位职责是一项非常重要的岗前培训，媒体运行受薪团队必须充分做好志愿者进场前的准备，切不可让志愿者在场馆“挂空挡”，浪费他们宝贵的时间，挫伤他们的工作积极性。

三、组建一支相对稳定的媒体运行专家团队

经过 2008 年以来多次大型赛事媒体运行的磨炼，中国已培育了一支“一流水准媒体运行团队”。这个团队是指以新华社记者为核心的大型赛事媒体运行专家团，他们组成赛时“官方通讯社”，全面提供媒体服务。其中，新闻服务工作人员不仅需要良好的外语（特别是英语）基础，更需要有长期新闻采写所积累的敏感度和经验，具有专业的、扎实的赛事报道功底。

从数量上看，专家人数将近一百人，但与日益增长的大型赛事或大型国际会议媒体运行需求相比，专家数量仍非常有限。组建一支相对稳定的媒体运行与新闻服务专家团队势在必行。一方面吸纳现有专家，另一方面不断发现、培育新的专家。可以借鉴其他领域专家库建设方式，这些国家级专

家平时在本单位工作，一旦有媒体运行与新闻服务任务，就可以马上应招奔赴工作岗位，指导媒体运行计划的制订与新闻服务工作。作为专家，可以从战略的高度对媒体运行进行设计，他们是媒体运行的发动机，决定着新闻服务的质量。如果有一个稳定的专家库，既可为专家提供施展才华的舞台，也能保证赛事期间的媒体运行质量与水平，让媒体运行理念在中国大地普遍开花结果(如图 6-3)。

图 6-3　本书研究团队成员参加 2015 年内蒙古第十届全国少数民族运动会的新闻服务工作

四、加快培养本土的国际体育信息专家

体育信息专家是新闻服务的重要组成部分，要加强本土体育信息专家的培养，主要途径有两条。

一是从高校选拔英语水平高、体育知识强、媒介素养好的研究生或本科生，进行长期的专业训练。说服或者建议学校，如果这部分学生课外系统学习的媒体运行服务相关知识经考核合格，最好可以作为选修课成绩给他们计算相应的学分，这样既能激励学生学习，又能减轻他们的课业负担。针对他们业界经验欠缺的问题，可以有意识地安排他们以志愿者或主管的方式，多参加一些大型赛事的媒体运行工作，通过不断的试错与纠错来积累经验，等他们真正成长起来了，再推举到大型赛事国际体育信息专家岗位。这种培养方式，跟中国足协培养国际足球裁判一样，既要目标坚定，又要一步一步地来。

由高等院校进行有针对性的培养，可以挑选对体育新闻感兴趣的英语专业学生，施以特殊课程培养，但这种方式需要的时间较长，而且业界经验是短板。

二是从新闻单位抽调英文好的资深体育记者进行重点培养。这一方式所需时间较短，见效快，既有丰富新闻报道经验，又能用英文写作的人才，显然更适合成为未来的体育信息专家。但问题在于，这样的人才在单位都是业务骨干，都需独当一面。如果他们在赛时被招募成为国际体育信息专家，他们在原单位的工作，就需要领导出面来协调其他人代行职责，然而他们也只能牺牲年假时间回来调班了。

五、依托高校开设媒体运行课程

媒体运行专家徐济成认为，媒体运行是一门新兴的实践科学。因为媒体运行是媒体服务的运行，是历史悠久的系统工程，核心是服务；而赛事传播过程需要把媒体当成客户，使其成为管理、服务、说服、利用与合作的对象。

我国从 2000 年悉尼奥运会开始接触“媒体运行”这一前沿理念，通过观摩和体验悉尼奥运会和 2004 年雅典奥运会中媒体运行的具体操作，积累了一定的感性认识，再通过北京奥运会真正实施，真正认识、了解和掌握了媒体运行的一整套话语体系和实际操作技巧。随着国内举行的大型赛事越来越多，媒体运行中有关服务媒体的程序和新闻服务的内容，被基本固定下来，并形成了很多新的模式，进一步使用到不同类型的大型赛事当中去。

在这种背景下，高校特别是体育院校应在新闻学或英语等本科专业以及体育新闻传播学术硕士、新闻与传播专业硕士等研究生中开设“大型赛事媒体运行”的选修课，普及媒体运行，特别是新闻服务的知识，研究如何为媒体提供有针对性的、专业化的服务，以便培养市场急需的专门人才。此前，武汉体育学院、广州体育学院等高校先于国内其他体育院校，相继开设了

"大型赛事媒体运行"的课程，并相继承担了多项有关媒体运行服务的国家级、省部级和校级课题，有数以百计的研究生和本科生撰写了与媒体运行服务有关的毕业论文，中国知网上能查阅更多的同类单篇学术论文。

第七节　注重媒体运行桌面演练和实战演练

媒体运行的桌面演练和实战演练，是赛前筹备最为重要的一环，从某种意义上说，桌面演练和实战演练的水平，决定了赛时媒体运行的水平。因此，媒体运行团队必须认真组织桌面演练和实战演练。

一、第一阶段的桌面演练

桌面演练，是在对媒体运行方案进行现场解读的基础上，所进行的模拟性操作练习。而媒体运行方案就是根据当日赛程编制的媒体运行计划，在赛时，整个媒体运行团队按照这个计划，按时各就各位，坚守岗位，各尽其责，为前来场馆报道赛事的各国记者提供周到、细致、专业化的媒体运行服务，确保记者能够快速而充分地报道当天赛事情况。

那么，怎样组织媒体运行团队进行桌面演练呢？

竞赛场馆媒体运行的桌面演练分成三个环节来组织实施，这样可以保障相关业务口全面、连续、协调联动，保障媒体运行在场馆有序、高效、顺畅地运行。

（一）在整个场馆团队层面参与场馆运行演练

这个层面桌面演练的主要目的，是为了让场馆团队各个业务口能按照当日运行计划，准时进入运行区域和工作岗位，主动履行职责，完成运行任务。鉴于媒体运行是场馆赛事运行的重要组成部分，场馆层面的桌面演练应该在各个业务口经理和主管层面进行。

桌面演练的方法，由场馆团队秘书长或场馆常务副主任、主任，或主任委托专人，依据场馆每日运行计划，要求各个业务口经理、副经理、主管及时做出应答，完成运行任务。场馆层面的桌面演练，要高度关注在场馆区域任务交叉和重叠的地方，各个业务口协调联动，默契配合。大型赛事的实践屡次表明，场馆的运行区域容易出现岗位重叠、任务交叉、职责不清乃至运行混乱的现象。

本书研究团队成员在北京奥运会期间，作为媒体运行主管，负责垒球比赛混合区运行(如图 6-4)。

图 6-4　本书研究团队成员在现场查看北京奥运会垒球比赛混合区运行细节

下面以北京奥运会丰台垒球场当日运行计划第一单元赛事为例，介绍如何进行桌面演练。

表 6-1　丰台垒球场奥运会赛时每日运行计划时间表(20080812)

序号	开始时间	结束时间	主责业务口	运行任务	运行地点	配合业务口
1	6:00	6:00	场馆管理	场馆正式开放运行	场馆西北门	安保
2	6:00	6:30	人事	场馆签到/签出处开始运行，员工签到	场馆签到/签出处	
3	6:00	6:30	人事	第一班次志愿者签到	场馆签到/签出处	志愿者

续表

序号	开始时间	结束时间	主责业务口	运行任务	运行地点	配合业务口
4	6:30	6:30	安保	场馆后院全面开放	场馆后院	
5	6:30	8:00	餐饮	工作人员早餐	B313	
6	6:30	22:00	注册	注册办公室运行	注册办公室	
7	6:30	22:00	交通	交通指挥监控室运行	交通监控室	
8	6:30	22:30	场馆管理	场馆运行中心(VOC)运行	场馆运行中心	
9	6:30	22:30	场馆管理	场馆通信中心(VCC)运行	场馆通信中心	
10	6:30	22:30	安保	馆内安全巡视	看台区、贵宾区、竞赛区、混合区	观众服务、媒体、竞赛、场馆管理
11	6:30	23:30	安保	治安处理点运行	治安处理点	所有业务口
12	6:30	0:15	媒体	VMC(场馆媒体中心)开放运行提供服务	主场媒体区功能配楼	竞赛、技术交通、餐饮、安保
13	6:30	6:30	媒体	第一趟媒体班车、POOL 车队、BOB 车辆到达场馆	场馆南门	交通、安保
14	7:00	7:30	场馆管理	场馆晨会	多功能会议室 B227	所有业务口
15	7:00	7:30	环境	清洁运动员更衣室、技术官员休息区	运动员更衣室、技术官员休息区	竞赛
16	7:00	8:00	技术	发放集群电话	集群分发间 B425	所有业务口
17	7:30	7:30	场馆管理	场馆注册分区生效	场馆整个区域	所有业务口
18	7:30	7:30	竞赛	运动员到达场馆(第一单元第一场比赛队伍)	运动员下车点	交通
19	7:30	7:30	观众服务	观众开始入场	北门、南门	场馆前院
20	7:30	7:30	体育展示	音响设备检测	体育展示现场工作室	技术
21	7:30	21:30	财务	财务办公室运行	财务办公室 B223	
22	7:30	21:30	物流	提供物流服务	物流综合区	各业务口
23	7:30	22:00	场馆设施	赛时保驾	主场、配楼、场地等	

续表

序号	开始时间	结束时间	主责业务口	运行任务	运行地点	配合业务口
24	7:30	22:30	技术	Helpdesk 正式运营	Helpdesk	所有业务口
25	7:30	22:30	医疗服务	运动员医疗站开放	运动员医疗站	
26	7:30	22:30	餐饮	公共售卖点开放	公共售卖点	体育展示、环境、交通
27	7:30	22:30	语言服务	提供语言服务	场馆指定区域	所有业务口
28	8:00	8:00	体育展示	体育展示播报开始	体育展示现场工作室	
29	8:00	8:00	礼宾	奥林匹克大家庭休息区开放	6 区	交通、安保、餐饮、医疗、技术、语言服务、环境、注册、场馆
30	8:00	22:00	医疗服务	观众医疗站开始运行	观众医疗站	
31	8:00	22:00	市场开发	特许商品零售店运行	特许商品零售店	
32	8:00	22:15	礼宾	礼宾接待台与交通咨询台运行	接待与交通服务处	交通
33	8:15	8:15	竞赛	第一场比赛技术官员到达场馆	西南门	交通
34	8:45	8:45	技术	发布最终的教练员、运动员出场名单	现场成绩处理机房	竞赛、体育展示、媒体
35	9:00	11:00	餐饮	统计餐饮客户群次日用餐人数	餐饮经理办公室	竞赛、媒体、礼宾、人事
36	9:00	17:00	物流	接受并汇总次日 MDS（主配送时间表）申请	物流办公室	各业务口
37	9:00	22:45	媒体	比赛期间成绩公报发送	成绩公报发送主管办公室 A110	
38	9:20	9:30	场馆管理	第一单元比赛开始倒计时	场馆通信中心	
39	9:21	9:26	竞赛	运动员、裁判员入场	比赛场地	体育展示
40	9:27	9:29	竞赛	开球仪式	比赛场地	礼宾、媒体
41	9:30	11:15	竞赛	比赛开始（第一单元第一场）	比赛场地	语言服务、医疗、电视转播、体育展示、兴奋剂检查
42	10:00	10:00	竞赛	运动员到达场馆（第一单元第二场比赛队伍）	运动员下车点	交通
43	11:00	11:00	竞赛	第二场比赛技术官员到达场馆	技术官员休息室	交通

续表

序号	开始时间	结束时间	主责业务口	运行任务	运行地点	配合业务口
44	11:00	13:00	餐饮	大家庭贵宾自助餐午餐供应	大家庭贵宾休息室	礼宾
45	11:15	11:15	竞赛	第一场比赛结束	比赛场地	
46	11:15	11:40	媒体	开放混合区	混合区	竞赛、语言服务、安保
47	11:20	11:22	兴奋剂检查	兴奋剂抽查检测	运动员更衣室	竞赛、语言服务
48	11:30	13:30	餐饮	工作人员午餐	B313 餐厅	
49	11:45	12:15	媒体	赛后新闻发布会	新闻发布厅 B106	技术、语言服务、安保

场馆层面的桌面演练，就是依据当日运行计划，按照时间节点，由各个业务口，在指定地点，完成计划任务。各个业务口通过解读运行计划的桌面演练，对运行时间节点和任务烂熟于心，从而实现赛时的有序、高效、顺畅运行。

（二）媒体运行本身组织桌面演练

从宏观方面来讲，媒体运行必须纳入整个场馆层面进行演练，以此实现两个目的：一是让其他业务口知晓媒体运行在各个时间节点和各个区域要运行完成的任务；二是明确告知相关业务口在预定时间和区域主动配合媒体运行。

但是，从媒体运行本身来讲，仅在场馆层面进行宏观桌面演练，还满足不了媒体运行周到、细致和具体的要求，因此一定要组织媒体运行内部各业务口进行微观的桌面演练，以确保电视转播、新闻运行、摄影服务和新闻服务各个业务口之间的无缝对接和密切配合。

依照媒体运行计划开展媒体运行桌面演练，这个层面的演练要求各个经理和主管乃至志愿者共同参与完成。下面，以丰台垒球场媒体运行计划为依托，展开媒体运行本身业务口的桌面演练，通过方案解读、问答的形式，让团队的每个成员对关键时间节点、计划和任务烂熟于心，以便赛时能主动完成规定工作。

表 6-2　丰台垒球场奥运会第一比赛单元媒体运行计划

序号	开始时间	结束时间	主责业务口	运行任务	运行地点	配合业务口
1	6:00	6:30	媒体	媒体运行受薪人员签到	场馆签到/签出处	
2	6:30	6:40	媒体	第一班次媒体志愿者签到	场馆签到/签出处	志愿者
3	6:40	6:50	媒体	媒体经理主管层例会	工作间	
4	6:30	22:30	媒体	媒体中心开放	主楼 配楼	
5	6:30	8:00	餐饮	媒体运行人员早餐	B313	
6	6:30	7:00	新闻运行	文字或摄影记者工作间开始运行,工作间助理各就各位,媒体接待台准备就绪,各种技术设备准备就绪、办公设施就位,媒体公告、白板准备就绪,媒体签到、各种登记准备就绪,准备纸质新闻信息	媒体工作间	技术
7	6:30	6:30	媒体	第一趟媒体班车到达场馆	场馆南门	交通、安保
8	7:00	9:00	看台席主管及主管助理	文字记者看台席主管和看台席主管助理就位,打开苫布,检查看台席技术设备设施、整理看台席,引导记者进入看台席	文字记者看台席	技术、环保
9	7:00	9:30	摄影服务	摄影位置助理就位,摆放摄影条凳,清理摄影位置,检查设施,引导记者进入看台席和场地摄影位置	看台席摄影位置、场地摄影位置	观众服务、媒体、竞赛、场馆管理
10	7:00	9:00	电视转播	摄像记者进入摄像平台,评论员进入评论员席	摄像平台、评论员席	
11	7:00	8:00	技术	领取集群电话	集群分发间 B425	媒体
12	7:30	7:30	场馆管理	场馆注册分区生效	场馆整个区域	所有业务口
13	8:15	8:15	竞赛	第一场比赛技术官员到达场馆	西南门	交通
14	9:00	11:00	记者工作间	统计记者次日用餐人数	餐饮经理办公室	媒体餐饮

续表

序号	开始时间	结束时间	主责业务口	运行任务	运行地点	配合业务口
15	9:00	22:45	媒体	比赛期间成绩公报发送	成绩公报发送主管办公室 A110	成绩发送
16	9:27	9:29	竞赛	开球仪式	比赛场地	礼宾、媒体
17	9:30	11:15	竞赛	比赛开始（第一单元第一场）	比赛场地	
18	9:30	11:15	媒体	发送出场运动员名单、成绩公报	记者看台席	
19	9:30	11:15	媒体	发送出场运动员名单、成绩公报	摄影位置	
20	11:15	11:15	竞赛	比赛结束(第一单元第一场)	比赛场地	
21	11:00	11:14	媒体	混合区主管和助理进入混合区等候区，验证、维持秩序	混合区	
22	11:10	11:15	新闻服务	引语记者进入混合区	等候区	
23	11:14	11:15	媒体	迅速搭建混合区	混合区	
24	11:15	11:40	媒体	混合区运行	混合区	竞赛、语言服务、安保
25	11:30	13:30	餐饮	媒体运行人员午餐	工作人员就餐区 B313	
26	11:00	11:30	媒体	新闻发布厅准备就绪，文字、摄影、摄像记者陆续进入新闻发布厅	B313	翻译、技术
27	11:00	11:15	媒体	确认参加新闻发布会的教练员、运动员	FOP	竞赛
28	11:40	11:45	媒体	混合区运行结束，混合区主管、助理回收设施设备	混合区	
29	11:40	11:45	媒体	引导运动员、教练员进入新闻发布厅	新闻发布厅 B106 入口	竞赛
30	11:45	12:00	媒体	主队参加赛后新闻发布会	新闻发布厅 B106	技术、语言服务
31	12:00	12:05	媒体	引导主队教练、运动员撤离	新闻发布厅 B106 出口	竞赛、安保
32	12:00	12:15	媒体	客队教练、运动员进入新闻发布厅	新闻发布厅 B106	竞赛

（三）在媒体运行各个功能区自行组织桌面演练

在媒体运行团队自行组织的桌面演练基础上，各个运行区域还要自行组织桌面演练，以确保新闻运行、摄影服务、新闻服务（含成绩公报发送、混合区引语和新闻发布会摘要采写、INFO 系统上传）、电视转播、颁奖仪式各个业务口有序运转。同时，记者工作间、记者看台席、混合区、新闻发布厅也要编制自己的详细运行计划，明确时间节点、工作任务、执行人员，并按照计划组织桌面演练。

二、第二阶段的实战演练

历届国际大赛的经验表明，大型国际赛事媒体运行顺畅与否，是与赛前实战演练密切相关的，赛前实战演练水平决定赛时媒体运行水平，因此，媒体运行必须高度重视实战演练。

在媒体运行桌面演练的基础上，还要进一步组织媒体团队实战演练。桌面演练，可让媒体运行团队的每一名成员明确在何时到何地干什么。而实战演练，可让媒体团队的每一名成员放开手脚去做，并在实战演练中，发现问题和不足，进行改进，从而提高实际运行能力。

在场馆媒体中心硬件设施和技术设备准备就绪的情况下，严肃认真地组织媒体运行团队进行一次综合实战演练十分必要。一般来说，场馆团队会组织各个业务口参加一次着装彩排，但媒体运行还必须组织本业务口的实战演练，以保证媒体自身各个业务领域和其他相关业务口衔接默契，配合顺畅。

场馆媒体运行团队至少要组织一次综合实战演练，同时媒体运行业务口下辖的电视转播、新闻运行、摄影服务和新闻服务等业务领域也要自行组织实战演练，各个新闻运行主要功能区（文字记者工作间、看台席、混合区和新闻发布会）也要组织由志愿者助理全部参加的实战演练。

(一)场馆媒体运行综合实战演练

场馆媒体运行综合实战演练要在场馆媒体运行副主任的统一协调指挥下组织进行,各个业务口经理具体负责组织本业务口的主管和助理参与演练,演练按照当日比赛运行时间表进行,时间可以压缩,但媒体运行的各个重要环节必须包含,不能丢项。实战演练大体上按照如下环节组织展开。

第一,编制演练方案。编制演练方案时,一定按照当日媒体运行计划来编写,比如北京奥运会垒球比赛每天分两个单元进行,每个单元组织两场比赛,可以第一单元第一场比赛的赛场为基础,编制演练方案,确定演练的开始和结束时间以及演练时间长度,明确参加演练人员的进场时间、岗位和任务。

表 6-3　北京奥运会丰台垒球场媒体运行实战演练方案

序号	开始时间	结束时间	主责业务口	运行任务	运行地点	配合业务口
1	9:00	9:10	媒体	召开实战演练部署会议,宣布演练方案	媒体中心	
2	9:10	9:15	媒体	发放签字领取集群	文字记者工作间	
3	9:15	9:20	媒体	各个业务口经理、主管和助理进入工作岗位	媒体中心	
4	9:20	9:30	媒体	文字或摄影记者工作间准备就绪,分区生效,验证	记者工作间	
5	9:30	9:35	媒体	文字记者看台席、摄影位置主管和助理到位	看台席摄影位置	
6	9:30	9:35	媒体	模拟记者乘媒体班车、POOL 专车、自驾车,通过安检进入媒体中心	场馆西北门	交通、安保
7	9:35	9:40	媒体	文字或摄影记者工作间提供验证、登记、储物、连接网络、打印、复印、咨询、订餐、采访预约、新闻信息查询、摄影背心换 POOL 背心等服务	工作间	

续表

序号	开始时间	结束时间	主责业务口	运行任务	运行地点	配合业务口
8	9:40	9:45	媒体	文字记者进入看台席、摄影记者陆续进入摄影位置、电视记者进入摄像平台和评论员席	场馆签到/签出处	志愿者
9	9:45	9:50	媒体	看台席摄影位置提供摄影记者验证、引导、成绩发送、设施设备使用、咨询服务	场馆后院	
10	9:50	10:00	媒体	混合区等候区验证，搭建、运行混合区，引语记者、语言服务参与运行	混合区	
11	9:50	10:00	媒体	新闻发布会准备就绪	新闻发布厅	
12	10:00	10:05	媒体	混合区带领主队参与新闻发布会	混合区主管	
13	10:05	10:10	媒体	分区进入，新闻发布会演练，主持人主持，音响师启动设备，译员参与翻译，摄影摄像记者进入摄影摄像平台就位，使用分音器，记者提问，助理递话筒，新闻服务支援者记录摘要	新闻发布厅	
14	10:10	10:11	媒体	客队进入发布厅等候区，主队撤出	新闻发布厅	
15	10:11	10:15	媒体	客队新闻发布会	新闻发布厅	
16	10:15	10:20	媒体	记者回到工作间休息区，撰写稿件、发送稿件、传真，撤离工作间	工作间	
17	10:20	10:30	媒体	收集集群，总结	工作间	

第二，邀请模拟客户群。为了让媒体运行的实战演练达到效果，必须邀请模拟客户群，这些人最好了解新闻运行、摄影服务、新闻服务和电视转播的基本需求。如果可能，可邀请当地媒体有大型赛事报道经验的文字、摄影和摄像记者参与构建模拟客户群。同时也可邀请场馆团队其他同事参与模拟记者客户群，并有针对性地提出问题。为了实现实战演练的目的，也可为

模拟客户群的每个成员设置任务。在实战演练之前,应有专人负责组织模拟客户群,宣布演练方案,布置演练任务。

第三,检验运行能力。媒体运行实战演练的核心目的是为了检验媒体运行团队在赛时的实际运行服务能力。在富有经验的模拟记者客户群参与的实战演练中,能很好地检验媒体运行的硬件设施、技术设备是否准备就绪,运行流线和流线标识设置是否合理高效,媒体团队的服务水平、应急准备、应急处置,反应能力是否准备充分。

第四,发现问题和不足。在实战演练中,一定会发现问题和不足,越是有经验的模拟客户群,越能发现问题,提出更好的改进意见。历次大型国际赛事经验表明:采访大型国际赛事的记者,无论是文字记者还是摄影、摄像记者,他们都是富有大型赛事报道经验的人,而媒体运行任务大都由无大型赛事经验的志愿者在一线完成。因此,赛前的实战演练,不仅可以锻炼媒体运行团队的实际操作能力,而且也能帮助他们查找不足,以便及时改进和提高。

(二)场馆媒体运行区域实战演练

在场馆媒体运行团队综合实战演练的基础上,各个业务口和功能区还要有针对性地反复组织实战演练,以保证赛时各个功能区能按运行计划高效、有序、顺畅地完成媒体运行任务。

由于比赛项目不同,混合区的设置、搭建方式和运行方案也不同,新闻发布会的组织形式和方式也各不相同,因此混合区和新闻发布会的演练方案也不同。

此处以北京奥运会丰台垒球场混合区和新闻发布会为例,来进一步介绍各个功能区组织实战演练的必要性,以及如何组织实战演练。

垒球比赛由于受到场地和项目特点的限制,一般都要在赛后迅速在场地边上搭建混合区,而且是越快越好。这就要求混合区主管和助理能在分工合作的基础上,高效地搭建混合区。只有在混合区迅速搭建好后才能运行混合区。因此,垒球比赛的混合区实战演练包括两个部分,一是迅速搭建临时混合区,二是有序运行混合区。

垒球混合区运行实战演练介绍：

人员分工：由混合区主管统一协调指挥，由助理分工协作搭建。混合区助理一般由四人组成，搭建的设施是隔离墩和警戒带，比赛一旦结束，竞赛经理迅速打开混合区通道大门，裁判和技术官员迅速撤出，混合区四个助理按先后顺序，按既定位置和预定距离，迅速摆放两排隔离墩，另外两个助理迅速拉上警戒带，其中记者区域为相对封闭的长条区域，教练员和运动员区域为通畅的长条区域。在记者区域要有专人挂上 BOB 电视记者区、RT 电视记者区、国际四大通讯社区和各国媒体区域的标识。

混合区搭建完毕，混合区主管迅速打开混合区通道的门，引导记者有序进入混合区，等候采访教练员和运动员。同时，告知竞赛经理通知主客队先后通过混合区。为了保证各国记者都有机会采访到运动员和教练员，每位记者采访时间不得超过两分钟。如果本国记者想多采访本国运动员和教练员，可在混合区运行结束后，在混合区通道约定采访。

垒球比赛新闻发布会运行实战演练介绍：

一般来说，体育项目不同，发布会的组织形式和方式也有所不同，因此发布会的运行方案也略有不同。

由于赛后新闻发布会可能被录播，甚至直播，新闻发布会的组织和运行应尽量避免差错。因此，新闻发布会的赛前实战演练非常重要，为确保主持人、教练员、运动员、翻译、记者之间话筒递送的顺畅配合，必须进行反复的模拟实战演练，并在演练中不断改进新闻发布会的流程和方案。当然，在新闻发布会的演练时，应该设想一些突发情况，并为此做出预案，进行实战演练，以确保新闻发布会在突发情况下可以有序运行。

表 6-4　北京奥运会垒球赛后新闻发布会实战演练方案

序号	开始时间	结束时间	运行任务	执行人	运行地点	配合业务口
1	9:00	9:05	主持人、音响师、翻译、助理到岗	主管	新闻发布厅	语言服务
2	9:05	9:15	主席台有线话筒、桌牌、椅子、无线话筒、厅内椅子、摄影摄像平台就绪	主管	新闻发布厅	

续表

序号	开始时间	结束时间	运行任务	执行人	运行地点	配合业务口
3	9:15	9:18	助理在记者入口验证,模拟文字记者进入新闻发布厅,摄影摄像记者到平台准备,接入分音器,架设摄影摄像器材	助理	新闻发布厅	技术
4	9:18	9:20	发布厅运动员入口验证	助理	新闻发布厅	
5	9:20	9:23	混合区主管引导主队教练员、运动员步行到新闻发布厅	混合区主管	场地至发布厅流线过道	安保
6	9:23	9:24	主持人、翻译、音响师、无线话筒递送助理就位	主管	新闻发布厅	
7	9:24	9:25	教练员、运动员就位	助理	新闻发布厅	
8	9:25	9:40	主持人用英文宣布发布会开始	经理	新闻发布厅	
9	9:25	9:26	翻译,英译汉	翻译	新闻发布厅	
10	9:26	9:28	中国教练员汉语介绍比赛情况	教练员	新闻发布厅	
11	9:28	9:29	翻译,汉译英	翻译	新闻发布厅	
12	9:30	9:30	主持人宣布记者提问开始	主持人	新闻发布厅	
13	9:31	9:31	翻译,英译汉	翻译	新闻发布厅	
14	9:25	9:26	模拟记者提问	记者	新闻发布厅	
15	9:26	9:26	助理传递无线话筒	助理	新闻发布厅	
16	9:38	9:38	主持人提示最后一个问题	主持人	新闻发布厅	
17	9:38	9:38	翻译,英译汉	翻译	新闻发布厅	
18	9:40	9:40	主持人宣布主队发布会结束,客队入场,下节新闻发布会开始	主持人	新闻发布厅	安保

第八节 危机管理体制机制创新

一、全面认识大型赛事危机的特性

(一)危机和大型赛事危机的本质

1.关于危机的界定

有关"危机"的定义很多,较为有名的是荷兰学者罗森塔尔 1989 年在其专著《应对危机:灾难、暴乱和恐怖行为管理》中提出的看法,认为"危机"是"对一个社会系统的基本价值和行为准则架构产生严重威胁,并且在时间压力和不确定性极高的情况下必须对其作出关键决策的事"。不管是哪一种定义,几乎都认为危机就是一种带有极大危害性、必须处置的突发事件。如果不及时处置,在有形损失方面,会殃及生命财产安全;在无形损失方面,会在一定范围内造成恐慌,或者损害个人或集体形象,或者颠覆人类价值观。

2. 大型赛事危机

现在是风险社会,危机无处不在,而体育是以"打"的形式而存在的,因此,体育赛场上的危机更多。那么,什么是体育赛场上的风险呢?"体育赛场危机是指赛场上突发的违背赛场秩序或规律,并对赛事进行或生命财产造成威胁的,并且在时间极短和不确定性极高的条件下,必须做出关键决策和应对措施的事件。"①

大型赛事危机与体育赛场危机是同义词或近义词,只不过前者的范围更广一些,大型赛事期间发生的各种危机事件,不管是场上还是场下,不管是运动员、教练员、官员还是观众,只要是对赛事有害、负面影响大的突发事件,都是大型赛事危机。

3. 危机管理其实就是突发事件的应急处置

与一般活动相比,由于体育活动本身就是以身体碰撞和利益冲突的方式存在,因此,只要是体育赛事,就一定存在各种意想不到的风险,可能会出现各种各样的突发事件,以国家或地区之名参加的大型国际体育赛事更是如此。如何防范、应对和处置这些突发事件,管理科学中的危机管理能够派上用场。

(二)大型赛事的危机类型

一般认为,危机可以分为自然灾害、人为危机、在自然灾害基础上的人

① 李树梅,孙庆祝. 体育赛场危机管理研究及其系统框架的建立[J]. 西安体育学院学报,2005(6):4-7.

为危机。对于体育赛场危机或大型体育赛事危机来说，自然的因素不可控制，我们这里姑且不论。

单说人为因素造成的体育危机，分类也有很多。有人从组织传播视角提出，体育赛事危机可以分为组织内危机（包括个人危机、人际危机、群体危机）和组织外危机（包括关系危机、安全危机、群体危机）①。也有人把人为因素引发的体育赛场危机分为四类：一是人为造成的环境危机，二是人为造成的生物危机，三是由观众、球员或者裁判引发的危机，四是由可控技术因素引发的危机。②

研究发现，大型体育赛事危机主要可以分为四类：政治危机、安全危机、道德危机和信任危机。其中，政治危机包括在种族、民族、国家、性别、地域等方面存在的歧视现象或者严重冲突；安全危机包括因体育突发性事件给个体、群体和社会带来严重的身体安全或心理安全问题；道德危机包括因体育而引起的不当言行，冲击人类价值观，从而引起普遍不适或公众愤怒；信任危机是各种各样的原因导致人们对他们所关心的对象失去了信任。

拿 2016 年巴西里约奥运会中国代表团所遭遇的危机事件来说，组委会多次弄错中国国旗，这算得上是政治危机；中国游泳选手陈欣怡血检呈阳性，疑似服用兴奋剂，这属于道德危机；里约街头持枪抢劫成风，尤以贫民窟为甚，无论是我国驻当地使领馆，还是中国代表团或旅行社，都一再提醒赴巴西中国公民复印好相关证件，无事不要外出，外出不要单独行动，这已形成安全危机；在里约奥运会上，中国篮球、足球集体沦陷，羽毛球队伍管理混乱，举重队连连失手，国民偶像宁泽涛状态低迷，这些都导致了国人对他们的信任危机。

上述大型赛事危机类别，主要属于社会安全事件。只有弄清楚了体育危机的类别，后面才好对症下药，进行科学的危机处理和危机传播。

---

① 王敦. 国际体育赛事中的参赛国赛事危机：基于组织传播视角[D]. 武汉：华中师范大学，2012. 7-10.

② 李树梅，孙庆祝. 体育赛场危机管理研究及其系统框架的建立[J]. 西安体育学院学报，2005(6)：4-7.

（三）大型赛事危机的特点

一是突发性。跟体育比赛的结局不可以预知一样，体育赛事危机何时爆发，也是很难准确预测的。正因为突发而不可预知，它也带有很强的紧迫性和不确定性，迫使管理者要进行紧急处理，否则会酿成更大的事端。

二是政治性。大型体育赛事，特别是国际大型体育赛事，一般运动队都是代表国家或地区参赛，其间如果出现危机事件，很容易演变成政治事件和外交纷争，很快就会在国际上引起负面舆情，所以，政治性与国际性始终相伴。

三是破坏性。体育赛事危机一旦发生，总会在一定程度上产生攻击性，对当事人和围观者的身心安全以及公共财物带来冲击，势必给体育观众的主体——广大青少年带来负面示范，损害赛事举办城市及其东道主国家的国际形象。

四是群体性。由于现代传播特别是自媒体传播无孔不入，无处不在，任何体育危机事件，作为一个爆炸性的共同议题，都能在第一时间蔓延与传播开来。与此同时，由于国际经济不景气，社会贫富差距大，观众本来就属于临时性的“乌合之众”，体育赛事危机很容易成为导火索，一不小心就能引爆公众的负面情绪。

二、大型赛事危机管理的体制创新

（一）危机管理要有法可依

危机管理就是为了避免或者减轻危机所带来的严重损害和威胁，从而有计划、有组织地采取规避、控制、解决危机以及恢复正常状态的一系列动态过程。一般公共管理要以规章制度作为指南，而危机管理是非常时期的非常管理，更要依法依规。

在我国，有关危机管理的法律法规、文件制度一直都有，但过去十几年来，有三个全国性的法律法规最为显著。

一是《国家突发公共事件总体应急预案》，它是 2005 年 1 月 26 日国务院第 79 次常务会议通过，2006 年 1 月 8 日发布并实施的行政法规。

二是《中华人民共和国突发事件应对法》，它是 2007 年 8 月 30 日第十届全国人民代表大会常务委员会第 29 次会议通过，自 2007 年 11 月 1 日起施行，国家关于突发事件应急处置的最高法律。

三是《突发事件应急预案管理办法》，它是由国务院办公厅印发的国办发〔2013〕101 号文件，依据《中华人民共和国突发事件应对法》等法律、行政法规而制定成文的。

在此基础上，各地可以根据地方实际，制定相应的地方法规，如北京市出台了《北京市大型社会活动安全管理条例》，该条例于 2005 年 9 月 9 日由北京市第十二届人民代表大会常务委员会第 22 次会议通过，2010 年 7 月 30 日，由该市第十三届人民代表大会常务委员会第 19 次会议再次修订通过。该法规明确把大型体育赛事作为大型社会活动来对待。

任何国家和地区的运动员、教练员，只要参加在中国范围内举办的体育竞赛，既要遵循各项赛事的国际规则，又要遵守中国的法律法规；同样，中国运动员、教练员参加在国外举行的体育竞赛，也要遵守所在国的法律制度。作为观众和社会人员，只要参与体育活动，同样要遵守相应的法律法规。

(二)危机管理要分级负责与分类管理相结合

1.层层上报制度的弊端

纵观过去十多年来国内大型体育赛事危机处理的做法，基本上都是采取层层上报、由组委会直接处置的模式，这种处置模式的好处毋庸讳言，其突发事件应急预案非常细致，也具有可操作性，而且层层上报确实也避免了因基层人员处置不当所造成的矛盾冲突。

但是，这种处置方式的问题也很突出：一方面，大型赛会制比赛的危机管理，一律实行层层上报制度，由组委会来负责解决这些问题，组委会领导就只有那么几个人，所有问题是否都能得到及时处置，那就很难说。另一方面，对于非赛会制比赛，比如说中超、CBA 联赛，如果出现大的危机事件，现行做法是，大的问题要层层上报，小的问题就按属地管理原则就地处置。这样，就带来一个问题，地方足协与篮协基本上都有很强的本位主义和地方保护主义色彩，他们往往不是站在中国足协或中国篮协的高度考虑问题，久而久之就形成了隐报、瞒报或者不报等现象，很多问题都按大事化小、小事化了的“土法”处理了事。在自媒体的作用下，很多小问题因为捂不住，就发酵演变成大事端，比如很多外地记者被打事件，就是这样被曝光出来的。

2. 分级负责与分类管理势在必行

国家2005年以来出台的三个突发事件应急管理法律法规，都强调分级负责、分类管理（指导）的原则，也就是体制性要求。作为上位文件，这三个法律法规同样适用于大型赛事突发事件的应急管理。

从层级关系来看，大型赛事主要分为两级：组委会及其下属职能部门。由于大型赛事的组委会一般实行属地管理，不管是国际奥委会、国际体育单项联合会所属的国际赛事，还是国家级赛事，最终都要落地，要落实到具体城市来承办，因此赛事版权方法人代表和城市负责人都会自然成为组委会领导，他们共同成为处置突发事件，亦即赛事危机处理的最高级领导人。而职能部门领导，则成为赛事组织中的基层领导。

弄清了上述层级关系之后，我们就可以对政治危机、安全危机、道德危机和信任危机这四类赛事危机进行分级分类处理。具体处理方式如下：

第一，建立一个突发事件应急团队作为危机管理团队，归口媒体运行部。因为媒体运行部比新闻宣传部更容易与各种媒体建立业务关系，更能淡化国际媒体不太喜欢的宣传色彩，有利于提供全方位的信息服务，而且与赛事有关的危机信息也是大型赛事信息的有机组成部分。

迄今为止，国内举行的大部分赛事都没有建立这样的团队，一旦出现突发事件时，都是按层级上报，全部交给组委会领导来研究拍板。而建立一个由竞赛、法律、外事、安保等主要业务口负责人或专家组成的应急团队，出台处置方案，一是比较专业，二是比较迅速。

第二，应急团队实际是危机处理的专家库，并非每一件危机事件都需要所有专家参与协商，可根据事件性质、类型等需要，召集相应专家一起来研判，形成处置方案。

第三，对于道德危机、信任危机和一般安全危机事件，直接由应急团队提出处置方案，再由媒体运行部及时对外发布，同时交付相关职能部门具体执行。

第四，对于政治危机、重大安全危机事件，应先由应急团队提出处置方案，再报组委会领导签批执行。

3. 积极开展预案编制与应急演练

我国对于维护社会稳定有一套比较成熟的做法，那就是“突发事件应对工作实行预防为主、预防与应急相结合的原则”。这也是《中华人民共和国突发事件应对法》里面的规定。

要做好突发事件的预防工作，就要提前查找风险点，根据风险点来编制应急预案。大型赛事应急预案，是指组委会和各职能部门等为依法、迅速、科学、有序地应对体育比赛带来的突发事件，最大限度地减少赛场内外突发事件及其造成的损害，而预先制定的工作方案。大型赛事应急预案分为组委会层面的总体应急预案和各职能部门的专项应急预案。

应急预案一旦编制完成，在获得批准后，就应在赛前筹备阶段或测试赛期间，进行有针对性的模拟演练。演练分为三个层面：组委会层面演练、部门之间联动演练和部门内部演练。根据演练效果，反过来修改应急预案，以臻完善。

三、大型赛事危机管理的机制创新

（一）大型赛事危机管理的一般机制

要妥善解决大型赛事的突发性事件，既要建立民主集中的领导体制和组织体制，还要建立一套科学、高效的危机管理机制。根据公共危机的分期规律，建议建立四种机制。

一是预警机制。在危机发生前，查找风险点，对危机信息进行预测和分析，在危机发生前编制应急预案，并加强不同层面的应急演练。

二是决策机制和应对机制。既要有从下到上的层层上报制度，也要有以上率下的行政管道，还要发挥应急团队的决策咨询作用。

三是危机的新闻发布机制。既要发挥政府引导媒体舆论的传统优势，又要建立公开透明、高效顺畅的信息管理系统。

四是善后处理机制。既要依法依规处理问题，又要以人为本，处置过程与结果都要经得起时间检验，不留后遗症。

（二）从危机传播的高度来建立公开透明的信息发布机制

正如前文所述，危机管理属于公共管理的一个分支，危机处理是危机管理的主要手段与核心技术。有些危机管理没有及时向媒体与公众公开，但有些必须公开，在此情况下，危机管理过程中的信息传播活动就变成了危机传播了。“所谓危机传播，是指针对社会的危机现象和事件，如何利用大众传媒及其他手段，对社会加以有效控制的信息传播活动。”①

危机传播的最终目的，是要通过信息传播来减少危机损害程度，重塑政府、企业以及其他行为主体的公众形象。

对于大型赛事来说，只有媒体运行部最适合承担危机传播主体角色，来建立公开透明、高效顺畅的新闻发布机制。具体包括：第一，第一时间发布有关危机事件的消息或新闻通稿，可以做连续报道；第二，可以对危机事件当事人或者组委会官员进行面访或电视采访，听听他们的声音；第三，可以组织召开新闻发布会，但要提前发布媒体通告，预约媒体参加；第四，可以利用赛时 INFO 系统及时发布即时引语、新闻发布会摘要等新闻“半成品”，供注册媒体选用；第五，可以在赛会官方网站发布新闻，供媒体转载；第六，可以约请新华社撰写与发布评论文章，从公众舆论的视角影响国内外媒体用户。

（三）充分利用“两微一端”等新媒体平台来进行危机传播

在传统媒体时代，对于很多负面事件，相关部门往往通过行政手段给媒

① 来向武，王朋进. 缘起、概念、对象：危机传播几个基本问题的辨析[J]. 国际新闻界，2013(3)：66-73.

体施加压力，不让报道，再大的事件最终都可以不了了之。但是，在移动互联网时代，一个人只要持有智能手机，他就可以秒变全能记者，随手将文字、图片、音视频瞬间传上网，变成新闻，再经众人转发、点评，就能转化成公众舆论。正如前文所说的那样，花游蒋氏姐妹通过微博发声，表达质疑，就能引爆公众舆论，令局面变得不可收拾。

赛事组委会可以开设官方微信、微博和客户端，来进行危机传播。一旦有危机事件发生，除了上面所说的六种公开透明、高效顺畅的新闻发布机制以外，作为危机传播主体的媒体运行部门还可以利用“两微一端”来发布官方信息，澄清事实真相，及时表明态度，获得公众理解，维护组织形象。

与新闻发布机制相比，移动新媒体的好处显而易见：第一，在国际上，危机公关有很多成熟的应对原则，不管是“3T 原则”——tell you own tale（以我为主提供情况原则）、tell it fast（尽快提供情况原则）和 tell it all（提供全部情况原则），还是 5S 原则——shouldering the matter（承担责任原则）、sincerity（真诚沟通原则）、speed（速度第一原则）、system（系统运行原则）和 standard（权威证实原则），都强调一个“快”字，从现有媒体形态来看，没有比新媒体发布新闻更快的媒体了。第二，现在是移动互联网时代，人们几乎在任何地方都可以用手机等移动设备接收信息，记者接收信息后，又以意见领袖的身份把信息转发到朋友圈或者“粉丝”群，这样，庞大的“信息流”瞬间转化成了巨大的“影响流”。第三，与传统媒体和 INFO 系统严格的把关程序不同，移动新媒体的采编发比较容易，不需要庞大的业务群体和管理团队，操作简便，运行成本低。这在中超和 CBA 联赛俱乐部媒体服务中已成常态。

当然，有关部门和行业对于移动新媒体的监管与引导不能缺位。不过，那是另外一个话题了。

第九节　媒体运行与新闻服务的与时俱进

一、要尽快适应奥运会改革要求，节俭办媒体运行

既然媒体运行发端于奥运会，那么，我们就要密切关注国际奥委会的最新改革动向，全面把握 2015 年 12 月 8 日在国际奥委会第 127 次全会通过的《奥林匹克 2020 议程》。如前所述，这个议程就是奥林匹克运动改革的路线图，其 40 条改革措施的精髓，就在于三个方面：一是要降低办赛成本，实现可持续发展；二是要提高赛事公信力，保证公平公正；三是要完善体育教育，促进青少年运动发展。

《奥林匹克 2020 议程》改革建议的第 3 条提出，“降低申办费用”；第 12 条提出，“降低奥运会运营成本，增强运营的灵活性”；这些都与节俭办赛有关。既然要节俭办奥运，而媒体运行又是奥运会的有机组成部分，那就要节俭办媒体运行，从设施设备、运行团队、信息呈现等方面入手，节约一切可以节约的成本。

（一）科技越来越发达，媒体中心正在变小

过去，我们比较看重主新闻中心和场馆新闻中心高端大气上档次，一味追求空间宏大。但随着科技越来越发达，我们要以实用为目标，够用就好。正如前面所言，奥运技术要胜过军事技术。言下之意，任何当下最先进的科学技术，都可以在奥运会的举办与转播当中呈现。而科技越是发达，设施设备所占的空间就相对缩小，这是一个基本规律。

包括奥运会在内的每一项大型赛事，都会设主新闻中心和场馆新闻中心，都会配置包括供注册媒体使用的桌子及其他技术设备。然而随着科技产品的体积变得越来越小，记者可以通过他们的手机、笔记本电脑或平板电脑在很远的地方获取比赛结果和数据的信息，因此，媒体中心也就变小了。

(二)随处可以上网,媒体工作室正在变为休息室

在赛时,只要无线网在可能接入的地方都是免费的,那么,记者对媒体中心提供的电脑和大办公桌的需求就可以减少。在媒体中心,媒体工作室更多被当作一个基地,一个会客室,以及一个赛前赛后的会议室,而不是整天待在里面的工作室。

对于摄影记者来说,媒体工作室更多被他们当作摄影设备的存储室,而不仅仅是编辑发送图片的地方。很多摄影记者为方便起见,就在比赛场地的摄影地点完成这些工作,因为在无线网络环境下,即拍即传系统早已不是什么新鲜技术了。

在这个以快制胜的传播时代,全世界的媒体用户都想在第一时间获得比赛信息,不管是文字记者、图片记者还是广电记者,他们很少有时间回到工作室整理资料。这一点在 2012 年伦敦奥运会期间已有明证,组委会在沙滩排球比赛场,设有 400 多个工作站,但是,几乎从来没有超过 80 个以上的记者同时在里面工作。

(三)多用电子信息,少发纸质材料

组委会现如今提供越来越少的纸质媒体材料,以越来越多的电子资料信息代替。媒体复印设备、媒体手册和赛事复印结果逐渐被淘汰,正在被电子材料所取代。这不仅能够极大地节约成本,而且还能提升赛事的环保形象。2012 年伦敦奥运会的组织者做了很大努力来推动此举。

如果我们做到了上述几点,就不需要那么多人到现场从事媒体服务,自然可以减少媒体运行的人力成本了。

二、要尽快适应客户群的变化,重点关注电视和新媒体客户的需求

在过去的媒体运行服务中,组委会对于注册媒体的划分,一般分为三类:文字记者、摄影记者和广播电视记者,这就是通常所说的三大客户群。但是,传统媒体中的电台记者和新媒体记者所占的比重很小,基本上属于被

忽略不计的对象。由于媒体运行的主体是具有通讯社背景的专业人士,他们最为重视的客户,就是平面媒体特别是文字媒体客户群了。但是,在移动互联网时代,这种划分与对待客户群的方式亟须改变。

(一)随着报纸的式微,注册文字记者会逐步减少

随着网络新媒体特别是移动新媒体崛起,人们更多用手机接收媒体信息,报纸不再在新闻报道中占统治地位,但作为媒体,仍然扮演着新闻深度报道和焦点分析的角色。最近几年,专业的体育赛事报道数量有所增长,但几乎都是在网上。他们的报道内容为特定的观众量身定制,并且拥有大量读者。如今,大众传播的概念正在逐步分化与瓦解,取而代之的是分众传播与窄众传播,与电视和网络媒体相比,今天的报纸已沦落为分众传播或小众传播了。这样一来,来自纸媒的文字注册记者会逐步减少,或者转型为融合传播记者。

(二)电视仍旧一家独大,广播电视记者客户群越来越大

电视在全球体育传播领域占据绝无仅有的地位。单是电视转播费用就已十分惊人,这也说明了电视对体育的牢牢掌控,包括体育赛事在哪里播放,如何播放,甚至是在什么时候播放等具体问题。我们不妨回顾一下电视转播费和广告收入的变迁,体会一下国际奥委会为什么如此重视广播电视媒体运行。

1960年,美国哥伦比亚广播公司支付了39.4万美元(时值240万元人民币)的费用,对当年罗马奥运会进行了转播。2012年美国NBC环球公司支付了11.8亿美元(时值72亿元人民币)的费用转播伦敦奥运会。同时,NBC已经支付了43.8亿美元(时值269亿元人民币)的费用取得了2014年、2016年、2018年和2020年这四届奥运会(两届夏季和两届冬季奥运会)的转播权。

但是,NBC环球公司在2014年索契冬奥会期间的广告收入,达到了惊人的15亿美元(时值超过60亿元人民币),轻松地超过2010年温哥华冬奥会广告收入7.5亿美元的旧纪录(时值40.5亿元人民币),但比2012年伦

敦奥运会时还是少10亿美元(时值61亿元人民币)。这一方面说明NBC环球公司的奥运会广告收入一路看涨,另一方面说明冬季奥运会的影响力还是不敌夏季奥运会。

NBC环球公司支付7.75亿美元的费用,对索契冬奥会进行了539小时的转播,同时销售了时长1 100 030秒的广告(相当于每秒95 500美元)。不过,NBC环球公司投资奥运会的转播,几乎可以得到翻倍的回报。

在索契冬奥会期间,奥运会首席赞助商可口可乐、通用电气、麦当劳、宝洁和VISA都与NBC环球公司签订了广告协议。随着大量商业化资金涌入体育运动赛事,也就不难理解为什么新闻服务和最具专业性的媒体系统以及运行管理是如此重要了,这也是国际奥委会和其他大型管理机构要求一切工作都要做到既快又好的原因。

2008年北京奥运会文字和摄影媒体(5 600人)与广播电视媒体(16 000人)注册记者之比接近1比3,今后的奥运会,这一比重可能还会拉大。一方面,这是由市场需求所决定的;另一方面,《奥林匹克2020议程》的第13条改革建议,就是要“最大限度地配合奥运利益相关者”。

国际奥委会已经注意到电视对奥运会的影响,于2016年8月22日里约奥运会在马拉卡纳体育场举行闭幕式的这一天,正式开通了奥林匹克频道,兑现了《奥林匹克2020议程》的第19条建议。该频道24小时不间断播出体育新闻、体育专题和重大赛事,节目内容包括奥运会资格赛和奥运会正赛,以及国际单项体育组织联合会举办的世界锦标赛等赛事。

(三)新媒体异军突起,将会获得越来越多的融合报道权

电视台和其他电子媒体向组委会支付巨额费用,以确保获取一定的独家报道权。在我国,只有中央电视台享有奥运会和世界杯的独家报道权,新媒体想要点播或者延播奥运赛事,只能通过购买央视旗下新媒体CNTV的网络转播权,来实现对奥运会和世界杯的转播。但是,在西方国家,新媒体早已经将传统媒体包围,并对电视网络独家转播权产生了威胁。这是一个重大的问题,并极有可能对世界体育转播产生冲击。

如果说电视大屏是媒体的“命门”的话,手机小屏则是媒体投资的“风

口”。手机已经成为媒体融合报道的最佳平台，随着网络通信技术水平越来越高，通信运营商的资费在不断降低，手机网速更快，体积更小，功能更强大，手机用户可以随时随地接收体育信息，观赏体育竞赛。许多智能手机用户视自己为市民媒体记者。与此同时，许多新媒体鼓励体育赛事现场的观众在用户终端上对重大体育赛事和意外事件进行评论。所以，现在看来，新媒体越来越明显地削弱了传统媒体的力量。

可以预见的是，在今后的大型赛事直播中，将会有越来越多的文字、摄影和摄像记者转化为手机记者，在他们的手机里安装一个专业 PGC 直播工具，就可以利用手机随时随地完成直播，代表各自所供职的媒体来为各种客户端提供服务。

三、要尽快适应用户的媒体使用习惯，改革新闻服务的内容与形式

可以肯定地说，手机阅读与收视已经成为当今社会大众媒体使用的新习惯。作为大赛新闻服务的提供者，就要尽快适应这一新的业态变化，新闻服务也要围绕记者使用手机工作时所产生的需求，改革新闻服务体例以及信息传递的方式。

（一）重新认识新闻服务的原则

奥运新闻服务是由官方通讯社提供的，它们坚持的自然是具有通讯社风格的公正客观、不偏不倚的报道文风。根据澳大利亚体育信息专家韦恩提供的文献，下列原则是新闻服务必须坚守的。

第一，奥运新闻服务提供给信息用户均衡的赛事新闻文件，该文件符合用清晰简洁的语言写成的专业数据服务标准。

第二，奥运新闻服务的目的在于使媒体实现最大范围的信息覆盖，使其了解最新的赛事进展，但它不能代替媒体工作。

第三，奥运新闻服务应表现为不带偏见或偏好，并不受任何外部因素的影响。

第四，奥运新闻服务的真实性至高无上，奥运新闻服务的编辑对新闻条

目的筛选全权负责。

第五，受聘工作人员在受聘期间，只能为奥运新闻服务工作，并切断与其他任何新闻组织的联系。

第六，依据奥林匹克宪章，受雇并经奥运新闻服务注册认证的任何人员不得为外部组织报道或提供赛事的信息或图片。

在坚持上述原则不变的情况下，我们还可以增加一条原则，那就是人性化原则。体育竞赛不仅仅是残酷的竞争与成绩的比拼，更重要的是运动员自我的超越和人性的展示。2016 年里约奥运会期间，中国代表团发生了那么多的事情，也产生了众多的冠军，取得了很多好成绩，但有一个人的赛后采访却令世人难忘，那就是傅园慧在女子 100 米仰泳半决赛之后，接受央视记者采访时所说的那句话："我已经用了洪荒之力"。伴随这句话的，是傅园慧搞怪的表情，这使其瞬间变成网红。没有几个人记得傅园慧的成绩是多少，但"洪荒之力"与表情包却成为傅园慧的代名词，充满了人性的光辉。

新闻服务要体现人性化，并非要违背上述新闻服务的原则，而是要在坚持上述原则的基础上，去死板化或呆板化，在价值取向上，体现一种对"重要而有趣"的新闻价值的追求。因为任何新闻都是用来讲述故事的，只有重要而有趣的故事才能适合所有的媒体，也最打动人和感染人。

(二)提前思考混合采访区想问的问题

实践表明，在新闻服务的众多文体中，即时引语的媒体使用率最高。新闻服务团队在每一个竞赛场馆都专门设置了引语记者岗位。那么，在新媒体时代，即时引语的采写又面临哪些新的变化呢？这里就要从运动员结束比赛后的行踪说起。

奥运会的比赛结束后，运动员就要收拾行头离开赛场，去往休息室或更衣室。组委会在赛场与休息室之间，用设施拉起了一条相对封闭的混合通道，供运动员行走。通道的边上，依次排列了主转播商、持权转播商、注册文字记者和引语记者。他们等待时机，向经过混合采访区的运动员和教练员提问，如果采访成功，即时引语就由这里产生。即时引语就是在比赛结束后，媒体立即在混合采访区对运动员和教练员进行采访后的引语。

传统的采访方式，是记者就其所看过的比赛进行提问，比如这场比赛的转折点在哪里、此时的心情如何等共性问题。但在社交媒体时代，混合区的采访发生了新的变化。

大多数的明星运动员都有自己的社交媒体公共平台，所以在比赛之前，记者们可轻松获取他们的最新动态。新闻服务志愿者应积极关注运动员的Facebook、Instagram和Twitter的内容，并且在混合采访区就运动员在社交媒体上所发的内容进行相关的追踪提问。

运动员在离开比赛场地到达混合采访区的这段时间，经常会与他们的“粉丝”在社交媒体上进行即时互动。如果新闻服务记者能够及时地了解运动员在社交媒体上更新的讯息，就能对他们提出最近一刻的采访问题，甚至把提问变成证实。当然，由于运动员在混合区逗留的时间很短，引语记者只有忠实记录别的媒体提问和运动员回答的份儿，自己则很少有实质性的直接提问机会。

下面，我们按照奥运会新闻服务模式，举一个南京青奥会即时引语的例子，在这个例子中有两问两答。

南京8月27日－周日，青奥会体育公园，女子冰球决赛，在加拿大3∶2险胜印尼后，来自加拿大队队员库克的评述。

苏珊·库克(加拿大)－金牌

关于她的制胜一击：

“我甚至记不起多少了。我记得我要球，然后把球击出去。我甚至都没有来得及看。”

关于她打出制胜一击后的所想：

“我没有想什么，除了意识到我可能只是做了一些事，让我们会赢得比赛和金牌。比赛结束的刹那，我们已经赢得了金牌，这感觉真是妙极了。”

YOGNS CY/by/an(这是采编人员姓名的首字母缩写)。

2014年索契冬奥会新闻服务将社交媒体的优势发挥到极致。现在，很多大型赛事都吸收了奥运经验，不但设置了混合采访区，而且在混合采访之前，还为了维护赞助商的利益，专门在赛场边上设置了一个瞬时采访，即比赛一结束，马上把被访对象请到印制有赞助商LOGO的背景板前面，进行瞬时采访。瞬时采访结束以后，才接着进行混合区采访。

（三）由即时引语衍生出重磅的短新闻

2014年索契冬奥会上有一个创新做法，新闻服务从即时引语中衍生出一项新的内容——一种简短的新闻报道。如果运动员在训练场，或者混合采访区接受采访，发表了极其重要的言论，那么这部分引语内容将作为主要新闻来介绍，并用一段新闻背景来结尾。这类新的简短文章确保重要的新闻能够得到确认，运动员的话语在被采集后的短短数分钟内，能被迅速传播出去。

下面我们举一个假设性的短新闻例子：

南京，8月27日 － 中国游泳运动员陈跃说，他将在南京奥林匹克体育中心游泳馆周日进行的1500m决赛中，打破同胞孙杨（CHN）保持的14分31秒02的世界纪录。

“我现在处于最佳状态，世界纪录等着我去打破。”陈跃告诉青年奥运会新闻服务记者。

“很遗憾，我将要夺去曾属于另一个同胞的时代，但是，体育比赛不容多愁善感。”他说。

孙杨所保持的世界纪录，是在2012年伦敦奥运会时产生的。

YOGNS CY/by/an（采编人员姓名首字母缩写）

这个无题的短新闻共有四段，第一段是传统消息的导语，第二、三段是引语，第四段是新闻背景，合起来就是一个标准的短新闻。标题可由采纳此则新闻的媒体自己去加，比如“中国游泳小将誓言打破孙杨纪录”之类。

（四）扩大INFO系统信息接收范围

前面我们已经反复论述了新闻服务作为赛时主要的信息来源，在夏奥会、冬奥会、残奥会以及全球其他主要的体育赛事上，为注册媒体提供信息资源。新闻服务团队为信息系统提供及时采写且已编辑好的稿件内容，该信息系统通常被称作“INFO系统”。INFO系统是一种信息电子数据库，注册媒体可以通过它在内部专用的系统上选用比赛信息，然后在各自的媒体平台上公开发表这些新闻。

根据国际奥委会媒体技术手册规定，为媒体和其他特许组织服务的 INFO 信息系统，可用于国际广播中心、主新闻中心、场馆媒体中心、奥运村、媒体村以及国际奥委会官方入住酒店，也可以通过网络远距离传输到奥委会特许媒体，以便有效地报道奥运会新闻。

但是，传统的 INFO 信息接收，要在内部固定的 PC 机浏览、下载或打印。这就要求注册记者要么回到媒体中心或者媒体工作室，自己操作电脑，接收各种信息；要么就在媒体看台席或自己的工位上，等待志愿者发送纸质成绩公报。而这些都不符合移动互联网时代的信息接收特点，因此，赛事组委会进一步开放 INFO 系统的使用权限，已变得势在必行。比如，可以在注册记者的手机中安装一种接收软件，就可以让他们随时随地自由接收 INFO 信息，这样既保护了系统开发商的版权，又方便了注册记者的工作，最终最大限度地传播赛事信息，提升赛事影响力，从而增加赛事的品牌价值。

述及至此，我们可以做如下小结：这一节，我们几乎都是以奥运会的新闻服务为例进行论述，但实际上，以上的改革设想并不仅仅局限于奥运会的新闻服务，它同时适合于一切大型赛事的新闻服务，只不过奥运会新闻服务更加传统和经典，更能清晰地说明问题而已。

第七章　结论与建议

从实践运作来看,大型赛事媒体运行与新闻服务是一个很庞大的操作系统,且不说学术研究,单纯对其作叙事学的描述,都需要很长的篇幅。但作为一个研究项目来说,它却又是相对封闭而独立自足的,我们聚焦的总是一些重要的区块和问题。本章得出了 10 条结论,是本书研究团队成员对研究对象作出的最重要的总结性判断。同时,还提出了 5 条建议,它们是一些与本书研究相关,但却具有开放性和延展性,需要引起有关方面加以重视的问题。

第一节　结　论

第一,大型赛事是大型体育赛事的简称,是以比赛为手段,以吸引人观赏为目的,以媒体为纽带,能将赛事资源、广告赞助资源、受众用户资源连接于一体,从而产生广泛社会效益和经济效益的大型社会活动。大型赛事与媒体之间是一种双向共生关系,从本质上看,大型赛事超越了现场体育,而升华为媒体体育。

第二,媒体运行发端于奥运会,是国际奥委会对于奥运会举办城市提出的一项制度性规定,即奥运会组委会在奥运会召开期间,必须为来自世界各地的注册媒体充分报道赛事,免费提供优质高效的设施和服务。因其本质上不是管理,而是服务,所以,媒体运行又被称为媒体运行服务。

第三,媒体运行一共包括六大功能领域,即主新闻中心、场馆新闻中心、摄影服务、媒体服务、广播电视服务和新闻服务。前五大功能领域所提供的服务，都是以硬件设施的形式体现出来的，只有新闻服务是无形的，服务内容包括赛前信息、赛时新闻服务、成绩公报柜管理与纸质公报发送等。新闻服务是媒体运行的核心，一般以赛时官方通讯社的模式，通过 INFO 系统或者专门的内部网站，向记者发布、提供信息。

第四，鉴于奥运会媒体运行取得空前成功，世界各大单项体育组织和各国体育部门举行的大型赛事，都分别参照奥运模式，结合自身实际，制定了形式多样、标准不一的媒体运行服务制度。它们最大的交集在于，赛事组委会都必须提供基本的媒体服务。

第五，大型赛事的媒体运行与新闻服务工作，是一种科学、严密的组织行为。媒体运行部是赛事组委会的有机组成部分，媒体运行团队是媒体运行部的基石，一般采取科层制管理模式。

第六，北京奥运会把媒体运行理念带进了中国，北京奥组委媒体运行部首创了奥运历史上的“一站式”服务机制，为外国媒体报道奥运会提供了高效便捷的服务。媒体运行理念是北京奥运会的宝贵文化遗产，它不但促进了各种体育大赛和大型活动的成功运行，而且促进了中国更加开放与包容。

第七，过去十年，国内大型赛事的媒体运行服务分为三种格局，一是严格按照或者仿照北京奥运会模式，为注册媒体提供设施与服务，委托新华社来组建赛时官方通讯社和媒体运行团队；二是因地制宜，虽未组建赛时官方通讯社，但提供了标准不同、程度不一的中国特色媒体服务；三是没有严格意义上的媒体运行，媒体服务不到位或者缺失。

第八，我国大型赛事媒体运行与新闻服务在取得显著成绩的同时，也存在一些突出的问题，主要体现为一些大赛的组委会对媒体运行服务认识不足与重视不足，组委会各部门之间协调不畅，媒体运行计划不周与官网建设滞后，媒体运行团队屡遭重建，媒体运行的灵活性不强，危机管理不力，等等。

第九，要解决我国大型赛事媒体运行与新闻服务存在的突出问题，就必须重新认识媒体运行的意义，重新厘清媒体运行的理念，科学规划媒体功能区，合理筹划设施设备，做好场馆运行的初步设计，做细场馆运行的详细设计，打造一支优秀的媒体运行队伍，注重媒体运行的桌面演练和实战演练，创新危机管理体制机制。

第十，媒体运行与新闻服务必须与时俱进，一要尽快适应奥运会改革要求，节俭办媒体运行，力争媒体中心实用化，材料发送环保化；二要尽快适应客户群的变化，重点关注服务电视和新媒体客户；三要尽快适应用户的媒体使用习惯，关注社交媒体，写好即时引语，增加 INFO 信息的移动接收。

第二节 建 议

以下建议具有开放性和延展性，是需要引起有关方面加以重视的问题。

第一，建议在国内举行的大型赛事、大型活动和国际峰会中，全面推行媒体运行理念及其操作模式，规定其组委会或承办单位必须为注册媒体提供充足的设施与服务，因地制宜地建立符合报道需要的媒体服务平台和信息发布操作系统。其中，大型国际赛事和国际峰会必须实行媒体运行制度，以方便国内外注册媒体。

第二，建议实行媒体运行效益评估机制，委托第三方对大型赛事或大型活动的媒体运行绩效进行全面客观、科学系统的评价，确保出资方权益，激发更多的大型赛事或大型活动组委会自觉运用媒体运行。

第三，建议由新华社体育部牵头，组建一支相对稳定的大型赛事媒体运行专家团队，定期培训媒体运行高管，培养自己的体育信息专家，实现“可持续发展”的北京冬奥会理念。同时，建议新华社与高校合作，定期召开“大型赛事媒体运行国际高峰论坛”，向在国外举行的大型国际赛事输送媒体运行人才。

第四，建议 2022 年北京冬季奥运会组织委员会汲取北京 2008 年夏季奥运会的经验教训，提前组建媒体运行部，尽快组建冬奥会媒体运行团队，参与场馆媒体功能区的规划设计和媒体运行设施与设备的筹划布置。这样既可以提高赛事媒体运行与新闻服务的质量，又可以降低冬奥会媒体运行成本，为国家节约大量开支。

第五，建议各大赛事组委会充分利用"互联网＋"平台，像2011年深圳大运会一样，放开INFO系统的使用范围，方便媒体记者随时随地都能通过手机等移动终端接收信息，更快、更广泛地传播赛事。

参考文献

一、专著与教材

1. 易建东. 大型赛事报道与媒体运行[M]. 杭州：浙江大学出版社，2008.

2. 陈悬. 羽毛球运动[M]. 北京：高等教育出版社，2005.

3. 第 16 届亚洲运动会组织委员会. 亚运会媒体运行[M]. 广州：暨南大学出版社，2009.

4. 第 29 届奥林匹克运动会组织委员会. 奥运会媒体运行[M]. 北京：中国传媒大学出版社，2007.

5. 罗宾斯，贾奇. 组织行为学[M]. 北京：中国人民大学出版社，2012.

6. 西蒙. 管理行为[M]. 北京：北京经济学院出版社，1988.

7. 福特纳. 国际传播：全球都市的历史、冲突及控制[M]. 北京：华夏出版社，2000.

8. 海敦. 怎样当好新闻记者[M]. 北京：新华出版社，1990.

9. 任广耀. 体育传播学[M]. 北京：高等教育出版社，2004.

10. 毕雪梅，贾静. 体育新闻学概论[M]. 北京：北京体育大学出版社，2007.

11. 张映红. 公共关系管理[M]. 北京：首都经济贸易大学出版社，2002.

12. 刘德佩，石岩. 体育公共关系[M]. 北京：高等教育出版社，2004.

13. 米勒. 组织传播[M]. 北京：华夏出版社，2000.

14. 古特曼. 从仪式到记录：现代体育的本质[M]. 北京：北京体育大学出版社，2012.

15. 吴宜蓁. 危机传播：公共关系与语艺观点的理论与实证[M]. 苏州：苏州大学出版社，2005.

16. 潘肖珏. 体育公共关系[M]. 上海：复旦大学出版社，2005.

二、学术论文

1. 肖林鹏. 竞技体育本质及其发展逻辑[J]. 体育学刊，2004(6).

2. 李嵘. 从新闻管理到媒体服务:奥运会媒体运行观念的转变[J]. 新闻记者,2007(11).

3. 褚亚玲. 从广州亚运看媒体运行服务[J]. 中国记者,2011(1).

4. 赵躲,陈佳明. 浅议科层制与我国高校科层式管理[J]. 现代经济信息,2016(7).

5. 徐伟,黄兆荣,孙桥. 体育赛事基本理论探究[J]. 吉林体育学院学报,2006(2).

6. 钟新. 服务世界媒体全方位保障奥运报道:奥运媒体服务的专业性分析[J]. 新闻与写作,2008(9).

7. 高长力. 媒体服务工作新思维新机遇:谈奥运会媒体运行的基本规律[J]. 中国广播电视学刊,2007(7).

8. 裙亚玲. 亚运报道 e 时代:以广州日报报业集团亚运会全媒体报道为例[J]. 新闻记者,2011(1).

9. 骆秉全,安耀东. 大型体育赛事中的公共关系问题的探讨[J]. 首都体育学院学报,2003(15).

10. 付晓静. 关于构建国内大中型体育赛事媒体公关体系的初步探讨[J]. 广州体育学院学报, 2009(3).

11. 余世猛,刘冬. 传播盛会 分享精彩:以亚运会大运会为例探究大型活动媒体服务的借鉴意义[J]. 中国报业,2012(3).

12. 李杰杰,全先昆. 世界四大网球公开赛与中国网球公开赛的比较研究[J]. 运动,2012(1).

13. 刘建萍,袁筱华. 新媒体与北京奥运会[J]. 浙江传媒学院学报,2009(2).

14. 曾圣勇. 从十运会报道看体育赛事官方网站建设[J]. 青年记者,2006(4).

15. 李树梅,孙庆祝. 体育赛场危机管理研究及其系统框架的建立[J]. 西安体育学院学报,2005(6).

16 来向武,王朋进. 缘起、概念、对象:危机传播几个基本问题的辨析[J]. 国际新闻界,2013(3).

17. 吴文峰,翟从敏. 大型体育赛事媒介服务的异化[J]. 新闻爱好者,2011(15).

18. 戴世富,靳戈. 大型体育赛事的媒体运行策略研究:以广州亚运会乒乓球比赛报道的媒体运行为例[J]. 新闻界,2011(5).

19. 牛炎涛,刘巧芳. 媒体运行服务对大型体育赛事传播的影响[J]. 传媒,2014(8).

20. 符传嘉. 大型体育赛事新闻中心的媒体运行机制研究[J]. 新闻战线,2014(10).

21. 王晓东,田欣鑫. 中国网球公开赛媒体运行服务探析[J]. 新闻战线,2015(3).

22. 三晓东,田欣鑫. 中外男子篮球职业联赛媒体手册传播策略的分析研究[J]. 新闻界,2015(14).
23. 綦湘. 新媒体与体育新闻传播创新融合研究:评《媒体体育与体育媒体》[J]. 新闻记者,2016(10).
24. 郑健成. 媒体对体育赛事的传播作用研究:评《大型赛事媒体运行原理与新闻服务体例》[J]. 新闻战线,2016(10).
25. 张业安,肖焕禹. 大型体育赛事媒介传播效果的层次与评估指标研究[J]. 成都体育学院学报,2012(1).
26. 梁斌. 记者如何"享用"大型体育赛事的新闻服务[J]. 中国记者,2013(5).
27. 张冬林. 变竞技主场为报道主场:北京电视台的奥运报道方略[J]. 中国记者,2008(9).
28. 赵迎新. 北京奥运会的媒体运行[J]. 中国记者,2007(10).
29. 肖林鹏. 竞技体育本质及其发展逻辑[J]. 体育学刊,2004(6).

三、学位论文

1. 叶庆晖. 体育赛事运作研究[D]. 北京:北京体育大学,2003.
2. 王会寨. 北京奥运会媒介服务研究[D]. 北京:北京体育大学,2003.
3. 范帆. SID 的嵌入与中国体育媒体服务系统的建构[D]. 北京:北京体育大学,2006.
4. 范帆. 奥运会媒体服务的历史演变研究[D]. 北京:北京体育大学,2009.
5. 蒋祖峰. 大型体育活动媒体运行机制研究[D]. 武汉:华中师范大学,2011.
6. 张东红. 大型体育赛事比赛场馆媒体服务研究[D]. 北京:首都体育学院,2012.
7. 王敏. 国际体育赛事中的参赛国赛事危机:基于组织传播视角[D]. 武汉:华中师范大学,2012.
8. 王丽. 大型体育赛事新闻中心的媒体运行机制研究[D]. 北京:北京体育大学,2009.
9. 俞菡芝. 全运会主新闻中心媒体服务及其优化研究[D]. 上海:上海体育学院,2014.
10. 段梦婕. 我国大型赛事媒体运行的历史、现状与发展[D]. 武汉:武汉体育学院,2014.
11. 周烨. 大型赛事即时引语的采集问题与对策[D]. 武汉:武汉体育学院,2014.
12. 周洁. 广东地区三家 CBA 俱乐部媒体服务比较研究[D]. 武汉:武汉体育学院,2015.
13. 黄晶. 体育媒体微信公众平台的现状与发展策略研究[D]. 武汉:武汉体育学院,2015.

四、外文资料

1. SUNSTROM E, DEMEUSE K, FUTRELL D. Work teams: applications and effectiveness[J]. American psychologist, 1990(2): 120-133.

2. HALL C M. Hallmark tourist events: impacts, management and planning[M]. London: Belhaven Press, 1992.

3. SCHMIDT W D, RIECK D A. Managing media services: theory and practice[J]. Journal of documentation, 2002 , 58 (1) :115-118.

4. WHANNEL G. Television and the transformation of sport[C]. Annals of the American academy of political & social science, 2009 ,625(1): 205-218.

5. HORKY T, GRIMMER C G. The Football World Cup 2010 in the German media: presenting and constructing a major sporting event[M]. Palgrave Macmillan, 2014.

6. ARNOLD et al. The grand Prix, road accidents and the philosophy of hallmark events [C]. The Planning and Evaluation of Hallmark Events, 1989.

7. HORKY T. Usage of drones in sports communication: new aesthetics and enlargement of space[J]. Athens journal of sports, 2017(6).

9. BOYKOFF J. Activism and the Olympics: dissent at the games in Vancouver and London[M]. Rutgers University Press, 2014: 287-288.

10. MIAH A. Sport 2. 0: transforming sports for a digital world [M]. The MIT Press, 2017.

附 录

附录1:本项目主要阶段性成果

一、编著

1. 大型赛事媒体运行原理与新闻服务体例[M]. 广州:暨南大学出版社,2014.

二、论文

2. 媒体体育的传播模式研究[J]. 体育科学(权威期刊、CSSCI来源期刊),2016(05):3-9.
3. 体育解说评论的3种逻辑及其科学运用[J]. 上海体育学院学报(CSSCI来源期刊),2017(02):15-20.
4. 大型体育赛事新闻服务的特点与原则[J]. 武汉体育学院学报(CSSCI来源期刊),2014(06):14-18.
5. 大型赛事中即时引语的地位作用与采写原则[J]. 武汉体育学院学报(CSSCI来源期刊),2012(10):22-27.
6. 高等体育院校借力高水平赛事塑造形象的策略[J]. 武汉体育学院学报(CSSCI来源期刊),2012(08):11-15.
7. 体育赛事微博运营的现状、问题与对策[J]. 武汉体育学院学报(CSSCI来源期刊),2013(07):54-57.
8. ‘互联网+”背景下的中国体育电视——传播变革、公共性与公共利益[J]. 武汉体育学院学报(CSSCI来源期刊),2017(06):24-28.
9. 第十届民族运动会新闻服务的特点及启示[J]. 中国出版(CSSCI来源期刊),2016(24):47-50.

10. 北京田径世锦赛央视转播的四大特色[J]. 中国广播电视学刊(CSSCI 来源期刊扩展版),2015(12):111-114.

11. 全国日报亚运好新闻参评作品的特点与问题[J]. 广州体育学院学报(CSSCI 来源期刊扩展版),2011(06):121-125.

12. 新媒体时代体育赛事危机传播管理的变化与转型——以辽宁全运会为个案[J]. 广州体育学院学报(CSSCI 来源期刊扩展版),2015(03):51-54.

13. 大型赛事中媒体服务的三大原则[J]. 新闻与写作(CSSCI 来源期刊扩展版),2016(12):89-91.

14. "个性化"传播生态下的电视解说特色探析——以里约奥运会开幕式白岩松的解说为例[J]. 新闻与写作(CSSCI 来源期刊扩展版),2017(04):89-91.

15. 体育赛事传播的主题解构[J]. 传媒观察(核心期刊),2013(02):30-32.

16. 赛事前瞻与赛事回顾报道方法比较[J]. 传媒观察(核心期刊),2013(08):33-35.

17. 赛事传播中体育展示的定位与功能[J]. 新闻知识(核心期刊),2014(05):3-5.

18. 体育解说员的赛前功课[J]. 青年记者(核心期刊),2016(29):46-47.

19. 体育解说员的赛后修养[J]. 青年记者(核心期刊),2016(36):55-56.

20. 体育赛事观赏距离初探[J]. 成人体育教育学刊(省级期刊),2014(01):30-32.

21. 周亮"解说门事件"产生的原因及启示[J]. 体育成人教育学刊(省级期刊),2014(06):30-32+99.

22. 整合营销传播视域下大型体育赛事媒体运行的理念与策略[J]. 新闻传播(省级期刊),2015(17):4-6.

23. 从 CBA 群殴事件看体育赛事管理的重要性[J]. 决策与信息(省级期刊),2016(06):113-118.

附录 2:奥运会专业缩略语

英文缩略语	中文对照	英文全称
CATV	有线电视	Cable TV
CCTV	闭路电视	Closed Circuit Television
CCR	解说控制室	Commentary Control Room
CDOC	公共区域运行中心	Common Domain Operation Centre
CIS	评论员信息服务	Commentator Information System
CM	竞赛主任	Competition Manager
DDS	数据显示系统	Data Display System
E	文字记者	Journalist
EC	支持工作人员	Support Staff
ENG	电子(专题)新闻采集	Electronic News Gathering
ENR	非持权转播商	Non—rights holding broadcaster
EP	摄影记者	Photographer
EPs	专项摄影记者	Sport Specific Photographer
Es	专项记者	Sport Specific Journalist
ET	技术人员	Technician
FA	功能区,亦指部门分区	Functional Area
FOP	比赛区域	Field of Play
Ex/EPx	当地媒体	Local Press
HCC	主办城市合同	Host City Contract
HDTV	高清晰电视	High—Definition TV
IBC	国际广播中心	International Broadcast Centre
IFs	国际单项体育组织	International Sports Federation
INFO	奥运会信息系统	Games—wide Results and Information Systems
IOC	国际奥林匹克委员会	International Olympic Committee
IOPP	国际奥林匹克摄影队	International Olympic Photo Pool
ISB	国际体育广播公司	International Sports Broadcasting
ITU	国际电信联盟	International Telecommunication Union
ITVR	国际电视和广播信号	International Television and Radio Signals

续表

英文缩略语	中文对照	英文全称
MAC	媒体注册中心	Media Accreditation Centre
MMC	主媒体中心	Main Media Centre
MOC	主运行中心	Main Operation Centre
MPC	主新闻中心	Main Press Centre
MTC	主票务中心	Main Ticketing Centre
NOCs	国家/地区奥委会	National Olympic Committees
NOPP	国家奥林匹克摄影队	National Olympic Photo Pool
OBO	奥林匹克广播组织	Olympic Broadcasting Organization
OBS	奥林匹克广播服务公司	Olympic Broadcasting Service
OCOG	奥运会组委会	Organizing Committee of the Olympic Games
OF	奥林匹克大家庭	Olympic Family
OIAC	奥林匹克身份注册卡	Olympic Identification and Accreditation Card
ONA	奥林匹克电视新闻机构	Olympic Television News Agency
ONS	奥林匹克新闻服务	Olympic News Services
ORIS	奥运会成绩信息系统	Olympic Results and Information System
OV	奥运村	Olympic Village
RHBs	持权转播商	Rights holding broadcasters
ROs	负责机构	Responsible Organizations
TOC	技术运行中心	Technical Operation Centre
VCC	场馆通讯中心	Venue Communication Centre
VOC	场馆运行中心	Venue Operation Centre
VPC	场馆新闻中心	Venue Press Centre
VMC	场馆媒体中心	Venue Media Centre
VTR	录像机	Videotape Recorder
WBM	世界广播商会议	World Broadcaster Meeting
WBB	世界转播商大会	World Broadcaster Briefing
WPB	世界新闻媒体大会	World Press Briefing
WNPA	世界性通讯社	World News Press Agencies

附录3:媒体工作区(4区)中英文对照表

房间中文名称	英文名称
媒体接待处	Reception
媒体入口	Entrance
媒体运行经理办公室	Media Operation Manager Office
摄影经理办公室	Photo Manager Office
新闻服务办公室	News Service Work Room
文字记者工作间	Press Workroom
摄影记者工作间	Photo Workroom
新闻发布厅	Press Conference Room
媒体休息区	Press Lounge
记者看台席	Press Tribune
混合区	Mixed Zone
通行区域	Access Zone
解说控制室	Commentary Control Room
媒体注册中心	Media Accreditation Centre
主媒体中心	Main Media Centre
主运行中心	Main Operation Centre
主新闻中心	Main Press Centre
场馆通讯中心	Venue Communication Centre
场馆媒体中心	Venue Media Centre
场馆运行中心	Venue Operation Centre
场馆新闻中心	Venue Press Centre
转播信息办公室	Broadcasting Information Office

附录4:大型赛事媒体运行与新闻服务问卷调查

（注册记者篇）

亲爱的记者朋友:

从2008年北京举办第29届奥运会以来,广州和深圳又陆续举办了第16届亚运会和第26届世界大学生运动会,在这三届大型国际赛事中,各组委会都参照国际奥委会关于电视转播、媒体运行及新闻服务的政策和技术要求,投入了大量人力物力筹建了电视转播中心和主新闻中心,并在各个竞赛场馆建立了场馆媒体中心,从提供工作空间、家具白电、通信技术、赛事信息、证件注册、交通、住宿、餐饮等诸多方面为注册记者提供了全方位的服务。为全面总结我国大型赛事媒体运行和新闻服务工作经验,更好地为媒体今后报道大型赛事提供必要的设施和周到的服务,我们精心设计制作了这份调查问卷,恳请您在百忙中依次填写回答有关问题,您可匿名回答,也可署名回答,也可留下联系方式。我们承诺将对您的个人信息予以严格保密,除本次调查外不做其他任何用途。

填表说明:选择题除注明多选外,其余均为单项选择。请在您认为合适的选项上打"√"。谢谢!

《大型赛事媒体运行与新闻服务研究》课题组

一、您的基本情况

姓名____________________ 媒体单位__________________

手机____________________ 邮箱____________________

1.性别:① 男　　② 女

2.年龄:①20岁以下　②20—30岁　③30—40岁

④40—50岁　⑥ 50岁以上

3.您正在攻读或已获得的最高学历:

① 大学专科　②大学本科　③硕士研究生　④博士研究生

4.您所学的专业:____________

5.您从事的媒体类别:

① 中央、省、市党报　② 都市晚报类　③广播电台记者　④ 电视记者

⑤ 体育报刊专项记者　⑥ 门户网站或新闻网记者　⑦摄影记者

⑧专项体育摄影记者

二、问题调查(请在选项上打"√")

(一)注册、交通、住宿、餐饮调查

6. 您是怎样了解全国各地所举办的大型赛事的：

①从组委会邀请得知 ②从报纸广播电视上得知

③从新闻网络得知 ④领导选派

7. 您认为记者注册参与赛事报道的截止时间：

①1 个月 ②1 个星期 ③到主新闻中心即时注册最好

8. 您认为记者注册证件应怎样发放：

①由组委会寄到本人单位 ②由记者到机场、车站媒体服务台领取

③由本人或本单位统一领取 ④三者均可

9. 您认为注册记者媒体包应提供哪些必需品(可多选)：

①纸质媒体手册 ②比赛赛程 ③举办城市地图 ④媒体班车时刻表

⑤餐饮住宿须知 ⑥U 盘、鼠标垫 ⑦吉祥物 ⑧纪念徽章 ⑨您特别需要的物品，例如：

10. 您对媒体酒店关注事宜：

①酒店的价位：

a)三星 b)四星 c)五星 d)经济实惠酒店

②酒店是否应设立媒体服务台：

a)有必要 b)无必要

③酒店媒体班车的合理频次：

a)每半小时发一次 b)一小时发一次 c)赛前发车、赛后发回即可

④酒店距主要场馆可接受且合理的乘车时间：

a)半个小时 b)一个小时 d)越短越好

11. 您对媒体自驾车车证和停车场的需求：

①特别需要 ②乘媒体班车即可 ③可乘公交到场馆

(二)主新闻中心(MPC)与国际广播中心(IBC)调查

12. 您认为主新闻中心硬件技术设施必须提供哪些服务？(可多选)

①免费网络端口 ②固定电话 ③打印机、复印机 ④INFO 终端

⑤电视机 ⑥传真机 ⑦成绩公报柜 ⑧储物柜

⑨冰箱冷藏瓶装饮用水 ⑩空气加湿机

13. 您认为主新闻中心区域划分应包含:(可多选)

①大堂 ②记者工作间 ③新闻发布厅 ④邮局银行 ⑤医务室 ⑥影像服务中心

⑦各通讯社和各媒体预租的空间 ⑧提供免费茶点的媒体休息区

⑨电脑相机技术维修服务

14. 您认为主新闻中心必设的服务台是:(可多选)

①主服务台 ②交通餐饮服务台 ③文字记者工作间服务台

④摄影记者工作间服务台 ⑤邮电纪念品服务台 ⑥您建议增设的________ 服务台

15. 您认为您所到过的主新闻中心的流线标识如何?

①一目了然 ②布局落点不合理 ③不得不问志愿者才能到达目的地

16. 您对主新闻中心成绩公报柜的使用情况:

①经常查看成绩公报柜的纸质信息

②很少翻阅成绩公报柜的信息材料

③工作间提供 INFO 终端查阅足矣

17. 您关注主新闻中心的纸质信息材料和报纸吗?

①从来不看报架上的报纸 ②偶尔翻看各大报纸 ③从来不拿信息资料

④对提供的各种信息材料非常感兴趣 ⑤从不翻看,多此一举

18. 您对储物柜和笔记本连锁的使用调查:

①从不租借使用储物柜 ②必须使用储物柜

③经常租用笔记本连锁 ④很少使用笔记本连锁

19. 您对工作间工作台强电插口、网络端口位置及数量设置

①方便满意 ②不方便不满意 ③每个工位应一对一配置网络端口

(三)场馆媒体中心调查

20. 您认为从媒体酒店或主新闻中心发往场馆的班车频次合理吗?

①发车时间太早 ②乘坐的记者很少 ③班车浪费严重

④班车应通过配备大、中、小车型和采用灵活的班车时刻表

21. 您认为场馆安检口安检情况如何?

①非常便捷 ②烦琐厌烦 ③亟待改进提高

22. 您认为在主新闻中心和场馆媒体中心登记记者信息:

①很有必要 ②没有必要 ③令人厌烦

23. 您认为在工作间提供预订盒饭如何?

①常常预订 ②很少预订 ③从不预订 ④没有必要提供这项服务

24. 您认为从工作间到看台席的流线设定如何？

①流线便捷 ②绕来绕去 ③建议记者提前参与设定媒体流线

25. 您认为场馆媒体中心的工作间、看台席、混合区、新闻发布厅、休息区：

①分布科学 ②流线合理 ③标识清晰 ④杂乱无章

26. 您认为记者带桌席提供电视的必要性：

①很有必要 ②可有可无 ③毫无必要

27. 您认为无桌记者席提供强电插座的必要性

①很有必要 ②可有可无 ③毫无必要

28. 您认为带桌记者席的准入政策如何？

①应给大通讯社预留 ②应该先到先得 ③绝不允许代人占座位

29. 您认为记者看台席到混合区的设定合理吗？

①科学合理 ②流线通畅 ③绕来绕去 ④流线标识不清

30. 您认为混合区运行如何？

①顺畅有效 ②井然有序 ③混乱拥挤

31. 您认为在混合区采访的收效如何？

①有机会提问 ②采访不到想采访的教练和运动员 ③总是被排在后边

32. 您认为新闻发布会和混合区哪个更重要？

①新闻发布会提问 ②混合区采访

33. 您认为在赛后新闻发布会和赛后混合区采访哪个效率高？

①赛后混合区 ②赛后新闻发布会

34. 您在看台席上能完成赛事报道吗？

①比赛结束，撰稿完毕 ②写不完，混合区、新闻发布会后回工作间继续写

(四)关于新闻服务的调查

35. 您到主新闻中心必查 INFO 终端吗？

①每次必查 ②偶尔查看 ③ 很少查看

36. 您查看 INFO 终端时重点浏览那些内容？(可多选)

①当天赛程 ②赛事前瞻 ③赛后回顾 ④新闻发布会摘要

⑤即时引语 ⑥新闻

37. 您每天都查看成绩公报柜里的纸质信息吗？

①每天必看 ②偶尔看看 ③没用不看

38. 您写稿时经常借助、引用哪些新闻信息资料？(可多选)

①出场名单 ②比赛结果 ③混合区即时引语 ④新闻发布会摘要

39. 您认为看台席上发送的各类信息、成绩公报很有必要吗？

①很有必要 ②没有多少价值 ③干扰记者看赛撰稿

40. 您认为新闻服务提供的混合区即时引语和新闻发布会摘要：

①很专业，对记者撰稿帮助很大 ②不专业，没法引用 ③用处不大、可有可无

(五)关于场馆媒体中心的调查

41. 您能接受没有记者工作间的场馆媒体中心吗？

①能 ②不能

42. 您能接受不提供强、弱电和无线网络覆盖的看台席吗？

①能 ②不能

43. 您认为在记者工作间、看台席、混合区、新闻发布会的主管和志愿者：

①训练有素 ②专业周到 ③素质尚待提高

44. 您认为场馆提供的纸质媒体指南如何？

①很有必要 ②可有可无 ③浪费无用

45. 您认为场地摄影位置的背心发放是否合理？

①控制太严 ②发放太多 ③多此一举

46. 您认为看台席摄影位置和场地摄影位置怎么样？

①设定位置专业合理 ②准入政策和流线规划没有考虑摄影记者的特殊需求

47. 您能接受摄影位置没有电源插座和网络端口吗？

①能 ②不能 ③可有可无

48. 您认为给摄影记者提供磁盘递送业务有必要吗？

①很有必要 ②多次一举

49. 您认为大型赛事开闭幕式门票发放办法合理吗？

①很合理 ②不合理 ③发乱了

50. 您认为在场馆采访报道赛事的最大困扰是什么？(可多选)

①媒体班车 ②安保蛮横 ③吃不上饭 ④采访需求得不到满足

⑤流线混乱 ⑥网络不畅 ⑦工位网络端口不够

⑧室外场馆没有遮阳避风避雨设施

调查至此结束，衷心地感谢您的合作！

附录5:大型赛事媒体运行与新闻服务问卷调查

(媒体运行人员篇)

亲爱的媒体运行工作者:

从2008年北京举办第29届奥运会以来,广州和深圳又陆续举办了第16届亚运会和第26届世界大学生运动会,在这三届大型国际赛事中,各组委会都参照国际奥委会关于电视转播、媒体运行及新闻服务的政策和技术要求,投入了大量人力物力筹建了电视转播中心和主新闻中心,并在各个竞赛场馆建立了场馆媒体中心,从提供工作空间、家具白电、通信技术、赛事信息、证件注册、交通、住宿、餐饮等诸多方面为注册记者提供了全方位的服务。为全面总结我国大型赛事媒体运行和新闻服务工作经验,更好地为媒体今后报道大型赛事提供必要的设施和周到的服务,我们精心设计制作了这份调查问卷,恳请您在百忙中依次填写回答有关问题,您可匿名回答,也可署名回答,也可留下联系方式。我们承诺将对您的个人信息予以严格保密,除本次调查外不做其他任何用途。

填表说明:选择题除注明多选外,其余均为单项选择。请在您认为合适的选项上打"√"。谢谢!

《大型赛事媒体运行与新闻服务研究》课题组

一、您的基本情况

姓名______________ 工作单位/学习单位__________________________

手机______________ 邮箱__________________

1. 性别:① 男 ② 女

2. 年龄:①20岁以下 ②20—30岁 ③30—40岁 ④40—50岁 ⑥50岁以上

3. 您正在攻读或已获得的最高学历:

① 大学专科 ②大学本科 ③硕士研究生 ④博士研究生

4. 您所学的专业:________

二、问题调查(请在选项上打"√")

(一)主新闻中心(MPC)与国际广播中心(IBC)调查(由这两个中心媒体运行人员填写)

5. 您认为主新闻中心和国际广播中心硬件技术设施必须提供哪些服务?(可多选)

①免费网络端口 ②固定电话 ③打印机、复印机 ④INFO终端 ⑤电视机

⑥传真机 ⑦成绩公报柜 ⑧储物柜 ⑨冰箱冷藏瓶装饮用水 ⑩空气加湿机

6. 您认为主新闻中心区域划分应包含:(可多选)

①大堂 ②记者工作间 ③新闻发布厅 ④邮局银行 ⑤医务室

⑥影像服务中心 ⑦各通讯社和各媒体预租的空间

⑧提供免费茶点的媒体休息区 ⑨电脑相机技术维修服务

7. 您认为主新闻中心必设的服务台是:(可多选)

①主服务台 ②交通餐饮服务台 ③文字记者工作间服务台

④摄影记者工作间服务台 ⑤邮电纪念品服务台 ⑥您建议增设的______服务台

8. 您认为您所工作过的主新闻中心的流线标识如何?

①一目了然 ②布局落点不合理 ③不得不问志愿者才能到达目的地

9. 您对工作间工作台强电插口、网络端口位置及数量设置:

①方便满意 ②不方便不满意 ③每个工位应一对一配置网络端口

10. 您对主新闻中心(MPC)与国际广播中心(IBC)的媒体运行设施设备的总体评价:

①很满意 ②比较满意 ③一般 ④不满意 ⑤非常不满意

(二)场馆媒体中心调查(由场馆媒体中心媒体运行人员填写)

11. 您认为从媒体酒店或主新闻中心发往场馆的班车频次合理吗?

①发车时间太早 ②乘坐的记者很少 ③班车浪费严重

④班车应通过配备大、中、小车型和采用灵活的班车时刻表

12. 您认为场馆安检口安检情况如何?

①非常便捷 ②烦琐厌烦 ③亟待改进提高

13. 您认为从工作间到看台席的流线设定如何?

①流线便捷 ②绕来绕去 ③建议记者提前参与设定媒体流线

14. 您认为场馆媒体中心的工作间、看台席、混合区、新闻发布厅、休息区:

①分布科学 ②流线合理 ③标识清晰 ④杂乱无章

15. 您认为记者带桌席提供电视的必要性:

①很有必要 ②可有可无 ③毫无必要

16. 您认为无桌记者席提供强电插座的必要性:

①很有必要 ②可有可无 ③毫无必要

17. 您认为记者看台席到混合区的设定合理吗?

①科学合理 ②流线通畅 ③绕来绕去 ④流线标识不清

18. 您认为混合区运行如何？

①顺畅有效 ②井然有序 ③混乱拥挤

19. 您认为场馆提供的纸质媒体指南如何？

①很有帮助 ②比较有帮助 ③有一定帮助 ④有一点帮助 ⑤没有帮助

20. 您认为场地摄影位置的背心发放是否合理？

①控制太严 ②发放太多 ③多此一举

21. 您认为看台席摄影位置和场地摄影位置：

①设定位置专业合理 ②准入政策和流线规划没有考虑摄影记者的特殊需求

22. 您对场馆媒体中心的媒体运行设施设备的总体评价：

①很满意 ②比较满意 ③一般 ④不满意 ⑤非常不满意

(三)关于新闻服务的调查

23. 您赛前是否参加过媒体运行与新闻服务方面的培训？

①有 ②没有 ③ 说不清

24. 您认为合理的培训时间安排是？

①赛事前一周 ②前半个月 ③前一个月 ④前两个月 ⑤无所谓

25. 您认为作为一名新闻服务记者应具备什么素质？(可多选)

①良好的采访沟通能力和说话技巧 ②较强的专业知识

③语言组织能力和文字处理能力 ④吃苦耐劳的精神

⑤创新性能力 ⑥摄影和处理图片技术

26. 您认为赛时新闻中，哪个版块最重要？

①即时引语 ②综合新闻 ③新闻发布会摘要 ④媒体通告 ⑤其他________

27. 您认为提供的即时引语对注册记者的工作是否有帮助？

①很有帮助 ②比较有帮助 ③有一定帮助 ④有一点帮助 ⑤没有帮助

28. 您认为提供的综合新闻对注册记者的工作是否有帮助？

①很有帮助 ②比较有帮助 ③有一定帮助 ④有一点帮助 ⑤没有帮助

29. 您认为提供的新闻发布会摘要对注册记者的工作是否有帮助？

①很有帮助 ②比较有帮助 ③有一定帮助 ④有一点帮助 ⑤没有帮助

30. 您认为提供的媒体通告对注册记者的工作是否有帮助？

①很有帮助 ②比较有帮助 ③有一定帮助 ④有一点帮助 ⑤没有帮助

31. 您对所参加的赛事新闻服务保障(场地、交通、食宿等)是否满意？

①很满意 ②比较满意 ③一般 ④不满意 ⑤非常不满意

调查至此结束，衷心地感谢您的合作！

图书在版编目(CIP)数据

大型赛事媒体运行研究/张德胜等著. --北京:中国传媒大学出版社,2019.11(2024.8 重印)

(21 世纪体育传播丛书. 第二辑)

ISBN 978-7-5657-2605-7

Ⅰ. ①大… Ⅱ. ①张… Ⅲ. ①体育—传播媒介—研究—中国 Ⅳ. ①G812

中国版本图书馆 CIP 数据核字(2019)第 216073 号

大型赛事媒体运行研究

DAXING SAISHI MEITI YUNXING YANJIU

著　　者	张德胜　王佐臣　姜晓红 等
责任编辑	黄松毅
特约编辑	张　静
封面设计	风得信·阿东
责任印制	李志鹏

出版发行	中国传媒大学出版社		
社　　址	北京市朝阳区定福庄东街 1 号	**邮　　编**	100024
电　　话	86-10-65450528　65450532	**传　　真**	65779405
网　　址	http://cucp.cuc.edu.cn		
经　　销	全国新华书店		

印　　刷	唐山玺诚印务有限公司
开　　本	710mm×1000mm　1/16
印　　张	16
字　　数	226 千字
版　　次	2019 年 11 月第 1 版
印　　次	2024 年 8 月第 2 次印刷

书　　号	ISBN 978-7-5657-2605-7/G·2605	**定　　价**	68.00 元

本社法律顾问:北京嘉润律师事务所　郭建平

图书在版编目（CIP）数据